# 検証 戦争責任 Ⅰ

読売新聞
戦争責任検証委員会

中央公論新社

目次

## 第1部　検証　戦争責任―――7

## 第2部　「戦争責任」を考える——シンポジウム・昭和史の再検証　221

# 検証　戦争責任　I

# 第1部

# 検証　戦争責任

扉写真：出撃を控え最後の打ち合わせをする神風特別攻撃隊第２御楯(みたて)隊の特攻隊員（1945年2月）

# 第1章　検証・戦争責任

## 日中戦争はなぜ拡大したのか

一九三一年（昭和六年）九月十八日、中国・奉天《ほうてん》（現・瀋陽《しんよう》）郊外の柳条湖《りゅうじょうこ》で、南満州鉄道（満鉄）の線路が爆破された。関東軍の高級参謀・板垣征四郎《いたがきせいしろう》、作戦主任参謀・石原莞爾《いしはらかんじ》らによる謀略だった。ここに始まる満州事変に、当時の第二次若槻礼次郎《わかつきれいじろう》内閣は不拡大方針をとったが、次々と軍事行動を拡大する関東軍に引きずられていってしまう。

満州事変と満州国建国は、日本の国際的孤立化の出発点ともなった。なぜ、政府や軍中央は、関東軍の暴走を止められなかったのだろう。

そもそも、満州には、日露戦争などで獲得した満鉄などの日本の権益があった。石原らには、満蒙《まんもう》（満州と内蒙古）を領有し、その資源を活用することで、将来のアメリカやソ連との戦争に備える狙いがあったのだ。国際連盟のリットン調査団は、満州事変を日本が主張するような自衛措置とは認めなかった。三三年、日本は連盟脱退を通告する。

満州を守るため、日本は、華北の一部を日本の影響下に置く「華北分離工作」を進めたが、かえって中国の抗日闘争を強めただけだった。

ついに三七年（昭和十二年）七月七日、北京郊外・盧溝橋《ろこうきょう》での軍事衝突を契機に、日中戦争が始まった。南京《ナンキン》占領に際しては犠牲者の数で論議のある「南京虐殺」も発生した。近衛文麿《このえふみまろ》内閣の方針は揺れ、和平工作も腰が定まらなかった。三八年一月、近衛は「国民政府を対手《あいて》とせず」との声明を発表した。

日中戦争は、その目的が「支那軍の暴戻《ぼうれい》を膺懲《ようちょう》」（三七年八月十五日の政府声明）するという以外は不明確だった。その後、三八年十一月の第二次近衛声明で「東亜新秩序《とうあしんちつじょ》」の建設を目的に掲げたが、中国に対する政治的・経済的支配を糊塗《こと》するための論理だったと指摘されている。

日中戦争の拡大をどうして阻止できなかったのか。これは、先の戦争の検証を進めていくうえで重要なポイントだ。

この間、軍部は政治への介入を強めていった。陸軍のクーデター計画に続いて、政財界の大物が次々に射殺される血盟団《けつめいだん》事件も発生。海軍将校らが首相官邸を襲って、犬養毅《いぬかいつよし》首相を射殺するという五・一五事件（三二年）が起きた。

決定的だったのが、陸軍の皇道派《こうどうは》*注1 青年将校によるクーデター、二・二六事件（三六年）だった。首都の中枢部が占拠され、内大臣・斎藤実《まこと》、蔵相・高橋是清《これきよ》らが殺害された。事件後、皇道派は一掃され、統制派＊注1が陸軍の実権を握った。これらは、「テロ」によって政治を動かす悪弊を生んだと言わざるをえない。政党内閣は終わり、「一国一党」の新体制運動が活発化していった。四〇年には大政翼賛会が発足し、議会も全く無力化してしまう。

一方、新聞は、満州事変では戦争をあおる役割を果たし、のちには「情報統制」の下に置かれる。その意味で、メディアもまた責任を問われる。

**＊注1〈皇道派と統制派〉** 皇道派は、犬養内閣の陸相・荒木貞夫らを中心とした陸軍内の派閥で、国家革新を唱えた。隊付き将校に多い。統制派は、国家総力戦を説いた永田鉄山の系列で、中央の幕僚将校が中心。永田は軍務局長時代、皇道派将校に斬殺された。

## 勝算なき日米開戦の背景

一九四一年（昭和十六年）の日米開戦に至るまで、日本は国際情勢の流れを読み切れなかった。

読み違いの第一は、四〇年九月、第二次近衛内閣が締結した日独伊三国同盟だった。欧州では、ドイツのポーランド侵攻で第二次世界大戦が勃発《ぼっぱつ》し、米英と独伊の争いが本格化していた。ところが、松岡洋右《ようすけ》外相は、三国同盟を結んでソ連との連携を強めれば、米国も慎重になり、

「米国の参戦を抑えられる」と強硬に主張したという。

三国同盟には、当初、米内光政《よないみつまさ》、山本五十六《いそろく》、井上成美《しげよし》ら海軍首脳が抵抗した。が、海軍内にも南方進出を望む者が多く、海軍も同盟締結に動いた。このため、「英米協調主義の海軍」といった認識は誤りとの指摘もある。一方、松岡自身も後日、「三国同盟の締結は、僕一生の不覚だった」と悔やんでいる。

第二は、四一年七月、第三次近衛内閣が実施した南部仏印《なんぶふついん》進駐だった。当時、戦争回避に向けた日米交渉が持たれ、日本は一層の東南アジア進出を行わないこと、中国からの一部撤退などを提案していた。だが、ドイツのソ連侵攻を契機に日本は一転「南方進出」の方針を決めた。米国は在米日本資産を凍結して警告した。しかし、近衛内閣は進駐に踏み切る。米国は対日石油輸出全面停止の措置を取った。

最後は、四一年九月六日の御前《ごぜん》会議だ。近衛首相は戦争回避のため、ルーズベルト米大統領とのトップ会談を模索していた。しかし、同日の御前会議で、近衛内閣は、交渉期限を一方的に区切り、不成立の場合は「対米開戦を決意」との方針を決定した。

近衛は、日中戦争から太平洋戦争の直前までの四年間、権力の中枢にあった。国民的人気はあったものの、確たる支持基盤がなく、その便宜主義とポピュリズム（大衆迎合主義）が批判されている。この後、首相の座を継ぐ東条英機《とうじょうひでき》をはじめ、戦時下の最高リーダーの責任は、厳しく問われなければならない。

東条は、近衛内閣の陸相として米国が求める中国からの撤兵を拒み続けた。近衛は退陣したが、東条内閣の下でも、東郷茂徳《しげのり》外相は日米交渉を続行した。

しかし、米国は、日本軍の中国・仏印からの全面撤兵などを要求した「ハル・ノート」(コーデル・ハル国務長官の覚書)を日本側に提示。日本はこれを最後通牒《つうちょう》と見なして開戦を決定した。東条は、陸相・内相だけでなく、その後、参謀総長も兼ね、戦時動員体制の強化に絶大な権力をふるうことになる。

## 玉砕、特攻……無策の原因は

戦争を始めたとしたら、「出口」論が必要だ。日本は、一体、どのような状況になれば、戦争を終わらせてよい、と考えていたのだろう。

開戦直前、大本営《だいほんえい》政府連絡会議が決定した「対米英蘭蔣《べいえいらんしょう》戦争終末促進に関する腹案」という文書は、その目安を示したものだった。

そこには、①極東の米英蘭の拠点を壊滅させて自存自衛体制を確立する、②制圧地域を広げて蔣介石《しょうかいせき》政権の屈服を促進する、③独伊と提携して英を屈服させ、米の継戦意思を喪失させる——と書かれている。いかにも、ひとりよがりの構想だった。

しかし、政府と大本営は、この程度の構想しか持たずに、圧倒的な生産力を誇る米国と戦端

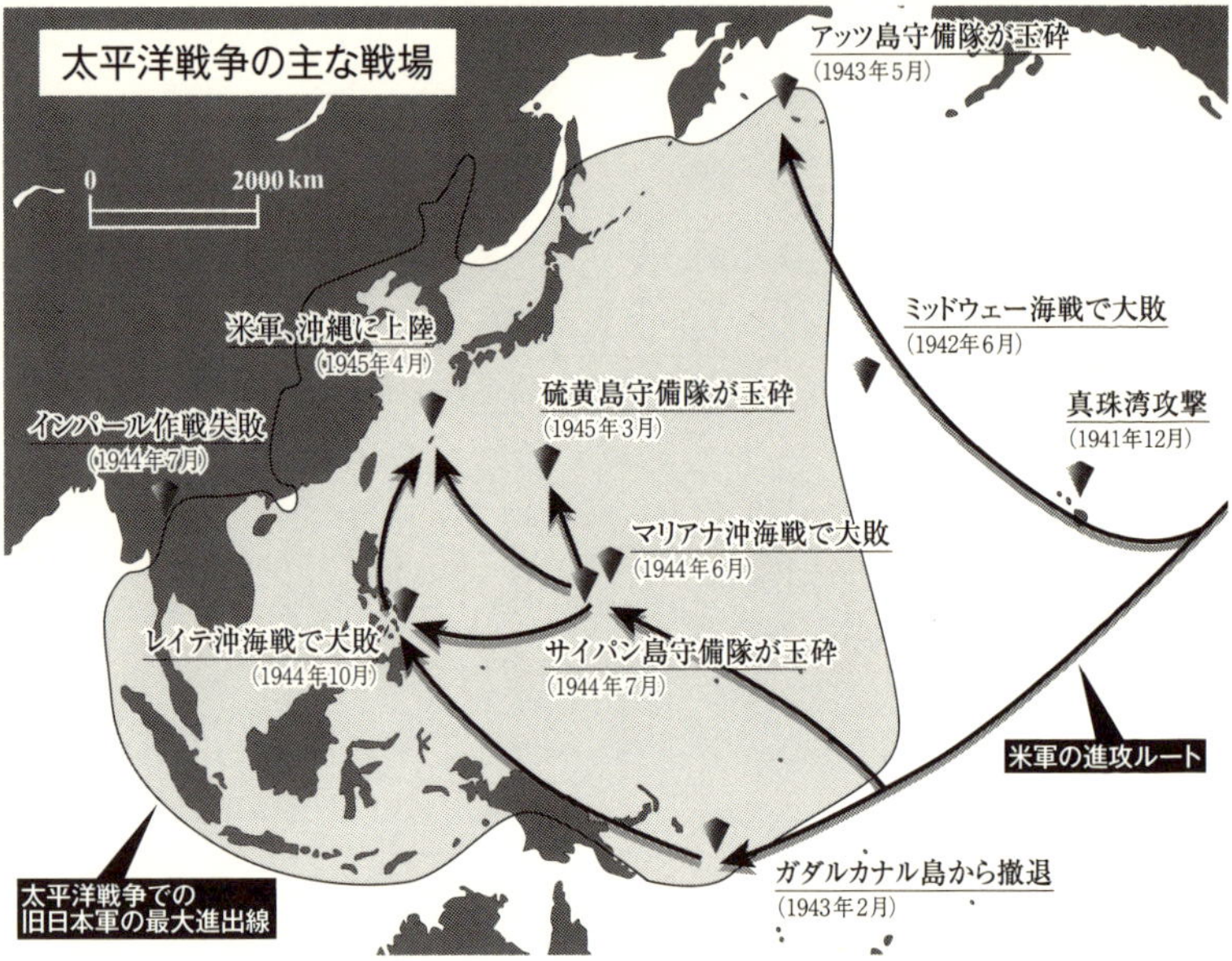


を開く。しかも、開戦直後の戦果に惑わされ、日本の国力で維持できる地理的範囲を超えて、戦線を拡大してしまうのだ。

四二年（昭和十七年）八月からのガダルカナル島攻防戦は、「戦略なき戦争」が生んだ悲劇にほかならない。海軍は、米豪分断の前線基地として、ソロモン諸島の南端にあるガダルカナル島に飛行場を建設していた。そこに米軍の総攻撃を受ける。ところが、大本営は、小兵力を逐《ちく》次《じ》投入《とうにゅう》する愚を犯し、敗走を重ねた。最大の敗因は、兵員や物資を十分に輸送できないことだった。

日本軍は、ミッドウェー海戦の大敗後、制海権を徐々に失っていった。米軍は日本軍の要所の島々を「飛び石」のように制圧、巧妙に補給路を断った。ガダルカナル島で戦死した兵士二万人強のうち、一万五千人が餓死や病死したといわれる。

戦局が悪化しても大本営は「統帥権《とうすいけん》の独立」を盾に政府にも作戦の詳細を知らせず、国民にも都合の悪い情報は隠して発表した。戦線縮小のために設定した「絶対国防圏」も机上の計画にすぎなかった。

アリューシャン列島のアッツ島で、最初の「玉砕《ぎょくさい》（全滅）」が起きたのは四三年五月。弾薬も底をついた二千五百人の守備隊に対し、大本営は増援部隊を派遣せず、こう打電した。「最後に至らば潔く玉砕し、皇国軍人精神の精華を発揮する覚悟あらんことを望む」

米軍は投降を呼びかけたが、日本兵は、途中でひるまないようにお互いの足を縛って突撃し、戦死したという。

四四年七月には、サイパン島の守備隊が玉砕した。そして政府も大本営も、終戦工作どころか、飛行機ごと敵艦に体当たりする「特攻」を命じていった。

## 原爆は避けられなかったのか

昭和天皇の周辺には元老や重臣たちがいた。先の戦争の過程でも、側近グループが果たした役割は小さくない。では、終戦工作では、十分な動きをしていたのだろうか。

四五年（昭和二十年）四月七日、小磯国昭《こいそくにあき》内閣にかわって鈴木貫太郎内閣が発足した。七十七歳の鈴木はかつて侍従長を八年務め、三六年（昭和十一年）の二・二六事件では重傷を負った。天皇は鈴木に厚い信頼を寄せ、重臣会議で首相に推された鈴木が辞退すると、「お前しかいない」と頼んだという。

五月七日にドイツが降伏すると、鈴木内閣も戦争終結を考えざるを得なくなった。しかし、だれも米英との交渉を言わない。軍部が、米英がカイロ宣言で示した無条件降伏では国体《こくたい》の護持（天皇制の存続）が望めないと主張し、本土決戦を叫んでいたからだ。

だが、米国では、駐日大使を十年務めたグルー国務次官らが、天皇制の存続さえ認めれば日本は降伏する、本土決戦での米兵の犠牲も避けられると訴えていた。ここで、もし米英と交渉していたら、という歴史の「イフ」は残る。

鈴木内閣がとった策は、仮想敵国であったソ連に和平仲介を頼むことだった。ソ連は、鈴木内閣の発足直前の四月五日、日ソ中立条約の破棄を通告してきた。しかし、すぐの参戦はないと軍部はみていた。ソ連への特使は近衛元首相が指名された。

七月二十六日、米英中三国の名で日本に終戦を迫るポツダム宣言＊注2が発表された。宣言は、天皇制には触れておらず、ソ連の回答を待つ内閣は、様子を見ることとした。宣言はもっと早く受諾できなかったのだろうか。

日本側は、スターリン首相が二月のヤルタ会談で、ルーズベルト大統領に対日参戦を約束していた事実を知らなかった。記者会見での鈴木の「宣言を黙殺する」とした発言が外電で伝わった。八月六日に原爆が広島に投下され、九日にはソ連が満州に侵攻した。広島への原爆投下で、終戦が早まるとみての駆け込み参戦だったとされる。

外務省が戦後の五一年（昭和二十六年）、吉田茂首相の指示でまとめた文書「日本外交の過誤」には、「（ソ連への仲介依頼は）外交的にはまったく理解し得ないことであった」と記されている。

1945年2月のヤルタ会談　チャーチル、ルーズベルト、スターリンがクリミア半島の一角に集まって戦後処理の協定を交わした。ソ連の対日参戦もここで決定した。

戦局は一変し九日午前、最高戦争指導会議で鈴木首相は、宣言を受諾するしかないと提案。その間に、今度は長崎に原爆が投下されたが、阿南惟幾《あなみこれちか》陸相ら軍首脳は本土決戦を主張し続けた。鈴木は、天皇の意思表示（聖断）による局面打開に賭けた。

午後十一時五十分に宮中防空壕《ぼうくうごう》内で始まった御前会議で、天皇は、鈴木との「あうんの呼吸」で終戦の聖断をくだした。宣言の受諾は十四日、連合国に通達された。

だが、ソ連は、九月二日の降伏文書調印まで戦闘をやめなかった。日本政府は手を打てず、満州から引き揚げ中の民間人のうち十八万人以上が死亡。さらに兵士ら五十七万人がシベリアなどに送られて強制労働につかされ、十万人以上が亡くなった。

*注2〈ポツダム宣言〉　ベルリン郊外、ポツダムで米英ソ三か国首脳会談が開かれた際、米英中三か国名で発表された宣言で、日本軍に無条件降伏を求めた。全十三項で構成され、日本に対し軍国主義の抹殺、国土の占領、領土の縮小、武装解除、戦争犯罪人の処罰などを提示。政体については「日本国民が自由に表明した意思に基づいて平和的傾向を有し、かつ責任ある政府が樹立され次第、連合国の占領軍はただちに撤退する」とし、天皇制に触れていなかった。

## 東京裁判で残った問題

極東国際軍事裁判（東京裁判）は、東条英機ら死刑七人を含む二十五人の日本の指導者を有罪にした。「勝者による裁き」だっただけに、旧ソ連によるシベリア抑留や、米国による広島・長崎への原爆投下、日本の都市への無差別爆撃など、勝者の「戦争犯罪」は問題にされなかった。

判決は一九三一年（昭和六年）の満州事変から四五年までの一連の戦争をすべて日本の違法な侵略と断罪した。しかし、対米戦争に関しては、その法廷で元外相・東郷茂徳は、「（ハル・ノートのため）当時日本は、戦争か自殺かを迫られておるという感じでありました」と、自衛戦争論を展開している。対米戦争をめぐる侵略か自衛かの論争は依然、決着がついていない。

連合国は、トップ級だけを被告にし、事実上、権力を行使した人物を見逃してもいる。例え

## 関連年表

| 月日 | 出来事 | 内閣 |
| --- | --- | --- |
| 1928 6. 4 | 関東軍が奉天で張作霖を爆殺 | 田中 |
| 1930 11.14 | 浜口首相、東京駅で狙撃される | 浜口 |
| 1931 3 | 3月事件（クーデター計画） | |
| 9.18 | 柳条湖事件。満州事変始まる | 第2次若槻 |
| 10 | 10月事件（クーデター計画） | |
| 1932 1.28 | 上海事変起こる | 犬養 |
| 2. 9 | 井上準之助・前蔵相が暗殺される | |
| 3. 1 | 満州国、建国を宣言 | |
| 3. 5 | 団琢磨・三井合名理事長が暗殺される | |
| 5.15 | 5・15事件。犬養首相が暗殺される | |
| 1933 1.30 | ドイツのヒトラー政権発足 | 斎藤 |
| 2.24 | 国際連盟総会で、リットン報告書採択 | |
| 3.27 | 日本が国際連盟脱退を通告 | |
| 1935 8.12 | 永田鉄山軍務局長が斬殺される | 岡田 |
| 1936 2.26 | 2・26事件起きる | |
| 11.25 | 日独防共協定締結 | 広田 |
| 1937 7. 7 | 盧溝橋事件。日中戦争始まる | 第1次近衛 |
| 12.13 | 南京が陥落。南京虐殺事件起こる | |
| 1938 1.16 | 第1次近衛声明（「爾後、国民政府を対手とせず」） | |
| 11. 3 | 第2次近衛声明（「東亜新秩序」の建設） | |
| 1939 8.23 | 独ソ不可侵条約締結 | 平沼 |
| 9. 1 | ドイツがポーランドに侵攻。第2次世界大戦始まる | 阿部 |
| 1940 9.23 | 北部仏印進駐 | 第2次近衛 |
| 9.27 | 日独伊三国同盟締結 | |
| 1941 4.13 | 日ソ中立条約締結 | |
| 6.22 | ドイツが独ソ不可侵条約を破り、ソ連に侵攻 | |
| 7.25 | 米国が在米日本資産を凍結 | 第3次近衛 |
| 7.28 | 南部仏印進駐 | |
| 8. 1 | 米国が対日石油輸出の全面停止 | |
| 11.26 | 米国、ハル・ノートを提示 | 東条 |
| 12. 1 | 御前会議で米英蘭に対する開戦決定 | |
| 12. 8 | 日本が米ハワイ真珠湾を奇襲攻撃。太平洋戦争始まる | |
| 1945 7.26 | 米英中が「ポツダム宣言」発表 | 鈴木 |
| 8. 6 | 広島に原爆投下 | |
| 8. 8 | ソ連、対日宣戦布告 | |
| 8. 9 | 長崎に原爆投下 | |
| 8.14 | 日本、ポツダム宣言の受諾を通達 | |
| 8.15 | 天皇の終戦詔勅を放送 | |
| 9. 2 | ミズーリ艦上で降伏文書調印 | 東久邇宮 |
| 9.27 | 昭和天皇とマッカーサー連合国最高司令官が初会見 | |
| 1946 5. 3 | 極東国際軍事裁判（東京裁判）開廷 | 幣原 |
| 1948 11.12 | 東京裁判閉廷。A級戦犯7人に死刑判決 | 第2次吉田 |

ば、満州事変に関しては、板垣征四郎が起訴され死刑になったが、首謀者の石原莞爾は訴追を免れた。戦争のメカニズムを解明するためにも、実際に政策を立案し、指令した軍務官僚や現地指揮官についての検証が必要になる。

日本政府は、戦争責任の追及については、「国民の間に血で血を洗うような印象を与える」(幣原喜重郎《しではらきじゅうろう》首相)として、消極的だった。国会も、連合国によって戦犯にされた人々の釈放要請には力を入れたが、戦争責任への関心は薄かった。

占領行政を担った米国の政治判断で訴追されなかった昭和天皇については、現在でも、その実質的責任の有無を問う声がある。また、国民一般の「加害責任」の問題や、後の世代はどこまで戦争責任を負うべきか、という議論も残されている。

---

## 戦争を語る土台作りを

◇保阪正康　ノンフィクション作家

私たちは、戦後六十年の「戦後」の起点を太平洋戦争の敗戦に置いている。アメリカを中心とする連合国の占領支配を受けた年でもある。

もっとも、歴史的に、あるいは国際社会から見れば、日本の敗戦は第二次世界大戦の終結を意味している。ドイツ、イタリアと三国同盟を結び、ファシズム体制が解体する戦争でもあった。そのことについては、この国ではさほど熱心に考えられたことはない。太平洋戦争の敗戦、そして被占領のみを論じるのだが、それでは当然確認できないことも多い。

この六十年間、日本では現代史研究や戦争を語り継ぐという広がりはあった。それなりに史実も明らかになったし、戦争への自省も社会的な広がりをもって定着している。だが未《ま》だ何かが欠けているのではないか。肝心な土台が欠けているとの感は否めないのだ。私は、肝心な土台として二点を指摘したいのである。

ひとつは、前述のように、第二次世界大戦の枠組みで太平洋戦争を捉《とら》えるという視点。もうひとつは、政府が昭和の一連の戦争に説明責任を果たしてこなかったという事実である。実はこの二点は結びついていて、戦後六十年の歴代政府は、国際社会と国民にむけて、昭和の一連の戦争を独自の立場で検証し、それをどう総括するかを語っていないのである。

こういう指摘をすれば、すぐにサンフランシスコ講和会議や国際連合への加盟時の政府見解などをとりあげ、そういう説明は終えているとの声もあがるだろう。あるいは各国との国交回復時の文書などでそれは十分に果たしているとの意見もあろう。いや国会での決議（二〇〇五年八月二日にも「戦後六十年決議」が行われたが）を挙げる論者もあるやに思う。

だがこれらの演説や文書、決議文などは、結論を語るだけで、そのプロセスは説明されていない。戦後の歴代政府は、本来なら史実を丹念に検証し、一連の戦争の報告書をまとめるべきだと思うが、それに取り組んだ政府はない。私見を言えば、昭和の一連の戦争に動員された兵士を始めとする国民に、戦争はこのような理由で始め、こういう法律にもとづいてあなたたちを動員し、こうした作戦を行い、そしてこのような結果になり、これについて当時の政府はいかなる責任を負ったかを明確にすることによって、初めて国民は納得することができるはずである。むろん説明への賛否はあろう。しかし感情を排した客観的な説明に徹すればいいのである。

こうした労を怠ってきたために、日本では戦争を論じる基本的な姿勢が確立していない。結論のみの自省や謝罪は空虚となり、形骸化することになるのである。

もとより政争の激しい時代にこのような報告書の作成が容易でないことはわかるが、しかし、その痛みから逃げることによって歴史的には失うことのほうが多かったのではないか。

戦後六十年は、同時代史から歴史への転換期である。おそまきながら今からでも報告書をまとめるべきだ。国会には、超党派による恒久平和議員連盟（鳩山由紀夫会長）があるが、国会図書館に恒久平和調査局を設置して、かつての戦争被害調査を進める議員立法をめざしていると聞く。さしあたりこうした立法をもとに歴史的決着の方向が模索されていい。

# 第2章　陸軍参謀

## 参謀が作戦計画を起案・助言

戦前の陸海軍は、軍事行政である「軍政」に対し、作戦・用兵を意味する「軍令」が、組織的に独立している点に特徴があった。

軍政を担当したのは陸軍省と海軍省で、その行政長官である陸軍大臣（以下、陸相）と海軍大臣（以下、海相）は、軍部大臣現役武官制によって内閣の一員であった。

一方、軍令を担当したのは、陸軍が参謀本部、海軍が軍令部で、それぞれトップは参謀総長、軍令部総長と称した（一九三三年までの名称は海軍軍令部、軍令部長）。

役職と階級の関係は、陸海軍省では大臣が大・中将、次官は中将、局長は少将、課長は大佐というのが標準的。参謀本部や軍令部では、同様に総長は大将、次長は中将、部長は少将、課長は大佐だった。

平時の陸軍部隊は、師団が最高の単位で、師団長は天皇に直属した。戦時には、師団の上

## 戦時の陸軍部隊モデル

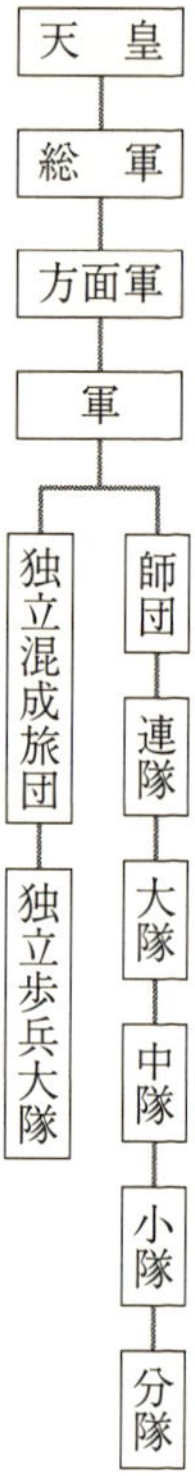


『事典 昭和戦前期の日本 制度と実態』（吉川弘文館）より

級司令部として「軍」、さらに上級司令部の「方面軍」、最上級司令部の「総軍」が編成された※右図。師団数は、大正期末の軍縮で十七となったが、日中戦争後に拡大の一途をたどり、一九四五年（昭和二十年）の終戦時には、百九十二（玉砕した師団を含む）に膨張していた。三七年（昭和十二年）、日中戦争が始まると、日清、日露両戦争に続いて三度目の大本営《だいほんえい》が設置された。大本営とは戦時に置かれる最高統帥《とうすい》機構のことだ。

参謀本部は大本営陸軍部、軍令部は大本営海軍部とそれぞれ称した。陸海軍を統合する存在は、天皇以外にはなく、そのために大本営が設置されても、陸海軍一体化した戦争指導は難しかった。太平洋戦争では、陸海軍が意思疎通を欠き、その結果、作戦の失敗につながるケースが少なくなかった。

大本営と政府との連絡機関として大本営政府連絡会議も日中戦争後に設けられ、実質的な最高国策決定機関になったが、戦時に欠かせない政治と軍事の一元化も、十分に果たせなかった。

参謀とは、司令官（指揮官）に対して作戦計画を起案したり、その実施について助言したりする幕僚のことを言う。

参謀の言葉が最初に出てくるのは、戊辰《ぼしん》戦争の時の東征大総督府（官軍）参謀で、西郷隆盛がその一人。大総督は有栖川宮熾仁《ありすがわのみやたるひと》親王だが、実質的な司令官は西郷だった。

近代軍隊組織の中での参謀の概念は、プロイセン（ドイツ帝国の中核）、フランスから伝わった。参謀第一号は、フランス留学中に仏陸軍から参謀適格証を受けた小坂千尋《こさかちひろ》だった。

陸海軍とも、参謀職には陸軍大学校（陸大）、海軍大学校（海大）を卒業した者が就いた。参謀は、右肩に参謀飾緒《しょくしょ》（参謀肩章）という飾りをつけた。陸軍では、参謀本部から師団・旅団の司令部に至るまで参謀職があった。

太平洋戦争直前に編成された南方軍の総司令部を例に取ると、総司令官、総参謀長、総参謀副長（二人）、それに参謀部などが置かれ、参謀部には二十人近くの参謀がいた。

参謀の職種は、作戦参謀、情報参謀、それに補給を担当する兵站《へいたん》参謀に大別される。作戦参謀が最右翼で、部隊では、情報や兵站は若手の参謀が担当し、作戦参謀に従属する傾向が強かった。

参謀総長は、参謀職の将校（参謀将校）を統括した。士官学校や歩兵学校など陸軍の諸学校は教育総監（陸相、参謀総長とともに陸軍三長官と呼んだ）の所管だったが、陸大は参謀総長が所管した。海大は海相の所管だった。

参謀本部には、作戦、兵站、動員などを担当する第一部（通称・作戦部）、情報、宣伝、謀略などを担当する第二部（通称・情報部）、運輸、通信などを担当する第三部などが置かれた。

作戦部作戦課は、陸大を成績優秀で卒業した超エリートの集団だった。
情報部に所属する情報参謀は、作戦参謀より格下に見られた。情報・兵站軽視の日本軍の体質は、米軍の戦力を見誤ったり、補給を軽視して戦域を拡大したりして、自軍の犠牲を増やす要因になった。

**陸海軍中央部**（1941年12月時点）

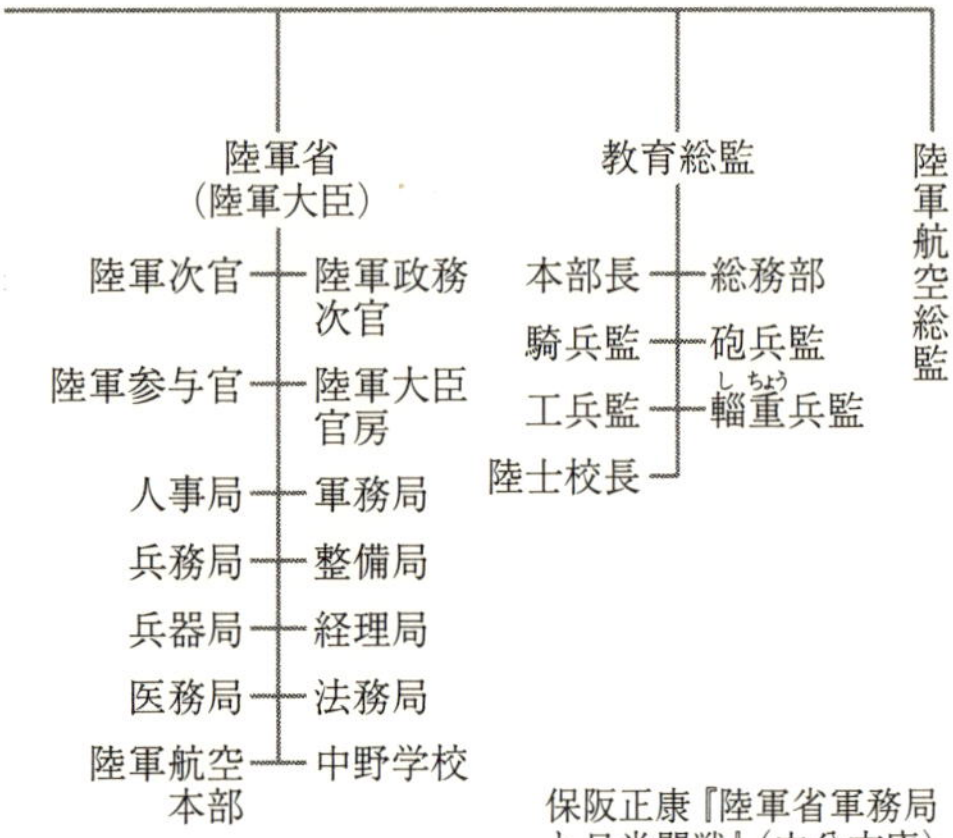


保阪正康『陸軍省軍務局と日米開戦』（中公文庫）の掲載図を基に作成

## 力の源泉は統帥権の独立

陸軍において中堅幕僚の力が強まったのは、陸大出身の佐官級将校を中心に結成された「二葉会」などのグループが影響している。彼らは、大半が陸軍幼年学校出身という純粋培養の軍人だった。満州事変時には、中心メンバーの永田《ながた》鉄山《てつざん》が陸軍省軍事課長、岡《おか》村寧次《むらやすじ》が人事局補任課長と、中央の要職に就いていた。

参謀たちの力の源泉は、「統帥権の独立」にあった。統帥権とは、明治憲法の「天皇ハ陸海軍ヲ統帥ス」（第十一条）という規定による、軍隊を統率する天皇の大権のこと。統帥権は政治の関与が及ばない、という考

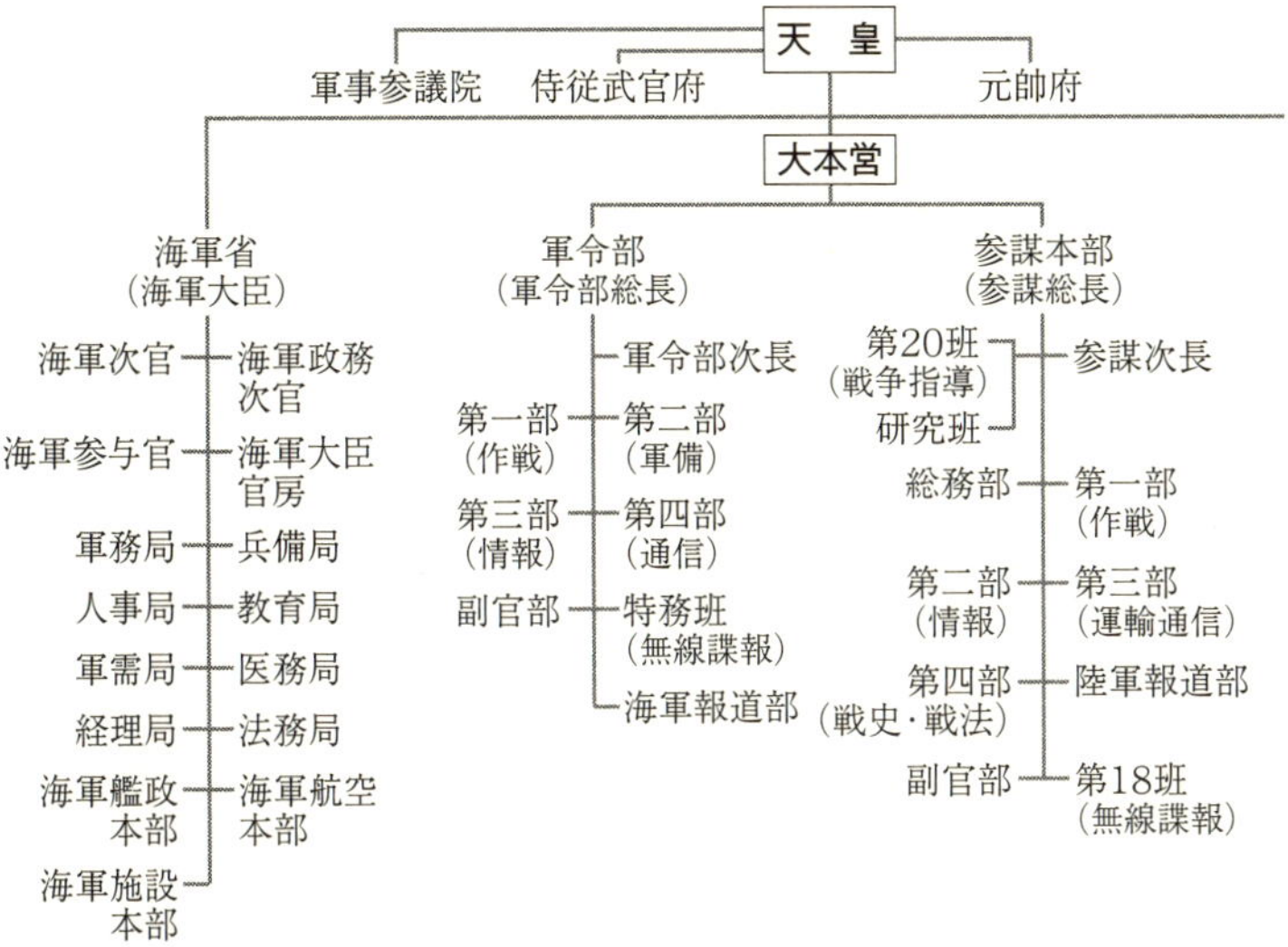


え方が統帥権独立だ。

統帥権独立は、明治憲法制定より古く、一八七八年（明治十一年）、参謀本部が陸軍省から独立したことに始まる。当時、軍事大国として成長していたプロイセンの制度をまねたものだ。

昭和史に暗い影を落としたのが、一九三〇年（昭和五年）の統帥権干犯《かんぱん》問題＊注1だった。統帥権は統帥部（参謀本部、軍令部）だけが独占するかのような誤った認識が、陸軍軍人を中心に広がるきっかけになった。

統帥に関する指導書として「統帥綱領」と「統帥参考」があった。「統帥綱領」は、最高機密で特定の将校しか閲覧できなかった。「統帥参考」は、陸大学生向け教科書として三二年に編集された。その「統帥参考」は、統帥権を次のように説明していた。

「統帥権の本質は力にして、その作用は超法的なり」

「統帥権の行使及び結果に関しては議会において責任

戦時中の陸軍省及び参謀本部（大本営陸軍部）があった建物。戦後は自衛隊東部方面総監部が置かれた。現在、同じ場所に防衛庁がある（東京都新宿区市谷本村町）

を負わず。議会は軍の統帥指揮ならびに結果に関し質問を提起し弁明を求め、または批評し論難する権利を有せず」（原文はカタカナ）。このくだりを、作家の司馬遼太郎は、「いわば、無法の宣言である」（『この国のかたち』文春文庫）と断じた。この統帥権独立こそ、先の大戦での「陸軍の暴走」の真因を探るうえのキーワードといえる。

**＊注1〈統帥権干犯問題〉**　一九三〇年のロンドン海軍軍縮条約の締結に、海軍軍令部が反対したことをきっかけに、統帥権の解釈が論争になった問題。当時の浜口雄幸内閣は、兵力量の決定は、海相が担当する軍政事項に属すると主張したのに対し、野党政友会は、海軍軍令部の同意を得ないのは統帥権干犯だと主張して、この問題を政争の具にした。統帥権という用語が使われだしたのは、この時以来といわれる。

## 陸大卒業生は昇進優遇

陸大には、部隊勤務（隊付）を二年以上経験した中尉、少尉（のちに大尉も）が受験できた。

受験には連隊長の推薦が必要だった。陸大入学者は、士官学校（陸士）同期の一割、戦時中でも二割に過ぎなかった。修業年限は当初三年だったが、戦争末期は一年まで短縮された。海大の入学資格は、大尉任官後一年の海上勤務を経た者だった。

陸大の教育目標は、「高等用兵に関する学術」を学ぶことで、戦術・戦略論に傾斜した。第一次大戦は、戦争の性格を、総合的な国力が問われる総力戦に変化させたが、「陸大教育は、それに対応した戦争指導を欠いていた。作戦指導中心から脱皮できなかった」と、元防衛研究所主任研究官の黒野耐《くろのたえる》は指摘する。

陸大の卒業生は、江戸時代の貨幣「天保銭」に似た卒業徽章《きしょう》を付けたので、「天保組」と呼ばれた。卒業時に成績優等の六人には、恩賜の軍刀が授与された。天保組は昇進で優遇され、ほぼ将官（少将以上）になれたが、陸大を出ていない「無天組」の将校は、せいぜい連隊長（大佐）止まりだった。また、天保組は、陸軍省、参謀本部など中央で勤務することが多かったが、無天組は、隊付が基本だった。

陸軍の人事権は、陸相にあり、陸軍省人事局長がこれを補佐した。しかし、参謀本部の人事については、参謀総長が掌握していた。

陸軍省軍務局長や軍務課長などは、政務幕僚として軍政の中心にいた。彼らは軍部大臣現役武官制＊注2をテコに、陸相候補を出さないなどして組閣断念や倒閣に追い込んだ。

＊注2〈軍部大臣現役武官制〉　陸海軍大臣の就任を現役の大・中将に限定した制度。一九一三年（大正二年）に現役規定が外れ、現役を退いた予備役の大・中将でも就任可能になったが、その実例はない。広田弘毅内閣当時の三六年、二・二六事件後の大規模な人事を断行するため、陸相の人事権を確立する狙いから現役規定が復活した。

## 幕僚統帥で軍事行動を独断拡大

昭和の陸軍は、満州事変以降、政府の方針を無視して軍事行動を拡大した。それは参謀たちが、指揮官を思うままにひきずり込んで作戦を展開する「幕僚統帥」の世界でもあった。

一九三一年（昭和六年）九月十八日深夜、満州（現・中国東北部）奉天（現・瀋陽）郊外の「柳条湖《りゅうじょうこ》」付近で、南満州鉄道（満鉄）が何者かの手で爆破された。満鉄は、日露戦争の勝利で日本が得た権益だ。権益を守るために駐留する関東軍は、現場近くの中国軍閥の部隊の犯行と断じて独立守備隊に攻撃を命じ、一夜にして奉天を占領した。

この柳条湖事件は、関東軍の参謀、板垣征四郎《いたがきせいしろう》と石原莞爾《いしはらかんじ》が仕組んだ謀略だった。日本の国力発展には満州を支配するしかないと考え、石原が念入りにプランを練り、板垣は守備隊を動かすなど実行にあたった。

参謀本部では、作戦部長の建川美次《たてかわよしつぐ》らが石原や板垣らと連携していた。建川は、関東軍の説得に向かうとしながら、航空機を使わずにあえて時間をかけて満州におもむき、石原らに決行の準備時間を与えていた。

石原らがお手本にした謀略があった。同じ関東軍参謀の河本大作《こうもとだいさく》が三年前、奉天に向かう列車を爆破した張作霖《ちょうさくりん》爆殺事件＊注3だ。河本の後任が板垣だった。軍司令官の本庄繁は、朝鮮に駐屯する軍に増援を頼むが、石原は事前に、朝鮮軍参謀の神田正種と打ち合わせていた。すべてが手際よく進んだ。

陸軍刑法では、独断で軍を動かせば死刑か無期に処せられる。だが、板垣も石原も軍法会議にかけられなかった。三年前の河本も予備役に編入させられただけだ。

若槻礼次郎内閣は事件不拡大を決めたものの、朝鮮軍司令官の林銑十郎《はやしせんじゅうろう》が独断で満州に越境すると追認してしまう。やがて関東軍は満州を支配し、翌年には満州国が誕生した。石原と板垣はヒーローとなり、板垣は後に陸軍大臣までのぼりつめる。

参謀たちの下克上的な行動は何をもたらしたか。

「軍人の第一義は、統制に反しても大成功を収めることにある、という悪弊を陸軍内部に残した」（『指揮官と参謀』文春文庫）と指摘しているのは、作家の半藤一利だ。

では、参謀がなぜ、国策に介入し、国の運命を左右するまでになったのか——。

話は一九二一年（大正十年）十月にさかのぼる。第一次大戦の調査でドイツを訪れた永田鉄山、小畑敏四郎《おばたとししろう》、岡村寧次の三人は、バーデンバーデンで国の将来を語り合い、軍主導の「国家総動員体制」を目指すことを誓う。

これに東条英機を加えた四人は、土肥原賢二《どひはらけんじ》ら優秀な軍人を集め、頻繁に研究会「二葉会」を開いた。メンバーに河本大作や板垣征四郎もいた。これに影響され、二九年には山下奉文《やましたともゆき》、鈴木貞一、武藤章ら将校約四十人による「一夕会《いっせき》」が発足。こちらには石原莞爾が加わった。三〇年には橋本欣五郎《はしもときんごろう》らが「桜会」を結成した。

これらのグループは軍中央を突き上げ、三一年には、桜会のメンバーによる「三月事件」、橋本らによる「十月事件」*注4と二件のクーデター計画が発覚した。国民には隠されたが、軍組織内に表れたきしみは派閥争いを生み、二・二六事件につながっていく。

三七年（昭和十二年）七月七日夜、盧溝橋《ろこうきょう》付近で演習中の日本軍に突然、中国側から銃弾が撃ち込まれた。連隊長の牟田口廉也《むたぐちれんや》は、中国軍への反撃を命令した。同月十一日に停戦協定が成立したが、同じ日に近衛内閣は、三個師団の中国派兵を決意、これが日中全面戦争へと拡大していく。ちなみに牟田口は大戦末期に、補給を無視し膨大な餓死者を出したインパール作戦の責任者だ。

日中戦争の長期化を恐れ、不拡大方針をとる作戦部長の石原に拡大派の作戦課長、武藤章は言った。「石原参謀が満州事変でやられたことを、お手本にしてやっているわけです」

関東軍参謀長の東条、参謀副長の今村均《いまむらひとし》はともに拡大派だった。石原はズルズルと戦火の拡大を許してしまう。

『昭和陸軍秘史』（中村菊男著）によると、参謀の一人で、三八年に作戦課長を務めた稲田正純は、「一つは、だれも先の見通しがついていない。二つには、だれも漢民族について理解をもとうとしないのです」と、明確な指針がなかったと反省している。

日中戦争が泥沼化をたどっていた三九年（昭和十四年）五月、満蒙国境で日本・満州国軍がソ連・モンゴル軍と衝突した。ノモンハン事件の勃発だ。

作戦の中心にいたのは関東軍作戦班長の服部卓四郎《はっとりたくしろう》と参謀の辻政信の二人。若手の辻は、第一次上海事変に参加するなど戦場経験も豊富で、発言力は絶大なものがあった。

だが、辻が練った作戦は、ソ連の大兵力を過小評価していた。関東軍は八月にソ連の大攻勢を受け、日本陸軍に敗北をもたらした。

関東軍司令官らは責任をとり、現役を退いた。しかし、服部は千葉歩兵学校付に、辻は第十一軍司令部に転出という処分だけで済んだ。責任は指揮官と幕僚長にあり、参謀にはないというのが陸軍の原則だった。

服部は一年後、大本営作戦課の作戦班長に栄転し、対米開戦前に作戦課長に昇格した。辻は、服部の課長就任直後、作戦課の参謀に引き上げられた。二人は、対米開戦を推進する。

日中戦争が起きた時、軍事課長だった田中新一と作戦課長の武藤章も、日米開戦時には、田中が作戦部長、武藤が軍務局長と重用されていた。

海軍では対米強硬派が力を得て、四〇年（昭和十五年）十月には軍務局長に就任した岡敬純《おかたかずみ》、軍務第二課長の石川信吾らが対米開戦へと走り出していた。軍令部作戦課の神重徳《かみしげのり》は、参謀本部作戦部長の田中新一に「来年四、五月ころ、海軍としても対米戦争をやらねばならない」と告げていた。

田中は、和戦両方の道を探る首相兼陸相の東条らに対米強硬論を説き続け、慎重意見を述べる参謀を「黙れ！　貴様のようなやつを敗北主義者というんだ」と抑え込んだ。

こうして日本は四一年（昭和十六年）十二月八日、真珠湾を攻撃し米国との戦争に突入した。田中はガダルカナル奪回作戦でも、船舶派遣を要求して東条と衝突、「この馬鹿野郎《ばか》」となっている。

ノンフィクション作家の保阪正康は、「東条は戦後、巣鴨拘置所に入ってから、『統帥権が間違っていた』と述懐している。結局、統帥だけでしか物を見なくなった戦争だったのではないか」と語っている。

**＊注3〈張作霖爆殺事件〉**　一九二八年（昭和三年）六月、北京から奉天に列車で向かう中国

軍閥の領袖《りょうしゅう》、張作霖を関東軍高級参謀の河本大作ら将校が列車ごと爆破し、暗殺した事件。河本は軍法会議にかけられず参謀職を解かれた。だが、事件処理をめぐって首相の田中義一は昭和天皇に叱責され、内閣総辞職に追い込まれた。

**＊注4〈三月事件と十月事件〉** ともに一九三一年に、決行が予定されていた陸軍将校のクーデター未遂事件で、三月事件は、桜会の橋本欣五郎中佐ら急進派が、宇垣一成大将を首班とする内閣をつくろうとしたもの。十月事件では、橋本や長勇少佐らが、閣僚らの殺害などを企て、荒木貞夫中将を首班とする内閣を発足させようとした。

---

## 自己改革ないまま敗戦

**◇秦郁彦　現代史家**

——参謀という存在をどうとらえるべきなのか。

参謀には原則、陸軍大学校を卒業した者だけがなれる。なかでも参謀本部の作戦部作戦課は超エリートの集まりで、ここから戦場の作戦主任参謀や派遣参謀として出ていく。連隊長より発言権が強く、ノモンハン事変の辻政信のように「横暴」のイメージが定着しているが、司令官と参謀をめぐる問題は、今でいえばラインとスタッフの問題です。参謀はまさにスタッフで、計画を立案し、ラインのトップに助言する。役割は大きかった参謀だが、体系的に論じたものは意外にも少ない。

――米英ではどうか。

あちらでも、プロの軍人はみな作戦をやりたがる。そうなると情報、兵站は脇役になってしまう。それではいけないと、米英では情報参謀に文官出身者や研究者、大学教授とかインテリをもってきた。作戦参謀にコンプレックスを持たず、視野も広い。兵站参謀には運送会社の課長といった人を配置する。日本では、できの良くない軍人を軍需工場にまで派遣した。生産効率が上がるわけがない。

――満州事変を起こした石原莞爾の信奉者は多い。

名高い参謀は、陸軍では石原のほか、辻、瀬島龍三。海軍は（日本海海戦の）秋山真之《あきやまさねゆき》、源田実。なかでも石原は、独特の戦争理論に宗教を結びつけ、一種の予言者になった。「お釈迦さまがそう予言している」と言うと迫力が違うのですね。だが、僕は、石原を過大評価してはいけないと思う。日中戦争で、彼は事実上の参謀総長だったが、停戦協定成立の日に内地三個師団増派決定の判を押した。武断主義が根っこにある。

――辻もカリスマ性では負けていない。

辻は体力絶倫のスーパーマンで、ノモンハンで負けたが復活し、マレー攻略の作戦主任参謀になった。しかし、山下奉文将軍は辻について書いています。「この者絶対に国軍の幹部にすべからず」と。打つ手打つ手が成功するから我慢して使うが将来、この男は危ないと。

――石原も辻も独走の責任を問われなかった。

起案権はあるが、責任は生じないというシステムの問題がある。天皇の命令を参謀総長が起案し、天皇に判を押してもらうことで奉勅命令となる。責任は判を押した天皇にあることになるが、天皇は明治憲法では法的責任を問われない。一方、参謀総長も負けた作戦を立案し、実行した責任を負わなくていいようになっている。上がそうだから下もそう。BC級裁判では多くの将校が責任を問われ絞首刑になったが、処刑された参謀はほとんどいない。

――どうすべきだったか。

陸軍刑法では、天皇の軍隊を許可を得ずに動かせば死刑です。石原らを、死刑が無理なら予備役に編入すべきだった。そうすれば、参謀たちが次々に謀略を働くのをくい止められたかもしれない。統帥大権を持つ天皇をないがしろにした。国が生きるか死ぬかというときは、何らかの自己改革が行われるものですが、何も行われずに敗戦日に至った。

# 第3章　昭和初期の「革新」運動

## 戦前の「革新」とは

「革新」とは何か。戦後五十五年体制下の保革対立の時代は、もっぱら、「左翼」や社会主義を推す勢力、の意味合いで使われていた。

イデオロギー研究に詳しい竹中佳彦・筑波大学助教授（政治学）によると、「革新主義」とは「市場への信頼でなく、公的な経済介入によって経済格差を是正する必要があると考える思想」であり、それを代表するのが社会主義（蒲島郁夫・竹中佳彦『現代日本人のイデオロギー』東京大学出版会）という。

「革新」という言葉は、本来、「現状を変えて新しくすること」を意味するので、右翼も左翼も革新勢力たりうる。戦前の「革新」の場合、右も左も同居しており、「平和反戦」思想とも無縁だった。

現在に続く政治的な意味で「革新」という言葉が使われるようになったのは、「第一次大戦が終わった大正七〜八年ごろから」。革新には「明らかに現状打破のニュアンスが含まれ……一九三〇年代には、右であれ左であれ全体主義的な改革へむかう方向性を有した」(御厨貴『「保守」の終わり』毎日新聞社)。

この時代の「革新」について、伊藤隆東京大学名誉教授は「反資本主義であり、反自由主義。反議会主義でもあり、英米追従批判主義でもあった」と解説する。

日本は第一次世界大戦で戦勝国となったものの、昭和恐慌にも見舞われ、社会には不満が渦巻いていた。

〈不況に無策で、腐敗にまみれた既成の政党政治・財閥支配による経済体制を打破し、新しい国家社会体制をつくるべきだ。そのためには、強力な政府を樹立し、国家が経済を統制すべきだ〉

こうした「革新」的な考え方を持つ官僚や軍人らが各分野で発言力を増していった。

当時の「革新」という言葉は「プラス・イメージ」(竹中助教授)をもっていた。「現在なら、小泉首相がいう『改革派』が、戦前の『革新』に近い響きがあるのではないか。『抵抗勢力』が近衛の言う『現状維持』勢力にあたるのだろう」と、竹中は語っている。

## 近衛に期待集まる

## 軍人

一九二〇、三〇年代、陸軍内の革新勢力は、「皇道派」と「統制派」の二つに分かれ、対立していった。皇道派は、復古主義、精神主義で現状打破を目指した。「国軍」を「皇軍」と言い始めた荒木貞夫や、真崎甚三郎《まさきじんざぶろう》、柳川平助らが中心となっていた。荒木は青年将校の「愛国の情は涙ぐましいものがある」のに、上級将校は憂国の情に乏しいなどと語っていた。

窮乏した農村救済を看板に掲げた皇道派の青年将校は、一九三六年（昭和十一年）に二・二六事件を起こした。「昭和維新」を断行し、天皇親政の軍部独裁政権を樹立しようとしたクーデターだったが鎮圧され、これを機に皇道派は没落していった。その一方で、東条英機（のちの首相）ら統制派は、総力戦体制を実現しようと動いた。

三四年（昭和九年）十月、陸軍省新聞班が出版した「国防の本義と其強化の提唱」には、軍部内の革新的な考え方が端的に示されている。池田純久《いけだすみひさ》少佐らが作成したとされる、このパンフレットは、「たたかいは創造の父、文化の母」という文章で始まり、統制経済、戦時体制を強調していた。

また、石原莞爾が満鉄の調査機構を動員して作成した抜本的な対ソ戦備計画「重要産業五か年計画要綱」や、武藤章軍務局長が国策研究会を活用して策定した「総合国策十年計画」などは革新的な軍人が打ち出した政策といえた。

## 官僚

官僚の世界では、岸信介《きしのぶすけ》、奥村喜和男《おくむらきわお》、迫水久常《さこみずひさつね》らが革新官僚として注目を集めた。中でもその代表的な存在が岸信介（戦後、首相に就任）だった。

岸は、ロシア革命を経て成立したソ連がスタートさせた第一次五か年計画について「目標を定めて、それを達成しようという意欲とか考え方に脅威を感じたことを覚えている」（『岸信介の回想』文藝春秋）と述懐している。三六年（昭和十一年）には、関東軍参謀の秋永月三《あきながつきぞう》らの画策により、商工省工務局長から満州国に転出した。

岸は、満州国総務庁次長に就き、満州産業開発五か年計画を実行に移し、満州を統制経済の実験場にしようとした。部下には椎名悦三郎（戦後、岸内閣の官房長官）がおり、同じ長州出身の鮎川義介《あいかわよしすけ》が率いる日本産業（日産）を誘致した。

岸と軍部との強い関係は有名だが、革新官僚らが主導した統制経済、物資動員計画は、戦争（総力戦）遂行に不可欠のものになっていく。

吉田茂（元首相とは別人）を長官として三五年（昭和十年）に設置された内閣調査局（のちの企画庁―企画院）が、革新官僚の活動拠点になった。正木千冬（戦後、神奈川県鎌倉市長）が、治安維持法違反の企画院事件の上申書で述べたところによれば、「資本主義的自由主義の弊害を認め、強度の統制経済主義に傾き、強力政治を行おうとするもののごとく」というのが、企画院の空気だったという。

### 「革新」の人々

**官僚**

岸　信介　椎名悦三郎（商工省）

奥村喜和男　美濃部洋次
迫水　久常　毛里英於菟
和田　博雄　稲葉　秀三
勝間田清一（企画院）

**軍人**

河本　大作（陸軍士官学校15期）
永田　鉄山　板垣征四郎
土肥原賢二（16期）
東条　英機（17期）
山下　奉文（18期）
石原　莞爾（21期）
鈴木　貞一（22期）
武藤　章（25期）

**外交官**

白鳥　敏夫
牛場　信彦

**近衛　文麿**

**華族**

木戸　幸一
有馬　頼寧

**政治家**

麻生　久　亀井貫一郎
浅沼稲次郎（社会大衆党）
赤松　克麿（日本革新党）
中野　正剛（東方会）
平沼騏一郎（国本社）

**思想家・知識人**

北　一輝　大川　周明
後藤隆之助　蠟山　政道
三木　清　笠　信太郎
矢部　貞治　尾崎　秀実（昭和研究会）

矢次　一夫　池田　宏
大蔵　公望　滝　正雄
吉野　信次　風見　章（国策研究会）

**共産党から転向**

佐野　学　鍋山　貞親

## 華族

革新勢力の期待を一身に担ったのが近衛文麿だった。側近の木戸幸一（内大臣）、有馬頼寧《ありまよりやす》（農相）らも、革新派の華族だった。

近衛の基本的な姿勢は、一九一八年（大正七年）の論文「英米本位の平和主義を排す」で示されている。基本的な主張は、①反英米依存主義、②反資本主義、③反自由主義――であり、左翼と右翼の双方の考え方が同居していた。

三七年（昭和十二年）の第一次近衛内閣の発足時の記者会見では、「国民全部が手を握って、革新というか、国家の進運のために全力を尽くしたい」と明言した。

近衛を軸に進められた「新体制」運動には、さまざまな革新勢力の理想や期待、野望、幻想などが奔流となってなだれ込んだ。

一方、一九三〇年代、学者や官僚、民間人などが参加する革新派の集団が生まれていた。近衛のブレーンとなった「昭和研究会」、官僚中心の「国策研究会」＊注1、近衛も参加した「国維会」などが代表的だった。

思想界では、一九年（大正八年）に猶存社《ゆうぞんしゃ》を結成した北一輝《きたいっき》、大川周明《おおかわしゅうめい》らが、革新派や右翼運動に大きな影響を与えた。

**＊注1〈昭和研究会と国策研究会〉** 昭和研究会は、一九三三年（昭和八年）に発足、近衛文麿の私的なブレーン組織として活動する。後藤隆之助が主宰し、官僚、学者、ジャーナリストや産業界から人が集まった。三木清、笠信太郎、矢部貞治らが中心メンバーで、具体的な革新政策を立案した。大政翼賛会の発足に伴い、四〇年に解散した。国策研究会は、矢次一夫が事務局長を務め、金融財政、産業問題、対外政策などを調査・立案した。

## 斎藤隆夫の粛軍演説

青年将校たちが「革新」という言葉に浮足立っている時代、これに全力をあげて立ちふさがった人物がいた。斎藤隆夫（民政党衆議院議員）である。

　まず、その声を聞こう。

「近頃の日本は革新運動の流行時代だ。革新を唱えないものは、思想家ではない、愛国者でも憂国者でもないように思われている」

　一九三六年（昭和十一年）五月七日、二・二六事件による戒厳令下で開かれた衆議院本会議。さらに斎藤は、質問を続ける。

「しからば何を革新せんとするのか、茫漠《ぼうばく》として捕捉《ほそく》することはできない。無責任にして矯激《きょうげき》なる言論が思慮浅薄なる一部の人々を刺激して不穏の計画を醸成し、不逞《ふてい》の凶漢を出すに至っては文明国民の恥辱であり、かつ醜態である」

　一時間二十五分に及ぶ演説（粛軍演説）で斎藤は、事件に言及しつつ、北一輝の「日本改造法案大綱」などの影響を受けた彼らの「革新」的な考え方は単純で危険だ、と指摘した。

　この将校たちに代表される「革新」勢力は、一体、日本政治に何をもたらしたのだろうか。

**関連年表**（肩書きは当時）

| 月日 | | 出来事 |
|---|---|---|
| 1930 | 4.22 | ロンドン軍縮条約調印 |
| | 4.25 | 政友会が統帥権干犯問題で政府を攻撃 |
| | 11.14 | 浜口首相、東京駅で狙撃される |
| 1932 | 3. 1 | 満州国、建国を宣言 |
| | 5.15 | 5・15 事件。犬養首相暗殺 |
| 1936 | 2.26 | 2・26 事件 |
| 1937 | 6. 4 | 第 1 次近衛文麿内閣発足 |
| | 7. 7 | 盧溝橋事件。日中戦争始まる |
| 1938 | 4. 1 | 国家総動員法公布 |
| 1940 | 7. 6 | 社会大衆党解党 |
| | 7.16 | 政友会久原派解党。その後、中島派も解党 |
| | 7.22 | 第 2 次近衛内閣発足 |
| | 8.15 | 民政党解党 |
| | 10.12 | 大政翼賛会が発足 |
| 1941 | 7.18 | 第 3 次近衛内閣発足 |
| | 10.18 | 東条内閣発足 |
| | 12. 8 | 太平洋戦争始まる |

浜口雄幸《はまぐちおさち》首相の狙撃事件、犬養毅首相を暗殺した五・一五事件と、テロ事件が相次ぎ、犬養内閣をもって政党内閣は終わった。そのあとには軍事クーデターの季節が来た。テロの横行は、政治指導者の心胆を寒からしめ、その政治行動に深刻な影響を与えていった。

斎藤は演説で、軍人が政治運動にかかわることが「立憲政治の破滅は言うに及ばず、国家動乱、武人専制」につながるとし、軍部にすりよる政治家が出てきていることにも強い警鐘を鳴らしたのだった。

このころの革新は「右」だけではなかった。

社会大衆党の麻生久《あそうひさし》は三五年、雑誌『解放』の論文で、軍部を中心として起きてきた革新的機運に言及してこう書いている。

「将来、革新の主体となり、これを遂行するのは、わが無産運動の陣営のみだ。革新をファッショ的傾向に進ましめるか、正統なる資本主義清算の方面に進ましめるかは、我らの陣営が国民大衆を獲得して、革新の主体勢力となりうるか否かにかかっている」

社会大衆党は三二年(昭和七年)、全国労農大衆党と社会民衆党が合併して結成された。当時は、三反主義(反資本主義、反共、反ファッショ)を掲げ、社会民主主義の立場だった。やがて、書記長の麻生を中心とする旧日本労農党系などが中心となり、陸軍と連携しながら国家社会主義的な傾向を強めていった。

政党政治の凋落《ちょうらく》に伴って出てきた現象の一つが革新官僚の台頭だ。

犬養内閣が倒れた後、斎藤実内閣のころから「革新官僚」「新官僚」と呼ばれる官僚の動きが強まった。

内閣調査局で専門委員を務めた勝間田清一（元社会党委員長）は、戦後、読売新聞に対し、「日本の資本主義の行き詰まりを変革しなければダメだと考える者、軍事的、ファシズムによって事態を解決しようという者。この二つが絡み合い、革新官僚、国家革新を目指す青年将校が同居し、異様な革新気分を作っていた」（『昭和史の天皇』）と語っている。

経済統制が強化され、大蔵、商工、農林など経済官僚の進出ぶりが目立ったという。国民生活のさまざまな面まで官僚統制が行き渡り、国内外で戦時体制が準備されることになった。

## 「新党運動」の変質

「革新」運動の行き着く先が、第一次近衛内閣の末期からくすぶっていた「新党運動」だった。最初は、軍部の独走を抑えるための新党運動として構想された。近衛自身、手記に「各政党自体の力では軍部を抑制することは不可能だった。既存政党とは異なった国民組織とそれの持つ政治力を背景とした政府が成立して初めて軍部を抑え、日支事変を解決できる……」と書いている。

ところが、新党運動は日中戦争のころから、次第に軍部の革新勢力と協力するものへと変質

衆議院本会議での、いわゆる「反軍演説」について懲罰委員会で弁明する斎藤隆夫・民政党衆議院議員（1940年2月24日）

していった。

四〇年（昭和十五年）春、新党運動の動きが活発になった。きっかけは、斎藤隆夫が二月二日に行った「反軍演説」をめぐる除名事件だった。

この演説で斎藤は、「一体、支那事変はどうなるものであるか、いつ済むのであるか」と、切っ先鋭く政府を追及し、「ただいたずらに聖戦の美名に隠れて、国民的犠牲を閑却し……」「国家百年の大計を誤るようなことがありましたなら、現在の政治家は死しても、その罪を滅ぼすことは出来ない」と、政治家の重大な責任に触れたのだった。

斎藤除名の賛否をめぐって、親軍派の議員と、軍に批判的な議員の抗争は激しさを増した。親軍的な議員による「聖戦貫徹議員連盟」が、すべての政党を解消し、それを一つに束ねて一つの強大な政党を結成する動きになっていく。革新派の議員や軍部は、近衛をトップとする「近衛新体制」の形成に走った。

六月二十四日、近衛は枢密院議長を辞任し、「新体制確立のために微力をささげたい」との声明を出した。

だが、強力で指導的な新党を求める革新派の思惑とは裏腹に、当の近衛は新党に情熱を失っていった。

観念右翼の「幕府論」、つまり、強大な党が形成されればその総裁は実質的に天皇にとってかわり、事実上天皇親政を否定する幕府のような存在になるのではないか、という批判を恐れたと見られている。

十月十二日、新体制運動の総決算として、大政翼賛会*注2が結成されたが、発会式で近衛は「本運動の綱領は、大政翼賛の臣道実践ということに尽きると信ぜられるのでありまして……」と精神論を述べただけで、周囲を驚かせた。

当時、陸軍省軍務課内政班長だった牧達夫は、「ただあぜんとして近衛公の長身を冷たく仰ぎ見るのみであった。彼の表明したものは我等の念頭としてきた『政治中核体』の理念ではなく、意外にも『一億一心万民翼賛』の単なる精神運動でしかなかった。翼賛会の政治的無力を直感し、幻滅に似た失望を味わった」(「軍の期待と幻滅」『歴史と人物』七四年四月号)と述べている。

大政翼賛会は、政治結社ではなく、政府方針を伝え、国民を動員する行政補助機関になった。新体制運動は、結局、さまざまな国民の声を伝える政党をつぶし、戦時体制を推し進める結果になったのである。

**＊注2〈大政翼賛会〉**　翼賛とは「天子を助ける」との意味。大政翼賛会は国民総動員体制の中核組織。国民の精神運動を上意下達で導くもので、下部組織として道府県支部、市区町村

支部、町内会、隣組などが置かれた。一九四二年四月の衆議院議員選挙は、軍部、財界からなる「翼賛政治体制協議会」が、衆議院定数と同数の推薦候補を選定して立候補させる「翼賛選挙」となった。この選挙の直後、衆議院議員中心の政治団体「翼賛政治会」が発足し、政府と大政翼賛会を併せた三位一体の翼賛政治体制が確立した。

**◇伊藤隆　東京大学名誉教授・日本近現代史**

## 全体主義を目指した動き

――「革新」が戦前、時代の主流となった理由は。

第一次世界大戦の結果、日本は五大国の一つになり、明治維新の目標は達成した。だが、資本主義経済で先行する欧米にはどこまで行っても追いつけず、行き詰まりもあった。労働者階級は増え、大正中期に社会主義やマルクス主義がわっと国内に入ってきて、資本主義はまずいのではないかという考えが生まれた。決定的なのは世界恐慌で、日本国内も不況に陥った。坂を上っていくのではなくて、転げ落ちていくようだった。当時、たくさんの経済学者が資本主義は滅亡すると分析した。こうした中で新しい体制を作っていこうとする動きが革新だ。

――革新とファシズムとの関係は。

総力戦という考え方が、第一次世界大戦で出てくる。単なる軍事力だけではなくて、国民全体の力を戦争に結集しなければならないという考えだ。それができるのが全体主義だ。軍部を中心とした革新右翼などの全体主義派が力を持ち、国家総動員法ができた。統制経済で国力を飛躍的に発展させようとした。革新は、ファシズムを目指したものだと言っていい。ファシズムは全体主義と言い換えても同じだからだ。ただ、ファシズムという言葉には「悪い」という印象が先行するため、客観的な研究用語としては使うべきでない。

——革新派の中心に近衛文麿がいたが。

近衛は、変革の旗手になりたいと思っていた。近衛は憲法を時代に合うものに改正したいと、天皇に言ったことがある。その考え方の底流に社会主義があるのは間違いないが、実際は精神右翼や陸軍の皇道派に非常に近い。大政翼賛会の活動に意欲を失うのは、精神右翼から、「幕府」になるつもりかと責められたためだ。結局、大政翼賛会は、内務省が国民動員の組織として利用してしまった。

——革新派に戦争責任はあるか。

反英米主義の革新派が、日独伊三国同盟、日ソ中立条約という方向を形作っていった。ただし、このことが戦争責任にストレートに直結するとは言えない。米国は日本に対し、石油の禁輸などさまざまなことをしてきた。日本は対抗し、最後はエスカレートして戦争になった。両国がやる気にならないと戦争にはならない。軍備の拡充自体が戦争責任なのか。例えば、現在の中国における軍拡は、戦争犯罪とは違うのか。戦争犯罪という概念はあいまいだ。

――一般国民は革新をどう思っていたのか。

反軍演説をした斎藤隆夫や、自由主義者の鳩山一郎は、一九四二年(昭和十七年)の翼賛選挙でトップ当選した。だが、これをもって選挙区の有権者全体が戦争反対だったとはいえない。民意をどう測るかは難しい問題だ。小泉内閣が衆院選で勝ったのも、一つのことが原因ではなく、いろいろな積み上げのうえにある。歴史的な事柄というのは、既成事実が積み重なって、ある段階で一挙に変わるのが普通だ。

**◇松本健一** 評論家・作家

## 内部から崩れた政党政治

――戦前の「革新」の動きをリードしたのは北一輝の思想だったのでは。

私は大隈内閣の「対支二十一か条要求」が日本の近代史の中の一番大きな過ちだと思う。中国の反日ナショナリズムと米国の世界戦略が手を握ることになったからだ。北一輝は、中国の反日運動の渦中にあって、そのことに気づき、「日本を変えなければならない」と考えた。これが「日本改造法案大綱」だ。北には世界史の新段階が見えていた。単にファシストでは済まされない存在だった。

——革新官僚の岸信介も影響を受けている。

満州国を実際に作ったのは石原莞爾、板垣征四郎だが、その後満州を支配していったのは、岸ら革新官僚だ。石原のように「王道楽土」「五族共和」といった理念を唱えていても国家経営は出来ない。総力戦のためどれほどの兵力が必要で、満州の重工業をどれぐらいの規模にしていかねばならないか、など国家主義的な植民地経営を考えた。

大東亜戦争の責任といえば、アジア主義者たち、とくに大川周明など右翼が一番悪いと言われるが、満州の鉄やベトナムのゴムを集めて合理的に総力戦をやろうとした永田鉄山、東条英機ら統制派の合理主義者たちによって戦争は準備されたと考えるべきだ。

——昭和初期から政治が安定を欠き始める。

一九三二年の五・一五事件は言ってみれば軍部主体の革新運動だ。当時、政党同士のスキャンダル合戦やわいろ合戦が横行した。そういう汚い政党に政治を任せておけない、清新な軍部に任せなければという「空気」になって軍部が台頭する。軍部を独走させたのは弱体化した政党だとも言える。その動きに近衛文麿が乗る。

——軍部と歩調を合わせる政党人も出てきた。

大きかったのは統帥権の問題だ。旧憲法では、軍事予算、軍隊の規模、派遣、戦争の決定などすべて天皇の統帥権に属していた。

浜口内閣が三〇年にロンドン海軍軍縮条約を締結すると、民政党内閣をつぶすために政友会の犬養毅、鳩山一郎らは「統帥権干犯だ」と批判した。これは昭和史を破局に導くような重大発言だ。軍縮条約を政党内閣は結べないことになる。政党にはその力がないと自己否定しているのと同じだ。満州事変のように統帥権を盾にとった軍部独走を政党が容認する性格のものだ。

政争に統帥権干犯を使ったことで政党が軍部と結託する構造が出てくる。政友会では実力者の森恪が言い出す。政党政治を中から壊したのが革新政治家だ。

——斎藤隆夫、そして近衛をどう考えるか。

斎藤は、大東亜戦争になだれ込んでいく時代に、政党政治の可能性を徹底的に追求し、日華事変を「聖戦の美名に隠れて」と批判した。近衛文麿が犯したポピュリズム（大衆迎合）に抵抗し、国民の立場から立憲政治を守ろうとしたパトリオット（愛国者）だ。

開戦をしたのは東条英機だが、開戦まで持っていったのは近衛であり、近衛の政治責任は極めて大きい。

# 第4章　12・8　日記の四年間

今年（二〇〇五年）も〈十二月八日〉がめぐってきた。日本が六十四年前、アメリカとの戦争に踏み切った、あの日である。戦時下の〈12・8〉は、年ごとに変貌《へんぼう》した。なぜ、あれだけの血が流されなければならなかったのか。残されたいくつもの「日記」は、我々が先の戦争を考える手がかりを与えてくれる。

## 昭和十六年

何なれや心おごれる老大の耄碌国を撃ちてしやまん　　斎藤茂吉

一九四一年（昭和十六年）十二月八日朝、ラジオは臨時ニュースを告げ、日本がハワイ・真珠湾を攻撃、米英との戦争状態に入った、と報じた。

〈立派なり。日本のやり方、日露戦と同様にてすばらしい〉（十二月八日）

作家・伊藤整《せい》の『太平洋戦争日記』からは興奮が伝わってくる。大本営は、どうだったか。陸軍部の参謀らが書いた『機密戦争日誌』（軍事史学会編）を見てみよう。

〈歴史的戦争急襲成る。……斯《か》くて全国民の血は湧《わ》き、肉躍る〉（十二月八日）

日中戦争から四年余、中国での戦況は思わしくなかった。米国との交渉も行き詰まっていた。六大都市ではコメがすでに配給通帳・外食券制になった。真珠湾やマレーでの日本軍の大戦果は、国民の鬱屈《うっくつ》した気分を吹き飛ばし、軍部を雀躍《じゃくやく》させるに十分だった。

もっとも、伊藤は、新聞をみて、ふと不安にとらわれている。その心配とは、

〈ドイツ軍が昨日、東部戦線は酷寒《こっかん》のため機械油も凍り、大規模の軍事行動はやめると、発表したこと。或《あるい》はこの際、彼は英国と和解するのではないだろうか〉（十二月九日）

二週間も経つと、伊藤に少し疑念もわいてきた。

〈汽船の損害は、はじめマレーとフィリッピン上陸の時に一、二隻やられたと発表しただけだが、その後はやられていないのか、それともやられても発表しないことにしているのか。後者なら心配だ〉（十二月二十二日）

前首相の近衛文麿は、何を思っていたのだろう。側近の細川護貞《もりさだ》が戦後に書いた「近衛公の生涯」（『近衛日記』共同通信社）によれば、

〈開戦の日、私は華族会館に近衛さんを訪れた。（近衛は）「えらいことになった。僕は悲惨な敗北を実感する。こんな有様はせいぜい二、三カ月だろう」と沈鬱《ちんうつ》な声で言った〉。

ここで開戦前に日記のページを戻そう。

内大臣だった木戸幸一の日記。それによると、十一月二十九日、重臣らとの懇談の席上、〈陛下より大変難しい時代になったねとの御言葉〉があり、若槻《わかつき》礼次郎、平沼騏一郎《きいちろう》が長期戦への懸念を示したのに続いて、近衛が発言した。

〈(アメリカとの)外交交渉決裂するも、直に戦争に訴うるを要するや、……臥薪嘗胆《がしんしょうたん》の状態にて推移する中、又打開の途を見出すにあらざるかとも思われ、此の点は尚後刻当局に質したい〉(『木戸幸一日記』)

しかし、『機密戦争日誌』は、重臣たちの姿勢を冷笑するかのようであった。

〈国を興すものは青年、国を亡ぼすものは老年なり。重臣連の事勿《ことなか》れ心理も已むなし。若槻、平沼連の老衰者に皇国永遠の生命を托する能《あた》わず〉(十一月二十九日)

結局、近衛らの慎重論も東条英機首相らに押し切られる。それでも、開戦は避けられなかったのか。木戸日記の翌三十日の記述は、注目していいかも知れない。

海軍大佐の高松宮と話した天皇が、〈どうも海軍は手一杯で、出来るなれば日米の戦争は避けたい様な気持ちだが、一体どうなのだろうかね〉と木戸に問い、木戸は、開戦の決定は重大であり、海軍大臣らに直接問いただすよう進言したというのである。

しかし、これによっても、結果は変わらず、十二月一日、運命の御前会議が開かれた。『機密戦争日誌』の記述は勇ましい。

〈正に歴史的御前会議なり。遂に対米英蘭開戦の御聖断下れり。真に世界歴史の大転換なり。皇国悠久の繁栄は茲《ここ》に発足せんとす。百年戦争何ぞ辞せん〉（十二月一日）

駐日大使のグルーは、日本の運命を予告した。

〈米国の総力が発揮されるまでには、（米国は）相当重大な打撃を受けるかも知れない。しかし、最後に日本が敗北することは絶対的に確実である〉（『滞日十年』十二月八日）

## 昭和十七年

ひととせをかへりみすれば亡き友の数へかたくもなりにけるかな　山本五十六

四二年（昭和十七年）十二月八日の『機密戦争日誌』には、〈戦争第二年。決戦への総進軍展開せらる、全国を挙げて感激に埋まる〉とある。しかし同日、ニューギニアのバサブアで日本軍が玉砕していた。

伊藤整は、十一月二十一日、〈ソロモン島ガダルカナル辺の戦、我陸軍を揚げ次第に敵を圧迫す〉と記している。だが、『機密戦争日誌』は十月二十六日、〈「ソロモン」方面陸軍戦況全く頓挫《とんざ》せり〉とし、鋼材、重油の不足などから焦りも募っていた。国民に真相は知らされていなかった。

ガダルカナル島の密林を進む日本軍川口支隊の兵士。
1942年9月ごろ

この年の正月、人々は、勝利の美酒に酔っていた。一日〈聖戦第一春。「ハワイ」快勝の写真及手記、元旦の紙上を埋め、感激を新《あらた》にす〉、二日〈皇軍「マニラ」を攻略す。これにて東亜より米の勢力を一掃す〉(『機密戦争日誌』)。日本軍は、シンガポール、ビルマ、ソロモン諸島へと進撃していく。

しかし半年後、ミッドウェー海戦で大敗北を喫し、八月には、ガダルカナル島に米軍が上陸した。陸軍軍医、吉野平一の日記。

〈午前三時半起床。四時出発。再び密林内を進む。南西に向い前進だ。朝食は米なく、乾パンを歩きながら食す。身体の力が抜けて来る。苦しい。水もなくなる。……水が欲しい、水が欲しい〉(九月十一日)

吉野は、川口清健少将率いる川口支隊にいた。米軍が制圧した飛行場の奪還が任務だった。第一陣の部隊は八月に全滅。川口支隊約六千人に対し、米軍は一万一千人。日本軍は装備も食糧も不足し、極度に疲労していた。

〈敵飛行場附近に砲火しきりにあがり物すごし。……上空に常に敵飛行機あり。身辺には敵小銃弾飛来す〉

吉野の日記は、この十三日で途絶えている。総攻撃は再び失敗に終わった。

大本営がガダルカナル島撤退を決めたのは、十二月三十一日のことであった。

## 昭和十八年

出陣学徒のひとりなる吾をけふ母のみ墓に来りわが告げむとす　白井洋三

四三年（昭和十八年）十二月八日。その日の高知市は晴れ。地裁判事の夫人、坂本たねさんの日記（『戦時の日常』）を見てみよう。

〈午前四時起床　朝食をすまして主人と共に六時海南中学校前に各戸一人以上集合　即ち暁《ぎょう》天《てん》動員　開戦二周年を迎えたるに当り宣戦詔書奉戴《ほうたい》式挙行〉

一方、大本営陸軍部戦争指導班には深い影が差していた。〈東西両方面共枢軸の戦勢必ずしも有利とは謂《い》い難し〉（『機密戦争日誌』十二月八日）。日本軍の戦略は閉塞《へいそく》状況に陥っていた。

そんな時期、日本の敗戦を予期し、「戦争責任」に思いをめぐらせる知識人も少数ながらいた。ジャーナリスト清沢洌《きよさわきよし》。彼は、同日の『暗黒日記』にこう記している。

〈新聞も、ラジオも過去の追憶やら、鼓舞やらで一杯だ……大東亜戦争には（一）戦争そのものを目的な人と、（二）これを機会に国内改革をやろうという人と、（三）それによって利益する人とが一緒になっている。そしてその底流には武力が総《すべ》てを解決するという考え、また一つの戦争不可避の運命観を有している民衆がある〉

「武力が総て」「戦争不可避の運命観」。そのような錯誤の淵源を清沢は日記で執拗《しつよう》に追及している。

〈徳富蘇峰《とくとみそほう》*注1 と本多熊太郎*注2 ……。開戦の責任は何人よりもこの二人である。文筆界に徳富、外交界に本多、軍界に末次信正、政界に中野正剛《せいごう》——これが四天王だ〉（十月十九日）

〈毎日（新聞）は八日記念日の感想を本多熊太郎と、鹿子木員信《かのこぎかずのぶ》*注3 をして語らせている。この人々が戦争責任者である〉（十二月九日）

〈末次大将、斎藤忠*注4 その他は何れもなお時代の寵児《ちょうじ》である。彼等は確かに戦争の責任者だ。その連中は依然として雑誌や新聞を賑《にぎ》わしている〉（十二月二十一日）

ここで指弾されているのは政界や軍部の指導者ではなく、論壇の大御所だった徳富、元外交官として評論活動に携わった本多など、国際協調を排して国粋主義を鼓吹した人々であった。清沢にしてみれば、日本の失敗に責任をもつのは、何より国民を扇動した言論人であり、彼らを重用したメディアだった。

〈国際関係が一番大切な時に、新聞雑誌には国際関係の記事がほとんどない。精神的説教がまだ幅をきかしている〉（九月五日）

母国の危機にあって米国を知悉《ちしつ》する自分でしかなしえない仕事があると信じつつ、しかし自由主義者であったために言論の場を狭められていた者ならではの無念が行間ににじむ。
山田風太郎《やまだふうたろう》の『戦中派虫けら日記』を開いてみよう。二十一歳の山田は、必勝の信念と戦争への懐疑の間で微妙に揺れ動いている。
〈国民は決して悲観的ではない。その志気は昂然《こうぜん》たるものがある……負けるとは考えられない〉（九月二十六日）
その一方で、以下のような記述もある。
〈戦争は死を冒瀆《ぼうとく》する。あまりに大量の死は、死の尊厳を人々から奪う。なるほど表面は、輝く戦死だの尊き犠牲だの讃えるけれど、人々の心は、死に馴《な》れて、その真の恐怖と荘厳とを解しない〉（四月十九日）
〈十月十八日から、昭和十五年度以降の補充兵と本年度の現役兵の訓練はじまる。ラクではない。……正直にいう。世にもバカバカしいことを、世にもバカバカしい人間によって、機械的に盲従させられるのに、人間として苦痛を禁じ得ないのは当然のことである〉（十月二十四日）
伊藤整も、同年十二月八日の日記で、精神主義では補えない物資の絶対的不足を嘆いて、〈最初の日本の進撃の目醒ましさは、私たち国民としても全く予想の外であった。……その後の米国の反撃は、その生産力から推定すれば予測したとおりであるが、それに応ずるに、日本は戦意のはげしさを持ってしているものの、生産力が伴わないので、じりじりと押され気味でいる〉

権力の中枢に近い人々の間でも、難局が訪れているとの認識はあった。近衛側近の細川護貞は、十二月四日の日記に、小畑敏四郎《おばたとししろう》陸軍中将との問答を書く。

小畑は〈民心はもう全く、東条内閣からは離れて居る様だ。最近迄《まで》は、比較的上層の知識階級のみの様にも思って居たが、今日は上下を通じて離れて居る〉と語り、〈若し東条内閣に替って、理想的な内閣が現れたとしたら、戦局に希望が持てますか〉との細川の問いに〈希望はありません〉と断言した（『細川日記』）。

十二月二十一日には、空襲に備えた都市疎開実施要項が発表された。戦時を支えた体制が揺らぎつつある中、四三年は暮れていった。

**＊注1〈徳富蘇峰〉**　（一八六三～一九五七年）評論家。本名、猪一郎。熊本県生まれ。民友社を創立し、「国民之友」「国民新聞」を刊行。平民主義を唱えたが、日清戦争後の三国干渉を機に、国家主義者に転じた。第二次大戦中は、大日本言論報国会会長となり、戦争政策をあおった。戦後、公職追放となった。

**＊注2〈本多熊太郎〉**　（一八七四～一九四八年）対米英強硬派の外交官。

**＊注3〈鹿子木員信〉**　（一八八四～一九四九年）哲学者。

**＊注4〈斎藤忠〉**　軍事評論家。大日本言論報国会常務理事を務めた。

## 昭和十九〜二十年

貪り読むタラワ島の記事ああ遂に四千五百の中に吾子も居りにき　溝間操子

四四年（昭和十九年）十二月八日の『細川日記』は、〈……四日、昨日の来襲七十機、撃墜二十一機と。確かなりや。……八日、今暁二時、警、空、警報出づ。又一二機、投弾せず〉と、連日の空襲の模様がつづられている。

同年七月には、サイパン島の守備隊が玉砕し、十月のレイテ沖海戦で、連合艦隊は空母四隻などを失って壊滅状態に陥った。十一月、マリアナ基地からB29が初めて東京を空襲し、以後、日本本土への空襲は激しさを増していく。

高木惣吉《そうきち》海軍少将は、細川に〈此《こ》の戦争には全く戦争指導と称すべき程のものなし〉（『細川日記』十二月十六日）と語った。このころ、南方の第一線から帰還した阿南惟幾《あなみこれちか》陸軍大将は、防衛総司令官、東久邇宮稔彦王《ひがしくにのみやなるひこおう》に対し強気の発言をしていた。東久邇宮は、一月十三日の『一皇族の戦争日記』にこう書いた。

〈阿南の話、次の如し。「南方前線将兵は、装備優秀な米軍に対し、勇敢に戦っている……内地に帰還してみると、軍部をはじめ、国内一般が米軍をあまりに高く評価し、戦争の前途を悲

観しているのを見て、大いに驚いている」〉

しかし、軍に決め手となる作戦はなく、唱道されたのは精神論だった。

一方、戦争の早期終結を望む勢力もあった。東久邇宮は四四年の大晦日《おおみそか》、〈少なくとも絶対不敗の態勢を整え、戦争を少しでも有利に、そしてすみやかに終結せしめなくてはならない〉と書いた。

鈴木貫太郎内閣発足。前列中央が鈴木首相

四五年（昭和二十年）三月六日、細川の日記に〈小磯内閣も最早何時倒るるかわからぬ有様なるを以《もっ》て、今度こそ真の意味の戦争終結を考慮したる内閣を作らざるべからず〉との記述がみえる。鈴木貫太郎内閣が成立したのは四月七日。同一日には、沖縄に米軍が上陸していた。

沖縄戦は六月二十二日、日本軍の壊滅で事実上、終わった。死者は市民も含めて二十万人以上にのぼった。戦艦大和は沖縄に向かう途中、九州南方で撃沈されていた。絶望的な事態に、天皇は二十二日午後、首相や陸海相らを召集した。

〈三時、最高戦争指導会議の構成員を御召《おめし》あり、戦争の終結云々《うんぬん》につき思召《おぼしめし》を御伝え被遊《あそばさ》る〉（『木戸幸一日記』六月二十二日）

会議のメンバー六人を前に、天皇は初めて「和平」に言及し、意見を聞いた。ここで米内光政《よないみつまさ》海相から明らかにされたのが、ソ連に戦争終結の仲介をしてもらうという構想だった。『細川日記』の八月八日には、〈六日、七日は空しくソ連よりの回答を待つ。実に千秋の想い〉とある。仮想敵国のソ連に斡旋を頼むという、この和平工作がポツダム宣言の受諾を遅らせ、その後も多くの犠牲者を生んだのだった。

## 八月十五日

八月十五日、ついに天皇が終戦の詔勅をくだした。広島（六日）と長崎（九日）への原爆投下、ソ連の対日宣戦布告（八日）と、追い込まれての決断だった。

九月二日、日本が降伏文書に調印すると、連合国総司令部（ＧＨＱ）は、直ちに、戦犯の逮捕に乗り出した。同十一日には東条元首相宅に米軍の憲兵が向かう。東条はピストル自殺を図るが、一命をとりとめた。

山田風太郎は『戦中派不戦日記』にこう書いた。〈みな自決してもらいたい。今、百の理屈よりも一の死は、後世に於《お》いて千の言葉を以て国民に語りかけるにちがいないのだ〉（九月十二日）

十二月六日には、近衛にも逮捕命令が出た。近衛は出頭の最終期限の同月十六日未明、毒をあおって自殺した。翌十七日の『細川日記』は近衛の遺書を引用している。

〈僕は支那事変以来、多くの政治上過誤を犯した。之に対し深く責任を感じて居るが、所謂《いわゆる》、戦争犯罪人として、米国の法廷に於て、裁判を受けることは、堪え難いことである〉

だが、近衛の責任を問う声も少なくなかった。

〈(近衛) 公は慥《たしか》に君国を誤りし唯一の人とは申さぬが、其《そ》の一人であると信ずる。……死は多くの場合万事を真善美化するものなるも、公の場合には夫《そ》れが当てにならぬ〉(『宇垣一成《かずしげ》日記』十二月三十一日)。

元内大臣の木戸も逮捕を免れなかった。近衛が自殺した十二月十六日に巣鴨プリズンに収容された。木戸はこう書く。

〈我国の国情を以てしては、今回終戦時にとりたる方法以外此の戦争の結末をつけることは困難と考えて居った……二千万の我無辜《むこ》の国民と何十万かの米国将士の生命を救い得たことは自分が心ひそかに満足し居るところ〉(十二月二十三日)。木戸は本土決戦を回避したとして、自己満足に浸っていたのである。

本文で引用した日記は以下の通り。(引用にあたっては新仮名遣いに直し、適宜、句読点をつけた)

▽『太平洋戦争日記』(新潮社　一九八三) 筆者は作家・評論家の伊藤整。

▽『機密戦争日誌』（錦正社　一九九八）大本営陸軍部戦争指導班の部内日誌。種村佐孝少佐ら参謀六人が四〇年六月一日から四五年八月一日まで、個人的感想を交え交代でつづった。

▽『細川日記』（中公文庫　二〇〇二）筆者は、近衛文麿首相の秘書官だった細川護貞（細川護熙元首相の父）。近衛の意向で、高松宮に各種の情報を報告していた。

▽『木戸幸一日記』（東京大学出版会　一九六六）筆者の木戸は、天皇を補佐する内大臣。天皇周辺や政界の情報が多数登場する。

▽『滞日十年』（毎日新聞社　一九四八）親日家で駐日米国大使のジョセフ・C・グルーの日記。

▽「吉野平一の日記」（米国立公文書館保管）戦死した陸軍軍医の吉野が、ガダルカナル島での日々をつづる。同公文書館には、日本兵の日記や遺書約百五十点が保管されている。

▽『暗黒日記』（評論社　一九七九）筆者はジャーナリストの清沢洌。移民として十代で米国に渡った清沢は、知米派の自由主義者として知られた。

▽『戦時の日常』（博文館新社　二〇〇五）筆者の坂本たねは、戦時中、裁判官の夫と高知で暮らしていた。

▽『一皇族の戦争日記』（日本週報社　一九五七）皇族の東久邇宮稔彦王の筆になる。敗戦の混乱などに対処するため、組閣を命ぜられた。

▽『戦中派虫けら日記』（ちくま文庫　一九九八）『戦中派不戦日記』（講談社文庫　一九八五）いずれも筆者は作家の山田風太郎。工場労働者として、また医学生として東京で過ごした一九四二〜四五年の記録。

▽『宇垣一成日記』（みすず書房　一九六八〜七一）筆者は陸軍軍人、政治家の宇垣一成。第一次近衛内閣で外相・拓務相を務めた。戦後は参議院議員。

## 克明につづる兵士の心

◇辺見《へんみ》じゅん　ノンフィクション作家・歌人

――「十二月八日」を知らない人も多くなった。

この日は、終戦の詔勅が出された「八月十五日」より重要な日です。終戦は、米国に原爆を落とされ、追い込まれて決めたところがあるが、開戦は、日本の軍部としての考えがあった上で決めた。なぜ無謀な戦争を始めたのかを開戦の日にこそ私たちは知らなくてはならないと思います。

――開戦は、知識人も国民も高揚した。

当時の歌人たちが、この日につくった歌を調べたことがあります。この方でさえ、こんな歌を詠んでいるのかと興味深かった。例えば、斎藤茂吉が戦争を謳歌《おうか》するような歌をつくったと、その責任を問う人がいるが、当時、だれがどのように反対できたのか。茂吉の歌を戦争を肯定している歌だと見るのは短絡的すぎます。あの時代背景の中で、そうした思いがどう醸成されていったかを問題にすべきでしょうね。

――開戦の一番の原因は。

さまざまな要因があるが、石油の問題が一番大きいでしょう。米国が石油の輸出枠を狭めていくことで日本は追いつめられていった。ルーズベルト米大統領は「リメンバー・

パールハーバー」で、米国内の厭戦《えんせん》気分を一気に変えた。自国民だけでなく諸外国に対する情報操作がとてもうまい。それに比べ、当時の日本の外務省に世界的な視点がなかった。戦術や戦略の失敗は今の日本の現状と重なるところがあります。

——日本人は「日記」が好きなのか。

日本文学研究者のドナルド・キーンさんは、捕虜の取り調べなどにあたっていたが、以前、私に、日本人ほど日記に真摯《しんし》に向かう国民はいない、そんな日本人の性格にとても興味を持ったと語っていました。日本兵は軍隊手帳に克明に本心をつづっている。日本軍が玉砕した島で、米軍は手帳を集め分析した。これによって日本側の戦意も食糧事情もすべて分かった。

——戦争について、たくさんの著作がある。

「太平洋戦争は大和に始まり、大和に終わった」という伊藤正徳さん（ジャーナリスト）の言葉にショックを受けました。私は、昭和五十年代に戦艦「大和」の百五十人余の生存者のうち、百十七人にまで会えました。下士官兵の物語として『男たちの大和』（ハルキ文庫）を書いた。今度の映画も、戦争映画ではありません。映画関係者には、戦争反対だ、戦争は悪だという視点ではなく、戦いの中での人間の生き方を中心に愛と死の物語を描いてほしいとお願いした。戦争の凄《すさ》まじさは、観客が映画を通して、感じ、考えてほしいと。

——あの戦争について、どう考えるべきか。

〈櫻とはまた墓所《はかどころ》　この国の見捨てし兵が挙手の礼をす〉

私の歌ですが、今も遺族たちとパプアニューギニアや南の島を訪れると、ジャングルに何万という兵士のシャレコウベが放置されています。その意味でも、兵士たちは見捨てられたのです。私は、これまで千六百人の遺書を読んできて、戦後六十年は、昭和を歴史として見つめ直す出発点にすべきだと思いました。

歴史としてとらえた時、あの戦争とは何だったのかが見えてくる。今度の映画は政治家の方にこそ見てもらいたい。二世、三世議員の大半は、本当の戦争の歴史を知らない。太平洋戦争を通して学び、これからの日本の進路について考えるきっかけにしていただきたいと思います。

# 第5章　日本の対外認識と国際感覚

## 国際協調の秩序を揺るがした満州事変

第一次世界大戦後の東アジア・太平洋の地域秩序を確立するため、一九二一年（大正十年）末から二二年にかけて、関係諸国が集まってワシントン会議が開催された。中国における主権尊重、門戸開放などを定めた九か国条約、海軍軍縮五か国条約、四か国条約の三条約が締結されている。

ワシントン体制と呼ばれる、この国際協調秩序を最初に大きく揺るがしたのが満州事変だった。三一年（昭和六年）九月、奉天郊外の柳条湖で、日本の関東軍が鉄道を爆破したのだ。

当時の若槻礼次郎首相は、不拡大の方針を示し、満州の独立政府樹立については「九か国条約に反す」と語った。しかし「不拡大」を無視した関東軍によって満州国が建国されると、政府（斎藤実《まこと》内閣）は、住民の発意による満州国建国は、九か国条約違反ではないとの解釈に転じ、満州国を正式承認した。

満州を巡る日中間の紛争の実情調査のため、国際連盟はリットン調査団を派遣した（1932年）

国際連盟は、満州事変の原因調査のためリットン調査団を派遣し、九か国条約や不戦条約遵守の原則を踏まえて日本の軍隊の撤収などを勧告した。これを不服として日本は国際連盟を脱退してしまう。

三七年（昭和十二年）に日中戦争が始まると、国民政府は南京から漢口、さらに重慶へと移る。南京には日本の影響下にある汪兆銘《おうちょうめい》政権が発足し、中国の実態は、九か国条約の原則からほど遠いものとなっていた。

この間、第一次近衛文麿内閣の有田八郎外相は、「事変前の事態に適用ありたる観念ないし原則」は、もはや問題の解決にならないとグルー米大使に伝えて、九か国条約の拘束力を暗に否認している。

極東国際軍事裁判（東京裁判）の法廷で、元首相・東条英機は九か国条約を子供の着物にたとえた。

「十歳の子供の時代に着られたところの衣が、十八歳になってもまだそれを着ておったために、ほころびが切れるという結果になったのです」

居直りともとれるが、二二年に条約が調印されて以降、確かに中国情勢は、大きく変化していた。中国で反日運動が激化し、また世界経済はブロック経済への道をたどっていた。東京裁判で弁護側は、事態が変化した以上、条約上の義務は終わったと「事情変更の原則」を主張した。

判決はこの論理を認めなかったが、被告全員に無罪を言い渡したインドのパル判事の少数意見は、こうした法解釈に一定の理解を示した。法理論上、そうした解釈の余地はあったにせよ、三〇年代の外交の現場において、日本のやり方は、多くの国々からルール違反だと非難され、世界から孤立していった。

## 捕虜の扱いで戦争法規違反

「日本軍は日露戦争で捕虜を厚遇したと聞いていた。しかし、捕虜になってみて、その待遇のひどさにあぜんとしている」

先の大戦中、タイとビルマ(ミャンマー)を結ぶ鉄道「泰緬《たいめん》鉄道」の建設工事に従事させられていた連合軍の捕虜が、日本軍の通訳にこう漏らしている。

明治政府は、欧米諸国の法システムを積極的に取り入れることで、文明国としての評価を得たいと考えていた。捕虜の扱いなどを定めた一九〇七年(明治四十年)の陸戦の法規慣例に関する条約にも加入した。

しかし、捕虜になることを恥とする日本独自の捕虜観は、次第に捕虜政策にも反映される。捕虜の待遇に関する二九年（昭和四年）のジュネーブ条約は、調印しながら批准は見送られた。日本の軍人は捕虜より自決を選ぶので、敵国の捕虜を厚遇することは、日本側の一方的な負担となる。敵のパイロットが日本国内に安全に着陸できることを保障すれば、空襲の危険が増す。これらの理由から陸海軍が批准に反対したのだった。

日米開戦直後、日本政府は、連合国側からの照会に答え、連合軍捕虜に対しジュネーブ条約を「準用」すると約束した。連合国側は「批准」と同等の効力を持つと解釈したが、日本政府は「条項を修正して適用する」意向だった。

「生きて虜囚《りょしゅう》の辱めを受けず」と「戦陣訓」で説いた東条首相は当時、「日露戦争のときは文明国として認めてもらうため捕虜を優遇したが、今日の日本にそんなことをする必要はない」と語っている。捕虜収容所長に対する訓辞でも「人道に反せざる限り厳重にこれを取り締まり」、「労力特技をわが生産拡充に活用する」よう求めた。

東部憲兵隊司令官だった大谷敬二郎は、その著書で、ごく一部を除き「捕虜の取り扱いを下級部隊まで徹底した部隊は聞いたことがない」と証言している。

四二年（昭和十七年）、フィリピンのバターン半島を攻略した日本軍が、炎天下、アメリカ人やフィリピン人の捕虜約七万人を徒歩行進で移送した「バターン死の行進」では、三万人近くが死亡したとされる。

泰緬鉄道の建設現場では連合軍捕虜とアジア人労働者を合わせ約七万人が死亡した。日本が批准した一九〇七年（明治四十年）の陸戦の法規慣例に関する条約の内容すら守られていなかった。

戦後、国内外四十九の法廷で行われたいわゆるBC級戦犯裁判では、五千七百人が捕虜虐待や民間人殺戮《さつりく》などの戦争法規違反に問われ、九百二十人が処刑された。

かつての連合軍捕虜が判事席や検事席に座ることもあり、報復裁判とも言われた。ずさんな証拠調べの結果、身に覚えのない容疑で処刑されることもあった。

しかし、捕虜の扱いについて十分な教育がなされなかったことが多くの捕虜虐待につながったといえる。

一方、先の大戦では、連合国側による国際法違反も数多くあった。ソ連は日ソ中立条約に違反して日本を攻撃、旧日本軍将兵をシベリアに抑留し、厳しい労働を強いた。東京大空襲の指揮をとった米司令官は、「負けていれば、私は戦争犯罪人として裁かれていただろう」と語ったという。

## 米の硬化の意図読めず

一九三七年（昭和十二年）七月の盧溝橋《ろこうきょう》事件に対して、米政府は当初、「自制心を望む」（ハル国務長官）程度の反応だった。しかし、これが日中全面戦争に発展するにつれて、態度を硬化させ、ルーズベルト大統領は十月五日、怒気に満ちた声で演説した。

「宣戦布告もないまま、多くの婦女子を含む一般市民が空爆により無慈悲に殺害されている。……国々は攻撃もされないのに他国の内戦に介入し、自らの自由を要求する一方で他国の自由は否定している」

名指しこそしなかったが、「国々」がドイツ、イタリア、とりわけ日本を指しているのは明白だった。そして後に「隔離演説」と称されるようになる、有名なくだりに入る。

「不幸なことに、世界には無法という伝染病が広がってきた。そうなれば、共同体は、その蔓《まん》延《えん》から身を守るため患者を隔離することに賛同する」

武力不行使、国際協定遵守、内政不干渉、機会均等などの基本理念を掲げたアメリカが、日本を無法国家と非難したのだった。

当時、雑誌『タイム』には、中国における日本の空爆の模様や兵力展開の具体的数字などが毎週報じられていた。日本製品ボイコットの動きも出ていた。滞米中だった近衛文麿首相の長男・文隆は、父への手紙で「日本に対する感情は絶対的に悪いです。……いかなる宣伝をしても、侵略国なる非難を除外することはむつかしい」とつづっていた。

しかし、こうした厳しい国際社会の空気は、戦時統制下の日本には十分伝わらなかった。元老西園寺公望《きんもち》の秘書原田熊雄の口述記『西園寺公と政局』第六巻（岩波書店）には、天皇がこうした国際的批判を心配していた様子がうかがえるが、近衛内閣の感度は鈍かった。大統領演説に対して日本外務省は、中国人との「平和的提携を求めている」と、現実とはずれた談話を発表していた。

中国への侵略的行動を「持たざる国の自衛」（外務省談話）として正当化する日本と、国際協調の新理念に基づいて「平和的な調整」（ルーズベルト）を要求する米国。この食い違いは解消されなかった。

三九年（昭和十四年）七月、米国は、日米通商航海条約の廃棄通告（六か月後発効）という強硬策に出た。日本は、天津の英租界封鎖事件を契機に、中国国内のイギリス勢力締め出しへ圧力を強めたが、これによって「ルーズベルトの堪忍袋の緒が切れた」（須藤眞志『日米開戦外交の研究』）のだった。

しかし、日本政府には、同条約の廃棄通告は「藪《やぶ》から棒」（外務省談話）であり、陸軍内部でも、「イギリスが相手なのに、なぜなのか」という不満が声高に語られた。軍事方針が優先され、出たとこ勝負の外交しかなかった当時の日本は、米国の意図を理解することができなかった。

米国は、四一年（昭和十六年）七月の日本軍の南部仏印進駐を、「フィリピンなどへの脅威」とみて、対日石油禁輸を決断する。日本政府でこの進駐が危険だと警告を発したのは、皮肉にも、その直前に更迭された外相・松岡洋右《まつおかようすけ》だった。

日米交渉の最終段階の四一年十一月、ハル国務長官は、対日回答（ハル・ノート）を示した。そのノートは「中国からの撤退」を求めていたが、それが「満州を含む」かどうかは明記されていなかった。その場合、「問い合わせることも可能であるし、むしろ相手が、わざと曖昧《あいまい》にしてあるところに、決裂を避けたい意思をみることも可能」（北岡伸一著『政党から軍部へ』中央公論新社）として、交渉の続行もありえたとの見方がなお残る。

## 対ソ連外交の錯誤

日独伊三国同盟の主導者・松岡洋右外相は、四一年（昭和十六年）四月、ベルリンからの帰路、モスクワに立ち寄り、スターリンとの間で日ソ中立条約を結んだ。帰国する松岡を鉄道駅で見送ったスターリンは別れ際、「我々はアジア人だ」と松岡を抱擁した。

ソ連崩壊後に公開されたロシアの「機密文書」によると、松岡とスターリンは、その直前の会談で次のようなやり取りを交した。

**松岡**　アングロサクソンの支配からアジアを救出しなければならない。ソ連と日本が一緒になって英米資本主義をアジアから一掃するのが私の提案の主眼だ。

**スターリン**　ソ連は大きな問題について、日本、ドイツ、イタリアとの協力を原則として受容できる。これ（日ソ中立条約）は、将来の協力へ向けた重要な一歩となろう。

　ロシア側には、この時、スターリンは三国同盟側への加担の意思を示唆したとの解釈もある。しかし、スターリンが二か月後の「独ソ開戦」の動きを察知していたことを踏まえれば、松岡の誘いに本心から乗ろうとしたとは考えにくい。

　ここから浮かぶのは、スターリンの狡猾《こうかつ》さだ。「ソ連が暖かいインド洋に向かうのを日本は許容する」などと大言壮語する松岡に対し、スターリンは、あたかも三国同盟側に与《くみ》するかのような口振りで相手の歓心を買おうとしたのだ。

　日独伊にソ連を加えた「四国同盟結成」を対米牽制《けんせい》のテコにしようとの松岡の思惑は、独ソ開戦でもろくも崩れた。これを条約締結によって日、独との二正面作戦を巧みに免れたスターリンと比べると、日ソ中立条約がどちらに有利な結果をもたらしたかは明らかだ。

日ソ中立条約調印後、スターリン首相と親密さをアピールする松岡洋右外相。モスクワで。1941年4月13日撮影

　二〇〇三年四月、五十余年ぶりに公表された外務省文書「日本外交の過誤」は、この時期の松岡外交について「土台、現実性のない」、「あまりに野心的、権謀術数的な大構想」だったと強く批判している。特にやり玉にあがっているのは、三国同盟と日ソ中立条約の締結。前者

は、「ドイツの戦果の華々しさに幻惑され」た結果であり、後者は、外交の主導権を「ソ連の手中」に握られた中で結ばれたに過ぎないと手厳しい。

一方、対ソ認識に関連して、戸部良一・防衛大学校教授は、松岡と並ぶ枢軸派外交の代表格、白鳥《しらとり》敏夫（駐イタリア大使）が、当初の「ソ連主敵論」から次第に後退し、「持たざる国と持てる国」という見方に転換していったことに注目する。

「新秩序建設をめざす全体主義国家群と現状維持を図るデモクラシー国家群との対立」との世界観を前提にする限り、その対象は自然と「対ソ」から「対英仏」「対英米」へと向かわざるを得ないというわけだ。

こうした「ソ連観」は、終戦工作にも大きな影響を及ぼしている。

首相、陸海相、外相らからなる最高戦争指導会議は、ソ連から中立条約延長せずの通告を受けた後の四五年五月、ソ連に米英への仲介を依頼することを決めた。近衛元首相の訪ソをソ連側に打診した日本側が八月、さんざん待たされた末に受け取ったのが開戦通告だった。

この仲介工作について、当時の東郷茂徳《とうごうしげのり》外相は、外交手記『時代の一面』（原書房）で、鈴木貫太郎首相が「スターリン首相の人柄は西郷南洲と似たものがあるようだ」などと言って提案し、外相も「無条件降伏以上の講和に導き得る外国ありとせばソ連なるべし」と応じたことを明らかにしている。

この工作は、いま、どう考えたらいいのか。

ソ連体制に詳しい元外務省国際情報局長・茂田宏は、工作は戦争継続を唱える軍を抑える方便だったのではないかとしながらも、ソ連に頼ったのは「愚策中の愚策だった」と強調。特にポツダム宣言が出された七月末以降も漫然とソ連の返事を待ったのは「理解しがたいことだ」と指摘する。

歴史家の萩原延壽は、外相がノモンハン事件の処理などを通じて、当時のモロトフ・ソ連外相と肝胆相照らす仲だったとした上で、ソ連への仲介依頼という「東郷の構想」には「一脈、駐ソ大使時代の記憶、とくに離任にあたってモロトフからうけた賛辞の記憶が流れていなかったかどうか」(『東郷茂徳――伝記と解説』原書房)と述べている。

## 中国の民族意識を軽視

日中戦争の初期、ドイツを仲介とする中国との和平工作が行き詰まると、近衛文麿首相は、「帝国政府は爾後《じご》国民政府を対手《あいて》とせず」との声明を発表(一九三八年一月)した。中国との外交を閉ざすものだった。だが、間もなくこの方針は揺らぎ、再び和平への道が模索される。

その中心的な役割を担ったのは、参謀本部第八(俗称・謀略)課長の影佐禎昭《かげささだあき》大佐だった。工作の主目標は、「一面抵抗、一面交渉」(抵抗もするが、交渉もする)を打ち出していた汪《おう》兆銘《ちょうめい》。国民党ナンバーツーで、蔣介石の最大のライバル。法政大学で学んだ知日派の実力者だった。

日中双方の接触の結果、「日本軍の撤兵」などを盛った「日華協議記録」がまとまった。もっとも交渉にあたった外交官、高宗武《こうそうぶ》は、日本側にこう念押ししていた。

「もし日本人が、蔣介石先生が職から離れれば、中国の抗日機運が解消できると認識しているなら、それは見当違いも甚だしい。抗日機運は数十年来の日本の侵略行為によってもたらされたものだ」

中国人のナショナリズムを理解するように求めていたのだ。日本はこれにどう対応したのか。

三八年（昭和十三年）十二月、汪は、親日政権の樹立に向けて重慶からベトナムのハノイに脱出した。近衛も、これに呼応して「同憂具眼の士と相携えて東亜新秩序の建設に向かって邁《まい》進《しん》せん」として「善隣友好・共同防共・経済提携」の三原則を示した。しかし、協議記録の「日本軍撤兵」は抜け落ちていた。決死の脱出を果たした汪を待っていたのは、日本側の約束違反だった。

蔣介石は、汪の動きを徹底的に批判した。その後、日本は「傀儡《かいらい》」政権の樹立に消極的な姿勢に転じる。雲南、四川など西南部の反蔣軍閥が汪の呼びかけに応じなかったためだ。

四〇年（昭和十五年）三月三十日、南京に汪兆銘政権が発足した。しかし、重慶側との和平交渉を継続していた日本は、その年の十一月になってようやく汪政権を正式承認した。汪政権きっての実力者、周仏海《しゅうふつかい》は、同月の日記で「この一年来、日本側の中国情勢についての認識の不正確なこと、情報も常に誤っていることを深く思わざるを得ない」と、強烈ないらだちをあらわにしている。

四三年（昭和十八年）一月、汪兆銘政権は英米に対し宣戦布告した。日本は汪政権の参戦で政治力を強め、重慶政府の抗戦力を削《そ》ごうとしたが、かえって中国民衆のナショナリズムを高揚させ、蔣介石の求心力を高める結果となった。汪兆銘工作には、日本の対中外交の一貫性のなさがあらわれている。とくに「軍部は、中国人のナショナリズム、民族意識を理解していなかった」（小林英夫・早稲田大学大学院教授）のだった。

## ◇北岡伸一　歴史学者

# 洞察力を欠き責任も分散

――日本はなぜ国際情勢の判断を誤ったのか。

外交は国際関係のゲームだけで見られがちだが、それぞれの国の外交政策には国内基盤がある。

例えば、一九三七年（昭和十二年）、ルーズベルト米大統領が（日本などを非難する）「隔離演説」を行ったあと、米国はいったん静かになった。しかし、これで（日本の行動を）

黙認した、受け入れたと考えたのは軽率だった。米国には、国外のことに巻き込まれたくないという意識が強い一方、重視する理念や価値が踏みにじられると立ち上がるという政治の動き方がある。日本にはそこまで見すえた外交がなかった。

ドイツについても、日本を必要としたのは単なる便宜にすぎなかった。日本は各国の行動を皮相なレベルでとらえていた。

——国際的な感覚が鈍かったのか。

各国の政策の奥行きだけでなく、その国際的な広がりも見ていなかった。ソ連は、満州事変の後、低姿勢を続ける。日本ではソ連与《くみ》しやすしという観測が出てくる。しかし、ソ連は二年後に米国と国交を回復してから厳しくなった。ソ連にとって米国との協力は決定的に重要だった。この間、満州との国境線で軍事力を強化し、これで負けないと確信してから急に強く出てきた。

日ソだけ見て、その後ろにある米ソ関係を見ていなかった。大正時代半ば、元老の松方正義は対中国政策について「中国の反応だけで判断しているが、中国の後ろには列強がおり、世界につながっていることを忘れてはいかん」と言ったが、昭和の指導者はそれを理解していなかった。

——組織上の問題は。

当時、日本の中が細分化され、セクショナリズムに流されていた。日本全体の利益のためにこうすべきだと考えていない。海軍などは、これだけ予算をもらっていて今さらアメリカと戦えないとは言えない、と言い出す。日清戦争の時は伊藤博文と陸奥宗光、日露戦争では桂太郎と小村寿太郎のコンビで戦争の始めから終わりまでやっている。太平洋戦争の時は、総理大臣は大本営のメンバーですらなかった。終始一貫して責任を負った人はおらず、責任も細分化されていた。

——戦略や戦術観は。

かれらは、徹底して考え抜くということをしていなかったのではないか。連合艦隊司令長官の山本五十六《いそろく》は、「アメリカと一年や二年なら戦ってみせるが、その後は保証できない」と話していたと言われる。しかし、敗戦の場合には国が滅び、天皇制が崩壊する可能性さえあった。そこまで考え抜いていなかったということだろう。

——当時の日本の国際法に対する感覚はどうか。

幕末以来、非常に鋭いものをもっていた。しかし、大戦時には責任も視野も細分化され、国際法よりも目前の勝利が優先されるようになっていた。国際法が重視されるのは、ある種のシビリアンコントロールがあるからではないか。国際的な人道水準、それも最低水準の福祉も提供されていなかった兵士が捕虜に強く当たることになった。

——戦争責任の問題はどう考えたらいいか。

負ける戦争をする決断をした人間に最も責任があると思う。外交では、いかに賢く振る舞うかが最も重要な基準だ。誤解を恐れずに言えば、当時の日本は、軍国主義ですらなかった。本当に軍国主義なら、もう少し軍事的に勝てそうな判断をしただろう。国際政治は生き馬の目を抜くようなところで、相手が悪いといっても始まらない。だまされないようにすることが大切だ。

# 第6章　石油エネルギー

## 中東の石油、米英が権益確保

十九世紀の戦争を支えたのは石炭だった。石炭を燃やす蒸気機関が、軍艦、兵士や物資を運ぶ列車などを動かした。ところが、一八五九年に米ペンシルベニア州で最初の油田が開発され、十九世紀末にガソリンエンジンやディーゼルエンジンが発明されると、エネルギーの主役は、石炭から石油に移った。

一九一四年（大正三年）に始まった第一次世界大戦でも、石油に注目が集まる。十市《とい ち》勉・日本エネルギー経済研究所常務理事は、「石炭を燃料とする蒸気機関から、石油を燃料とする内燃機関への動力革命によって、戦車や軍用飛行機といった新兵器による機動的な戦争がはじめて可能になった」と指摘する。

軍需物資としての石油の意義をいち早く見抜いたのは、英国の政治家、チャーチル（のちの首相）だった。一一年、海軍大臣に就任したチャーチルは、一二年から一四年にかけ、全軍艦を石油燃料船に切り替えていく計画を推進し、ドイツとの戦争に備えた。

米国のエネルギー問題専門家、ダニエル・ヤーギンは、著書『石油の世紀』（NHK出版）で、「石油はイギリスの艦隊に、より広い行動範囲とより速いスピード、短時間での燃料補給という大きな利点を与え」、「ドイツ外洋艦隊は主に石炭を燃料としていたが、本国以外に補給基地がなかったために行動の範囲と柔軟性にはどうしても制約があった」と指摘、「第一次世界大戦を通じて、石油と内燃機関は戦争の様相を一変させた」と記している。

こうした変化は、第一次大戦の戦勝国を中心に、石油の産地を押さえる動きを活発化させた。とくに、各国が競って権益確保に動いたのが、二十世紀初頭に一大産油地帯であることがわかってきた中東だった。

ペルシャ（現在のイラン）では、一九一四年に英国がアングロ・ペルシャ（BPの前身）の株を取得し、イラクでは二八年に米国と英国が利権を分有する協定を締結した。三二年にバーレーン、三八年にクウェート、サウジアラビアなどで石油が掘り当てられるが、ここでも事業主体は、カリフォルニア・スタンダード（ソーカル）やテキサコ、ガルフといった米国企業や、英国のアングロ・ペルシャであった。

米英などの企業が押さえた中東、オランダの植民地だった蘭領東インドと、三〇年代にいたって欧米諸国が世界的に石油利権を支配する構図は固まっていた。

## 「東」目指したドイツの敗北

第一次大戦の敗戦国ドイツは、イラク一帯に確保していた石油利権をフランスに譲渡し、「持たざる国」に転落した。一九三三年（昭和八年）、ナチスが政権を掌握すると、軍事体制の確立とともに、石炭を液化する「合成石油」の開発に力を入れた。

ヒトラーは、化学者らを前に「今や、石油を抜きにした経済は考えられない。政治的独立を求めるドイツは、いかなる犠牲を払ってでも石炭液化計画を続行すべきだ」と強調した。この結果、三九年（昭和十四年）九月、ドイツがポーランドに侵攻して第二次大戦が始まった直後には、合成石油の生産は日産七万二〇〇〇バレルに達し、ドイツの全石油供給量の四六％に上った。

第二次大戦の開戦当初、ドイツは華々しい快進撃を続けた。しかし、英国への本土上陸作戦は難航した。このため、採算を度外視して開発する合成石油だけで、戦争を継続させることは容易でなかった。これが、ヒトラーの目を東に転じさせる一因となる。

ソ連のコーカサス地方は、バクー油田をはじめ世界的な産油地帯だった。一八七〇年代に帝政ロシアのもとで開発が進み、革命時の混乱を乗り越えて、再び生産を本格化させていた。

京都大学名誉教授の野田宣雄（ドイツ近代史）は、「ヒトラーが第二次大戦を始めた当初か

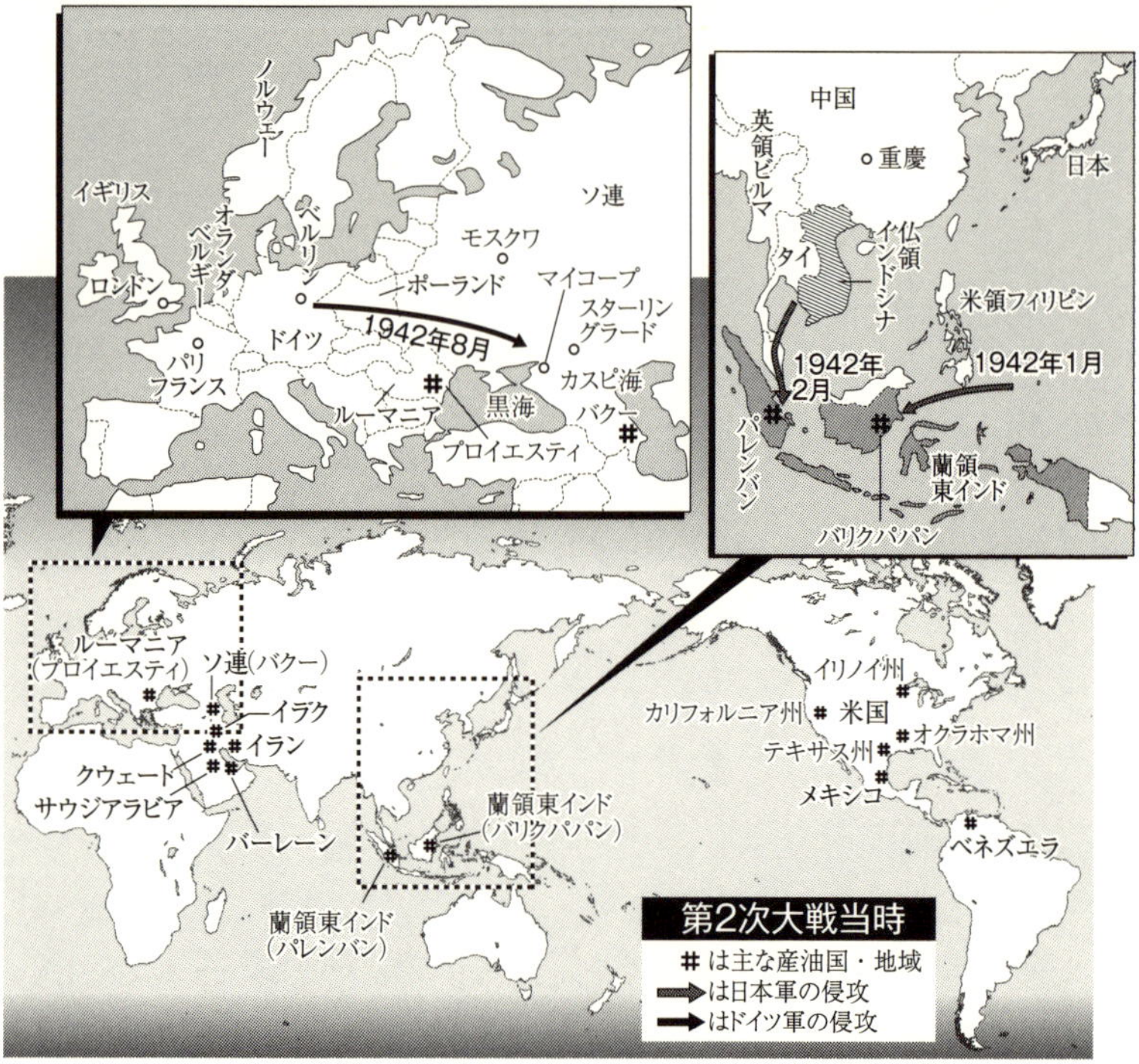


らソ連の石油を狙っていたとまでは考えられない。だが、最終的にバクーが対ソ戦の目的の一つになった」と語る。

ドイツは四一年六月、ソ連に侵攻した。四二年八月には石油地帯の西端のマイコープまで到達した。が、最終的にバクーには到達できなかった。

「ロシアで戦うためには莫《ばく》大《だい》な量の石油が必要だった。だが、ドイツ軍は補給の限界を超えて進撃し、迅速な奇襲による優位をもはや維持することはできなかった。皮肉なことに、（コーカサスを主目標とする）ブラウ作戦は石油を求めて進撃しながら、石油の不足によって挫折した」（『石油の世紀』）。

ドイツはこの後、コーカサス北西のスターリングラードでの攻防戦で敗れたのを境に、敗戦への道を転げ落ちる。

## 米依存脱却を狙う日本

国内で資源がほとんど採れない日本の陸軍がはじめに着目したのが、中国大陸の資源だった。一九一七年（大正六年）、中国北部や中部の資源調査を行った参謀本部の小磯国昭《こいそくにあき》少佐（のち首相）は、「帝国国防資源」の中で、「支那の原料を欧米人に壟断《ろうだん》せられざるの処置あること緊要なり」と指摘した。

小磯は、朝鮮半島の釜山と日本本土を海底トンネルで結ぶ鉄道建設構想も提案している。背景には、島国日本が経済封鎖されることへの恐怖感があった。

陸軍はまず、満州（現・中国東北部）を国防資源の確保先として狙った。関東軍高級参謀の板垣征四郎は、満州事変を起こす半年前の三一年（昭和六年）三月、満州の重要性について、「（満州は）国防資源として必要なる殆《ほと》んど凡《すべ》ての資源を保有し、帝国の自給自足上絶対必要」と強調した。

翌三二年（昭和七年）、満州国建国によって、日本は、大豆、コウリャンなどの食料のほか、鉄、石炭などを手に入れた。だが、石油は、満州や、三七年（昭和十二年）からの日中戦争で占領した中国国内では見つかっていなかった。

**日本の対米石油依存度**
『近代日本戦争史』（同台経済懇話会）より

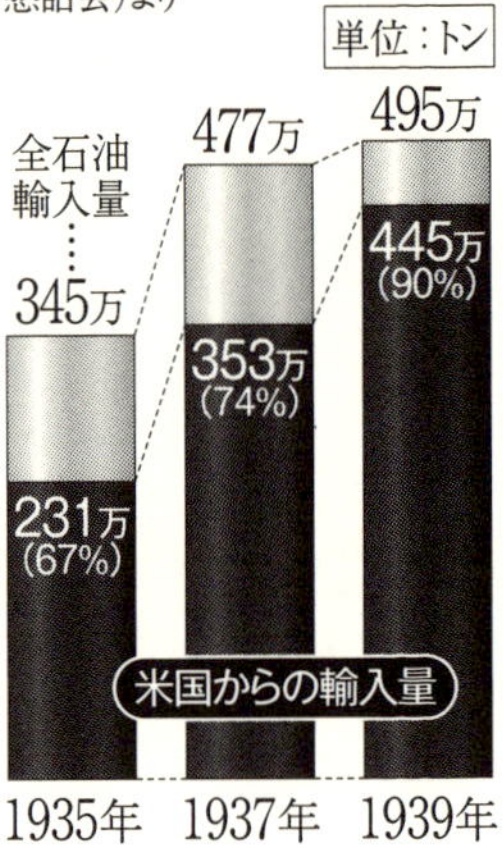


## 蘭印の石油に照準

日本の石油生産量は年間四〇万トン以下。約五〇〇万トンの需要に対し、自給率は一割にも満たなかった。三七年には、「人造石油＊注1 七か年計画」を策定し、ドイツと同じように開発したが、生産量はまったく期待できない状態だった。

石油の不足分は海外からの輸入に依存せざるを得ず、しかも、最大の輸入相手国は米国だった。米国からの石油の輸入量は三五年（昭和十年）時点で年間二三一万トン。輸入全体の六七％を占めた。日中戦争の泥沼化で石油の需要はさらに拡大し、三九年には米国からの輸入量は全体の九〇％に達した。

つまり、日本は第一次大戦後、米国をソ連と並ぶ仮想敵国と見なしながら、最重要の軍事物資である石油を米国に決定的に依存していたのだった。

この矛盾を解消できる可能性が四〇年（昭和十五年）夏、突如、降ってわいた。もたらしたのはナチス・ドイツだった。ドイツは三九年九月の第二次大戦開戦直後、欧州大陸で快進撃を続けた。四〇年五月にはオランダを占領、翌六月にはフランスを降伏させた。

オランダが植民地としていた蘭領東インド（蘭印《らんいん》、現在のインドネシア）には、アジア随一の産油量を誇るパレンバン油田があった。この油田は、米国とオランダの資本により開発された。石油生産量は年間四七〇万トン。増産に努めれば、この油田だけで日本の年間需要を賄えるほどだった。

仏領インドシナ（仏印、現在のベトナム、カンボジア、ラオス）とともに、「無主の地」になりそうなこの地域を手に入れることができれば、米国依存経済から脱却できる――軍部も政府も、南方進出という「悪魔に魅入られた思索」（戦史研究家・土門周平）にとらわれたのである。

**＊注1〈人造石油〉** 天然石油の代用燃料として、石炭を加工し、液体化したもの。第一次世界大戦の際、国内に油田を持たない英国、ドイツを中心に開発が進んだ。日本海軍は一九一八年（大正七年）以降、満鉄などと研究開発に取り組んだ。三八年（昭和十三年）に施行された人造石油製造事業法は、①高温高圧で水素と石炭を化合させる「直接液化法」、②一酸化炭素と水素を反応させる「合成法（フィッシャー法）」、③石炭を乾留、精製する「低温乾留法」――を指定した。四〇年（昭和十五年）十二月に決定した第二次人造石油製造振興計画では、四五年度の生産目標を年四〇〇万トンとしていたが、実際の生産実績は最高二七万トン（四三年度）にとどまった。

## 北部・南部仏印に進駐

ドイツがフランスを降伏させた翌月の四〇年（昭和十五年）七月、陸軍は、畑俊六《はたしゅんろく》陸相を辞任させ、独、伊との三国同盟の締結に抵抗する首相・米内《よない》光政を内閣総辞職に追い込んだ。

後継の第二次近衛文麿内閣は、同年九月、松岡洋右《ようすけ》外相の主導で三国同盟を締結するとともに、降伏後フランスに誕生した親独のビシー政権の同意を取り付け、日本軍を北部仏印に進駐させた。その主な狙いは、蔣介石率いる重慶政府に対する米英の物資支援ルート（援蔣ルート）の封鎖にあった。

三九年七月に日米通商航海条約の破棄通告をするなど、すでに経済制裁の動きを強めていた米国は、クズ鉄の対日全面禁輸で対抗した。

近衛内閣は四〇年九月から蘭印と経済交渉を開始し、石油の対日供給量引き上げを迫った。だが、蘭印は、親独政権が出来た仏印と異なり、オランダ（ロンドン亡命政府）の支配下にあった。ドイツと同盟を結んだ日本の要求に応じるはずがなかった。

蘭印への軍事進出を想定に入れれば、当時の戦闘機の航空能力から、南部仏印に前進基地を置く必要があった。波多野澄雄・筑波大学教授は著書にこう書く。

「海軍軍務局の藤井茂（軍務二課員）は、石井（秋穂・陸軍省軍務課員）に、南部仏印に進駐すれば、米、スズ、ゴムなどを確実に握ることができ、また蘭印ににらみをきかせることによって、やがて蘭印の態度は好転し、油も入ってくるだろう、と語り、石井も同感であったという」(『幕僚たちの真珠湾』朝日選書)

当時の富岡定俊海軍軍令部作戦課長は、戦後、自著『開戦と終戦』(毎日新聞社)で、「進駐すれば……万が一オランダが石油をよこすかもしれないというバクチ的な望みがあったことは事実である」と記している。

近衛内閣は四一年六月十一日、蘭印との買油交渉を打ち切った。そして仏印政府を半ば威嚇する形で七月二十三日、南部仏印進駐に関する協定を締結した。

## 米国の反応を見誤る

豊田貞次郎外相は、七月二十四日の大本営政府連絡会議で、米国の石油禁輸の可能性に言及した。その際、大本営陸軍部戦争指導班の『機密戦争日誌』(軍事史学会編)はどう書いていたか。

「野村(吉三郎・駐米)大使よりの電(報)『ヒステリック』なるに一驚せるならんか　当班不同意」

その後も、数日にわたり「当班全面禁輸とは見ず」(七月二十六日)などの表現が続いている。

（上）マレー・カハン飛行場で輸送機に乗り込む陸軍落下傘部隊。落下傘部隊はスマトラ島最大の油田パレンバンへの奇襲降下に成功した。（左）パレンバン地区の飛行場と製油所占領のため、落下傘部隊を乗せ、スマトラ上空を飛ぶ飛行隊。（1942年2月14日撮影）

日本の南部仏印進駐は、米英両国を激しくいらだたせた。これで「英国のシンガポール、米国のフィリピン、蘭印も攻撃されると考えた」（三輪宗弘・九州大学教授）からだった。米国は、在米日本資産の凍結を発表したが、日本軍は予定通り進駐を開始。米国は八月一日、石油の対日全面禁輸に踏み切った。

戦後、三輪教授のインタビューに対して、当時の高田利種・海軍省軍務第一課長は、「南部仏印進駐までは米国は怒らないだろうという考えだった。それだけにびっくりした」と語った。日本政府も軍部も、南部仏印までは大丈夫とみていたのだった。日本は米国の出方を見誤った。

元大本営参謀の瀬島龍三は、「米国の対日全面禁輸はすなわち日米開戦を意味するからであり、それを承知のはずのルーズベルト大統領があえて進んでそのような措置を、このときとるとは判断し得なかった」と述懐している（『大東亜戦争の実相』ＰＨＰ文庫）。

備蓄してあった石油は約二年分。軍部は以後、「一日の待機は一滴の油を消費す。一日の待機は一滴の血を多からしむ」(『機密戦争日誌』)として、早期開戦を政府に迫っていく。

十二月八日、東条内閣は米英に宣戦布告し、真珠湾を攻撃すると同時に、英領マレー半島に侵攻を開始した。二か月後の四二年二月には、陸軍落下傘部隊がパレンバンを奇襲し、念願の石油を手に入れた。

しかし、パレンバンの石油が順調に日本に届いたのは一年の間で、輸送量は次第に減少した。戦況の悪化とともに制海権、制空権を米国に奪われたからだった。米国の潜水艦や航空機による攻撃でタンカーは沈められ、日本の本土に届く石油は、四五年(昭和二十年)には、ついにゼロになってしまうのである。

## 「何とかなる」陸海軍に驕り

### ◇土門周平 戦史研究家

――日本の軍部は、資源と戦争の関係をどうとらえていたのか。

満州事変以来の大陸政策の狙いは、米英をはじめとする海外依存経済からの脱却だった。特に、一九三九年(昭和十四年)ごろから日本が「東亜新秩序」建設を目標に掲げ、米国が日米通商航海条約破棄を通告したあたりから、米英依存経済からの脱却が具体的な問題になりだした。その中心的な問題が石油だった。

——日本は石油をほとんど米国から輸入していた。

国内でいくら頑張っても石油の不足は解決しないし、大陸でも石油は当時見つかっていなかった。そこで目をつけたのが蘭印の石油だった。ないないづくしで物資のことばかり考えていると、つい国境線を忘れてしまう。本国のオランダがドイツに占領されているぐらいだから、威圧すれば簡単に渡すだろうという発想にとりつかれてしまった。

——南方進出すれば米英と激突することになるのは、当時の軍部も十分承知していたのではないか。

陸軍は四一年（昭和十六年）三月、南方に武力行使して対米英戦に発展したケースを想定した文書をまとめているが、「帝国の物的国力は、対米英長期戦の遂行に対し不安あるを免れない」という結論だった。特に石油については、開戦から二年目には「海上作戦の重油は持久作戦に対しても必ずしも十分でなく、決戦に対しては充足の見込みが立たない」とはっきりと書いてある。この文書が基になって、陸軍内部では、日中戦争の処理と対ソ戦準備に専念すべし、という意見も出ていたほどだ。

——海軍はどうか。

この時点ではむしろ開戦派が主流だった。海軍は開戦を決意してから準備するのでは間に合わないとして、四〇年（昭和十五年）八月から対米戦の準備を本格的に始めた。その準備が、翌四一年四月に完了したので、「時間が立てば日米海軍の戦力差は飛躍的に拡大する。日米戦うとすれば昭和十六年をおいてほかになし」というのが、彼らの考えだった。

開戦派の中核は、海軍省と軍令部の事務推進機関として作られた「第一委員会」のメンバー、石川信吾海軍省軍務第二課長や富岡定俊軍令部作戦課長らだ。第一委員会は四一年六月、政府や陸軍を「戦争決意の方向に誘導」すべきだとする文書を作成している。永野《ながの》修身《おさみ》軍令部総長らが、「石油がなければ座して死を待つことになる」という「ジリ貧」論から対米開戦を主張したのも、第一委員会の意見が色濃く反映している。

——石油に振り回された末の戦争だったのでは。

日本は、北部仏印進駐で米国からクズ鉄を止められ、南部仏印進駐で石油を止められたわけだが、日本国内で米国の出方について警鐘を鳴らしたのは少数で、威勢のいい者たちがそんなことは考えもしないで行動していた。これまで不敗で来たのだから対米戦も何とかなるさ、という驕《おご》りが、陸海軍ともにあったということだろう。

# 第7章　戦争と経済

## 金解禁と昭和恐慌

昭和初期の経済政策で注目されるのが、民政党の浜口雄幸内閣が一九三〇年（昭和五年）一月十一日に断行した「金解禁」だ。金の輸出禁止を解除するもので、日本は十三年ぶりに金本位制*注1に復帰した。

この政策を推進したのが蔵相の井上準之助《じゅんのすけ》だ。金解禁のためには、財政の引き締めが肝要になる。井上は、公債を出さない非募債・無借金の徹底した緊縮予算を編成した。

ただ、当時の日本は、関東大震災の影響を引きずり、銀行の倒産が相次いだ金融恐慌から二、三年しかたっていなかった。旧平価（円高）で解禁するか、新平価（円安）でするかの論争もあり、経済ジャーナリストの石橋湛山《たんざん》（戦後、首相）や高橋亀吉らは新平価での解禁を主張していた。

さらに、金解禁の二か月余り前には、米ニューヨーク株式が大暴落し、世界恐慌が始まって

## 日本の国民総生産（GNP）と政府債務の推移

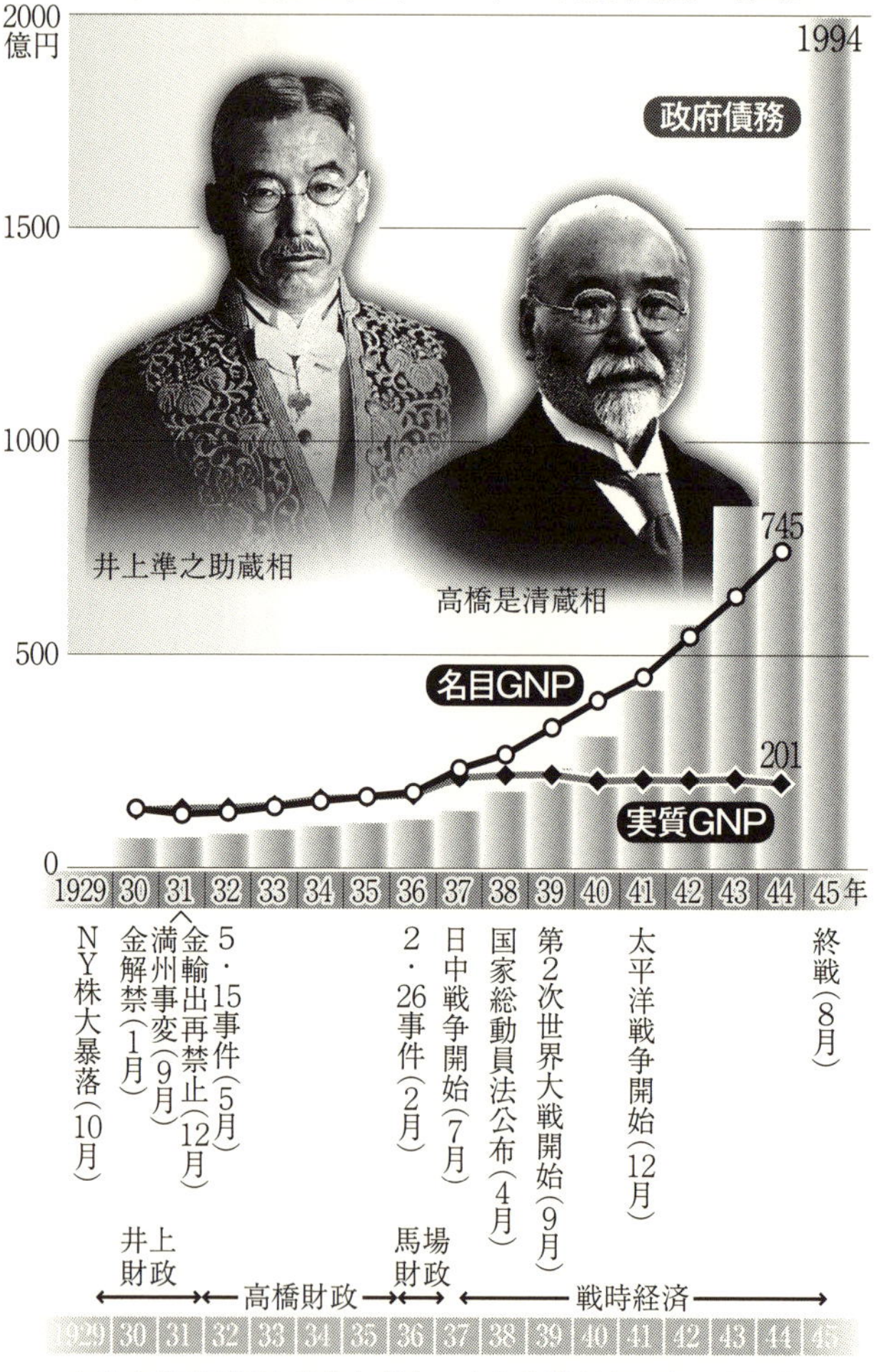


※内閣府『国民経済計算年報』、日本銀行『明治以降　本邦主要経済統計』などを参考に作成。1945年のGNPの推計値はない

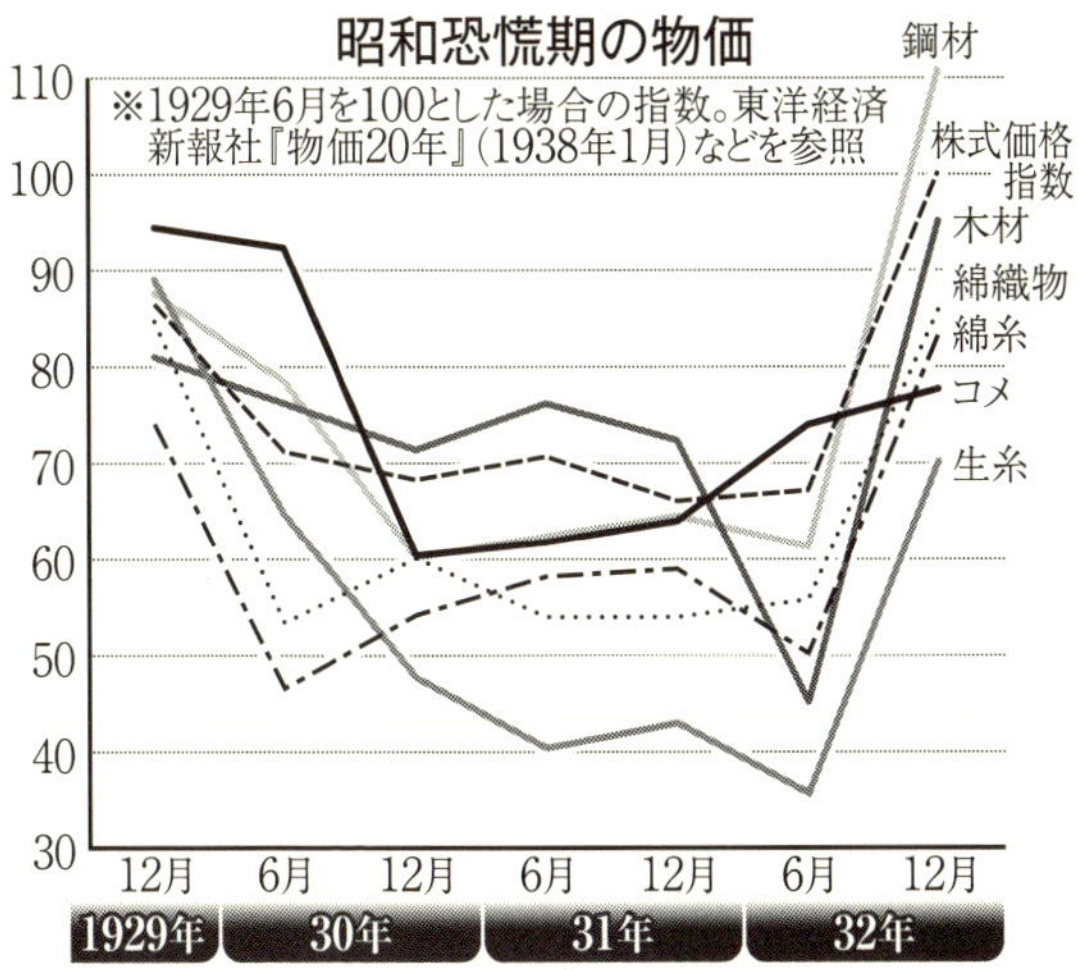


いた。

しかし、浜口内閣は、米国の不況によって、日本からの資金の流出が止まるから、金解禁にはかえって好都合との判断のもと、予定通り、旧平価での金解禁に踏み切る。だが、三〇年三月、日本でも株式などが暴落。米国を主な輸出先とする生糸の価格は六割、綿織物も五割それぞれ下落した。

金解禁と世界恐慌のダブルパンチで生じたこの昭和恐慌が、日本経済に与えた打撃を振り返ってみよう。

三一年（昭和六年）の名目GNP（国民総生産）は、二九年に比べて一八％も縮んだ。この間、輸出は四七％減少、個人消費支出は一七％減った。

農産物の価格は急落した。三〇年及び三一年のコメの値段は、二九年に比べて四割も低い。「キャベツ五十で敷島（たばこの銘柄）一つ」――三〇年は豊作、三一年は凶作だったが、「豊作飢饉《ききん》」とも言われた。

三一年の秋田県の例では、全児童の二割近くが弁当を持参できない「欠食児童」だった。三二年一～六月に、新潟県の農村で遊郭などに売られた娘は四千九百六十二人に上った（北岡伸一『政党から軍部へ』）。

三〇年の大卒者の卒業後二か月の就職率は、三九・一％に過ぎなかった。三〇年の労働争議は二八年の倍にのぼる二千二百八十九件に達した。当時最大の紡績会社だった鐘紡のストライキは、二か月近くに及んだ。

井上は、浜口内閣の後の第二次若槻礼次郎内閣でも留任した。井上は、恐慌による歳入欠陥を埋めるため非募債方針を修正し、「井上財政」は挫折してしまう。そもそも、井上は金解禁について、蔵相就任の直前まで「肺病患者にマラソンをさせるようなものだ」と公言していた。

河原宏・早稲田大学名誉教授（日本政治思想史）は、「金解禁が、法律改正を伴う新平価ではなく、大蔵省令改正ですむ旧平価で実施されたのは、議会の多数を野党・政友会が占めていたことと、井上のそれまでの言動が議会で追及されるのを回避するためだった。金解禁は、経済失政だっただけでなく、政党政治の失敗でもあった」と指摘する。

岩田規久男・学習院大学教授（金融論、経済政策）は、「井上財政は、非効率な企業は整理すればよいとする清算主義、緊縮財政、円高によるデフレ政策で、国内経済は縮小したパイを奪い合うゼロサム・ゲームの世界になった。経済政策として失敗だった」と手厳しい。

井上財政を根本的に転換したのが、高橋是清《これきよ》蔵相だった。犬養毅内閣の発足直後、直ちに金輸出の再禁止を決定した。高橋は、財政拡張と金融緩和で景気回復を図るリフレ政策（物価をデフレ前の水準に戻すこと）をとった。

財政拡張は、満州事変による軍事費増大と農村救済のための土木工事費が中心だった。財源不足から初めて赤字国債を発行し、日銀に引き受けさせた。また、円安を放置して輸出の増加を図った。これらの政策が功を奏し、日本は、三五年には欧米諸国に先駆けて景気回復した。

高橋時代の財政規模は、最初の二年間で一気に膨らんだ。しかし、その後は横ばいで、軍事費の増大要求は抑えられ、一定の財政規律が保たれていた。岩田教授は、「高橋財政は、マクロ経済政策として成功したが、昭和恐慌で打撃を受けた農村は、窮乏から立ち直っておらず、軍部のテロを抑えるためにも、農村対策にもっと力を入れるべきだった」と語る。

金解禁とその後の金輸出再禁止にかかわった首相（浜口、犬養）と蔵相（井上、高橋）は、右翼や軍部によるテロによって命を奪われた。そんな異常な時代だった。

二・二六事件後に成立した広田弘毅内閣の馬場鍈一《えいいち》蔵相は、財政規律を失うほどの国債を乱発するきっかけを作った。馬場は、三七年度予算を高橋時代の二十二億円から三十億円に一挙に増やし、軍部の要求に応えた。景気はこのころピークに達したが、急激な輸入の増加から外貨が底をつき、国際収支危機が生じた。大蔵省は為替取引を許可事項としたが、これは経済統制の端緒になった。

日中戦争と太平洋戦争の約八年間に日本が費やした軍事支出は七千五百五十八億円で、戦前のピーク時のGNPの三十四倍に上った。終戦の四五年度の政府債務は千九百九十四億円に達し、国家財政は破綻《はたん》、戦後のハイパーインフレーションを招いた。

＊注1〈金本位制〉　国家の金保有量を通貨価値の裏付けとする制度で、通貨を金に交換できる。戦前、各国がブロック経済に移行するまで採用された。金本位制には、①好景気で輸入が増え、貿易赤字になれば金が流出し、これに伴って通貨供給量も減るから物価は下落する、②物価が下がると、輸出競争力が高まるので、輸出が増えて景気が回復し、金が流入に転じて通貨供給量も増加し、物価が上昇する——という自動調節作用があるとされた。

## 強まる「軍財抱合」

三井財閥の持ち株会社「三井合名」理事長の団琢磨《だんたくま》が、東京・日本橋の三井本館前で射殺されたのは、一九三二年（昭和七年）三月五日のことだった。右翼団体「血盟団」のメンバーによる犯行だった。

団暗殺の背景にあったのが、「ドル買い」事件である。政友会の犬養毅内閣が、金輸出再禁止を実施すると、それまで実力以上の水準で固定されていた円の対ドル相場は急落し、ドルが急騰した。かねてから金輸出再禁止を見越し、大量にドルを買っていた財閥系の銀行や商社は、巨利を手にした。

中でも三井財閥は、政友会との結びつきが深かったから、「ドル買い」批判の矢面に立たされ、政友会も「犬養、ドル買い」の非難を浴びた。

相次ぐテロに危機感を感じた三井は、三三年（昭和八年）、持ち株会社・三井合名の常務理事、池田成彬《しげあき》の主導で、三千万円を投じて「三井報恩会」を設立し、社会・文化事業の助成を開始した。また、財閥家族による独占への批判をかわすため、傘下の東洋レーヨン、王子製紙などの株式公開も行った。〝弱肉強食〟の悪評を払拭《ふっしょく》しようとする財閥の試みは、「財閥の転向」と呼ばれたが、これは軍部や右翼へのすり寄りであった。寄付金の多くが、軍関係に向けられたといわれる。

池田はその後、日銀総裁に転じ、第一次近衛内閣の改造（三八年五月）では蔵相兼商工相に就任。当時、陸軍省次官だった東条英機と、軍需企業の株式配当の扱いなどをめぐって対立したが、軍と財閥が結びつく「軍財抱合」の構図は確実に強まっていく。

三菱財閥の持ち株会社「三菱合資」も、「富豪の利益壟断《ろうだん》のそしりなからしめんことを期す」とした「三菱精神綱領」を発表し、三菱重工業の株式を公開した。住友財閥も住友化学工業などの株式を公開した。

この株式公開は、軍需用の膨大な設備投資資金を調達するためでもあった。満州事変以降、日本の軍事費は増大し、特需への対応から事業を拡大する必要に迫られていたのだった。

住友財閥の幹部社員から企画院副総裁に転じた小畑忠良（のちに大政翼賛会事務局長、愛知県知事）は、満州事変勃発《ぼっぱつ》後の経済界について、「それまでの消極財政と経費節減で、もう抑えられるだけ抑えてきたので、能率は非常に上がってるんです。そこへ戦争でにわかに需要が広がってきたんですから、それはもうかりますわ」と戦後、回顧している（安藤良雄『昭和経済史への証言・中』毎日新聞社）。

## 「新興財閥」の躍進

満州事変後、これら既成財閥にも増して躍進を遂げたのが日産、日窒、森、日曹、理研などの「新興財閥」＊注2と呼ばれるコンツェルンだった。

特に、鮎川義介《あいかわよしすけ》率いる日産は、日本鉱業や日立製作所などの傘下企業の株式を市場で売却し、そこから得た利益で企業買収を進め、グループを拡大していった。三三年には既成財閥も尻込みしていた自動車事業（現在の日産自動車）に乗り出した。ピーク時には、グループ七十七社の資本金合計額が六億二千万円と、住友を抜いて三井、三菱に次ぐ規模にまで成長した。

三二年三月、関東軍の主導下に満州国が建国した。満州国の実権を握る日系官僚は、新興財閥の誘致を図り、これに積極的に応じたのが日産の鮎川だった。

鮎川は、同郷（山口県）の満州国総務庁次長・岸信介（東条英機内閣商工相、戦後首相）の誘いで日産本社を満州に移し、三七年（昭和十二年）十二月、社名を満州重工業開発会社（満業）に変更した。岸たち日系官僚にとっては、「満州産業開発五か年計画」の一環だった。三七年度を初年度とする同計画は、ソ連の計画経済にならったもので、ソ連との戦争に備えて、満州における軍備と生産力の充実をめざした石原莞爾（満州事変の首謀者）の構想を基礎にしていた。

鮎川は、「地下資源の開発利用から自動車・飛行機までをワンマンコントロール」する世界を想定して満州に渡ったが、現実の世界は違った。傘下企業は満州国政府に厳しく統制され、外資の導入もできなかったからだ。太平洋戦争開戦から一年後の四二年（昭和十七年）末、鮎川は満業総裁を辞任して失意のうちに日本に帰国する。

**資本金の産業別構成**
（1937年上期末）

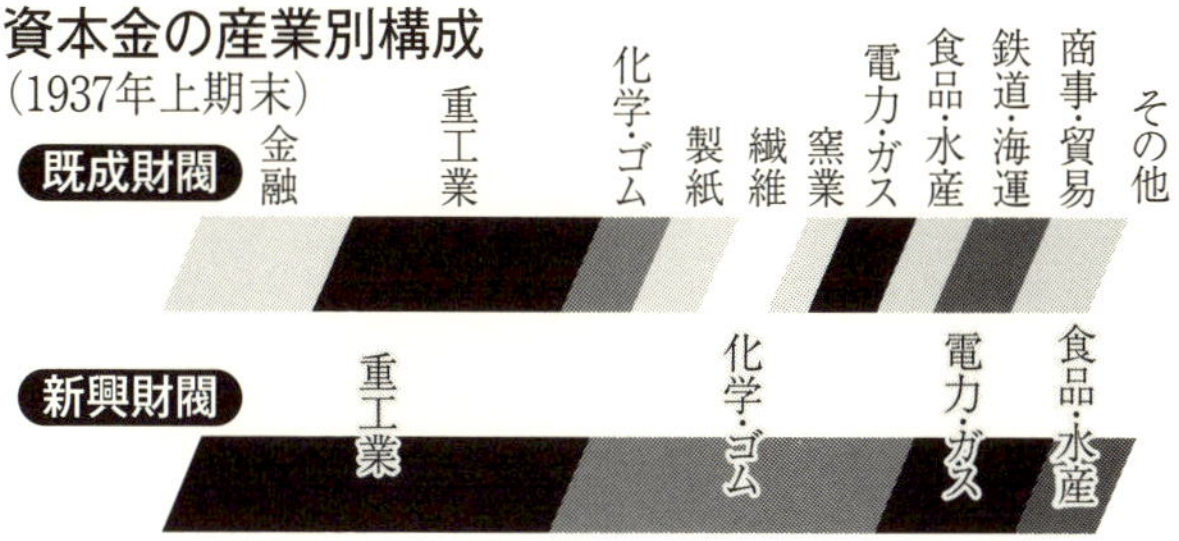


※既成財閥は三井、三菱、住友、安田、浅野、大倉、古河、川崎。新興財閥は日産、日窒、森、日曹、理研の各コンツェルン（高橋亀吉・青山二郎『日本財閥論』による）

戦時経済で財閥は膨張を続けた。三菱重工業は日本の軍艦の四割近くと、航空機の五分の一を生産した。戦艦「武蔵」や零戦は三菱重工の製造だった。三菱は重工業部門の拡大によって、三井とのグループ規模の差を縮めていった。

戦後の財閥解体を実施した持株会社整理委員会の資料によれば、三七年時点で、四大財閥の傘下企業の払い込み資本金は、日本の資本金全体の一〇・四％にとどまっていたが、四五年には二四・五％まで上昇した。

戦後、三菱電機社長をつとめた高杉晋一は、「他の財閥についてもいえることだが、三菱は戦争のたびに大きくなった」（『私の履歴

**日本の総資本金に占める**
**4大財閥の集中度**

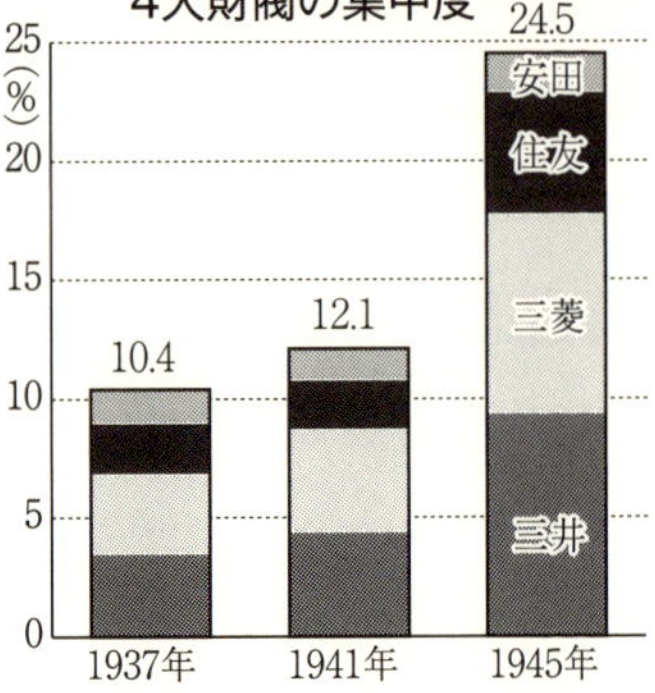


※4大財閥傘下会社の払い込み資本金の比率を示した。持株会社整理委員会編『日本財閥とその解体』を参考に作成

書』日本経済新聞社）と記している。財閥は満州事変以降の戦争で寡占化を強めていった。

アメリカ政府は、財閥を「日本における最大の戦争潜在力」と見なし、終戦後すぐに解体に乗り出したが、旧財閥系の各社は、やがてグループとしての結束を取り戻していった。

旧財閥と戦後の企業グループに詳しい経済評論家の奥村宏は、「戦前の財閥が戦争の推進者だったとまでは言えないにしても、戦争に協力した責任は認めざるを得ないだろう」と指摘している。

**＊注2〈新興財閥〉**　満州事変以後、軍部の支持などを受けながら重化学工業を中心に急速に発展した新興企業集団（コンツェルン）。創業者のほとんどは技術者出身で、既成財閥のようにグループ内に銀行を持たず、外部資金を積極活用した。戦後、財閥解体の対象になった。日産、日窒（日本窒素肥料。現チッソ）、日曹（日本曹達）、森（昭和電工）は、大手企業・グループとして今日に至る。理研（理化学研究所）は、官民の資金を集めて財団法人として設立され、後に自らの発明品を製品化する会社を多数設立。戦後は特殊法人化され、現在は独立行政法人。

## 日米の国力差

一九四一年（昭和十六年）十二月、日本は米英との戦争に入る。いったい、日米の力の差を政府はどう認識していたのだろうか。

まず、当時の日本の経済状況について触れておきたい。近衛文麿内閣は、日中戦争が勃発した翌年の三八年、国家総動員法を制定した。政府が国民の徴用を含めて各種資源の統制・運用をすることができる、広範な委任立法だった。

しかし、戦時経済への移行は、物価の騰貴を招く。政府は国家総動員法に基づいて三九年十月、価格等統制令などを公布（九・一八ストップ令）し、物資の価格や家賃、給与を固定した。四〇年には、マッチと砂糖を手始めに生活必需物資の切符制が始まった。しかし、こうした経済統制も、戦争自身がもたらす膨大な消耗の前には限界があった。

日本の実質GNPは、三九年に二百二十億円と戦前のピークをなした後は停滞した。鉄鋼生産のピークは三八年で、その後、下降線をたどった。「日本経済が、中国との戦争の早くも二年目で、もう縮小再生産の過程に陥っていた」（安藤良雄『日本資本主義の歩み』講談社新書）のだった。

総力戦の時代、国力の差は軍事力に直結する。太平洋戦争開戦前、日米間の国力の差は著し

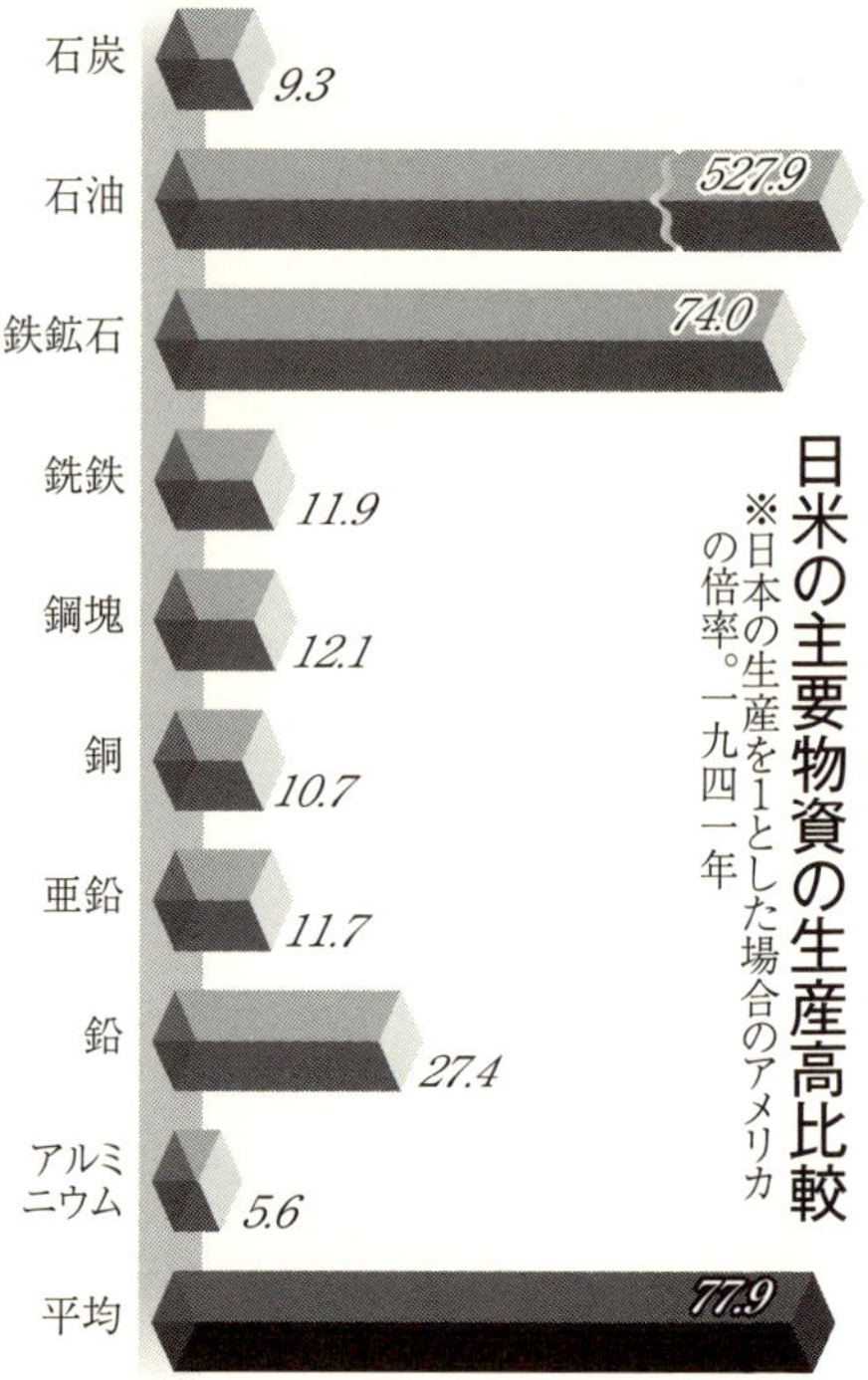


日米の主要物資の生産高比較

※日本の生産を1とした場合のアメリカの倍率。一九四一年

（有沢広巳監修『昭和経済史』より。国民経済研究協会「基本国力動態総覧」のデータ）

かった。四〇年の米国のＧＮＰは、日本の十倍あった。開戦時の四一年には、この格差は十二・七倍へと拡大した。ちなみに現在の日米の国力差をＧＤＰ（国内総生産）で見ると、二・五倍程度だ。

鉱工業製品ではさらに圧倒的な差があった。戦後、国民経済研究協会がまとめた「基本国力動態総覧」によれば、四一年当時、米国の主要物資の生産高は、平均で日本の約七十八倍もあり、とくに石油は五百二十七・九倍にも達していた。しかも、日本は石油の約九割をアメリカから輸入していたほか、鉄鉱石は英領マレーやオーストラリア、銑鉄はインド、アルミや鉛はカナダからと、重要物資は英米経済圏から輸入していた。

日米開戦は、米国による石油の対日輸出禁止が契機となった。米国との国力格差は軍部も認識してはいたが、南方に資源を取りに行けば、戦争は遂行できるという判断があった。

東条英機内閣は、成立直後の四一年十月二十三日から十一月一日にかけて、連日、大本営政府連絡会議を開き、国策を練り直している。期限付きで対米戦を決意した九月六日の「帝国国策遂行要領」（近衛文麿内閣が御前会議で決定）について、昭和天皇から再検討を求められたためだ。

再検討会議では、企画院総裁の鈴木貞一が、石油備蓄量八四〇万トンに対し、開戦した場合、開戦一年目が二五五万トン、二年目が一五万トンと石油残量は減るが、三年目は南方の石油を見込んで七〇万トンに増えるとして、戦争遂行は可能との見方を示した。

しかし、南方油田の期待産油量を試算した陸軍中尉は、「これならなんとか戦争をやれそうだ、ということをみなが納得し合うために数字を並べたようなものだった」と回想しており、対米戦を始めるためのつじつま合わせの性格が否定できなかった（猪瀬直樹『昭和16年夏の敗戦』文春文庫）。

資源を獲得できても、日本の輸送船は、米潜水艦から徹底的に攻撃され、期待通りに運べなかった。森本忠夫『マクロ経営学から見た太平洋戦争』（PHP新書）によれば、日本の物資輸入量は、開戦した四一年に四八七二万トンあったが、終戦時の四五年一～八月には七七一万トンまで減少した。月平均に換算すると、四五年は四一年の約二四％の水準にまで激減し、日本経済は崩壊に追い込まれていった。

◇中村隆英《たかふさ》　東京大学名誉教授・経済史

# 戦争なければ経済成長

——浜口内閣の金解禁は、経済失政だったか。

それはわからないな。結果的に非常に困ったことになったけれど、当時は金本位制への復帰が世界的な潮流ですから。日本だけいつまでも為替を安くして、金本位制に戻さないのは具合が悪い、という意識が財界にも政界にもあった。金解禁をやったのと一緒に世界恐慌になっちゃったんで、世界恐慌を予測した人は世界中でいない。金解禁をやらない方が、昭和恐慌ほどの不景気にならずに済んだかもしれない。

——井上準之助は蔵相就任前、金解禁は時期尚早と主張していたというが。

そうですね。当時、民政党の方が国際潮流に敏感であってオーソドックスな立場。政友会は国内経済にウエートを置いていた。民政党の浜口内閣が、金解禁を必ずやるという姿勢をとったとき、蔵相に民政党内からでなく、日銀総裁を二度やった金融のエキスパートの井上をわざわざ呼んできた。井上は、政界に野心があって、金解禁をやり遂げれば総理大臣になれるかもしれない、と思ったんじゃないでしょうか。

——政界には、経済、金融に精通した人が、いなかったということか。

いなかったですよ。だから、大蔵省出身とか、日銀出身とかいう人がいると丸投げで任せちゃう。その人に任せるほかない。

――犬養内閣の高橋是清蔵相による政策転換をどう評価するか。

高橋財政はインフレ財政だと悪口を言われたが、高橋は承知のうえだった。それが非常にうまくいき、三三～三六年は大変景気がよかった。高橋は、練達な人で勘が良かったんでしょうね。恐慌対策のようなことは、ずばっとやる。僕のおやじは商人だったけど、「高橋さんが出てきただけでみんな安心したんだ」と言っていたからね。

あのあと戦争をやらずにじっとしていれば、かなりのスピードで日本の経済は成長を続けただろう。戦後の昭和二十年代の経済成長に近いものが、昭和十年代に実現していたかも知れない。高橋が殺された後、財政の舵《かじ》を取れる人がいなかった。

――満州事変の勃発を歓迎する声が経済界にはあったという。

第一次大戦で財界は大もうけしたから、戦争で会社の利益が増えるなら結構じゃないか、という議論は一般的にはあった。満州国の成立は、国内景気を刺激する材料にはなったでしょうが、三井、三菱のような財閥は、満州にはほとんど投資していない。関東軍には親軍的な新興財閥を発展させようという考えがあって、日窒の野口遵《したがう》、日産の鮎川義介、理研の大河内《おおこうち》正敏《まさとし》は、軍部とよろしくやっていたかもしれない。

――日本は、圧倒的な国力差にもかかわらず、アメリカと開戦した。

工業生産力は、いくらでも膨らませることができるという、その怖さが分かっていなかった。こっちの軍艦は、アメリカを一〇とすれば七・五だ、それなら何とかなるはずだと。ところが、二年くらいの間に、相手の軍艦も飛行機も、何倍にもなっていく。潜在的な戦争能力の違い、アメリカの国力、底の深さというのがわかっていなかった。

# 第8章 テロリズム

## 青年将校と右翼の思想

戦前は、五・一五、二・二六両事件に代表されるテロやクーデター＊注1未遂事件が相次いだ。次ページの表からも、それは十分にうかがえるが、これ以外にも、テロの標的となった人物は多数存在した。

例えば、太平洋戦争の戦局悪化を背景に強まった反東条運動では、「東条英機首相暗殺計画」があったと言われている。また、一九三五年（昭和十年）ごろからの天皇機関説排撃運動（国体明徴《めいちょう》運動）では、美濃部達吉貴族院議員、一木喜徳郎《いちききとくろう》枢密院議長、牧野伸顕《のぶあき》内大臣らが攻撃対象となり、いずれも辞任に追い込まれた。「合法、無血のクーデター」とも呼ばれた。

では、テロやクーデターを企てた青年将校や民間右翼らは、何を考えてこれらの挙に出たのだろうか。

彼らにほぼ共通する目的は、政権を打倒するとともに、それを支える既成政党や財閥などのシステムを破壊して国家改造を行う、というものである。

昭和のテロ事件頻発のはしりとされるのが、富豪・安田善次郎暗殺事件だ。安田を刺殺した犯人の朝日平吾の遺書は、「大正維新」のためには、「第一に奸富を葬ること、第二に既成政党を粉砕すること……」が必要であり、それには「暗殺」の手段しかないとしていた。そこでは「天皇は、特権層排除のための直接行動の正統性を保障する究極のシンボル」（『近代日本政治

| 概要 |
|---|
| 朝日の遺書は、「君側の奸」や既成政党への批判が記され、その後の昭和初期テロの先駆とされる |
| 中岡は、「原内閣は党利党略優先で国益軽視」とする論調に共鳴。また、安田善次郎暗殺事件に影響を受けた |
| 浜口内閣が海軍の反対を押し切りロンドン海軍軍縮条約を締結したことに対し、統帥権干犯などと激しい批判が起き、浜口首相が右翼に狙撃された |
| 大川周明らがデモなどで議会を混乱に陥れ、軍部が出動。浜口内閣を倒して、陸相・宇垣一成をかつぎ、軍主導の内閣を樹立するという計画 |
| 首相・閣僚らを殺害し、警視庁、各新聞社、放送局、電信・電話局、郵便局を占拠し、荒木貞夫中将を首相兼陸相とする新内閣を実現する計画だった。処分は、橋本ら数人を短期の重謹慎にし地方に転出させるなど軽微だった |
| 井上日召らは元老西園寺公望、犬養毅首相、若槻礼次郎前首相、幣原喜重郎前外相、牧野伸顕内大臣、床次竹二郎鉄相、池田成彬（三井）ら政財界人を次々暗殺する予定だった |
| 既成政党や財閥の打倒による昭和維新を掲げ、首相官邸などを襲撃。警視庁や変電所、牧野内大臣邸襲撃などでは大きな被害は出なかったが、社会への影響は大きく、政党内閣の終焉を招いた |
| 斎藤内閣を打倒し、東久邇宮内閣を実現させようとした計画。襲撃対象の一つの日本勧業銀行に籠城して、戒厳令の公布を待つ計画。戒厳令下に設置する臨時内閣の運営構想を持つなど大がかりな計画だったが、決行日前夜に集合したところで検挙され未遂 |
| 統制派の辻政信大尉らの通報で、村中らを事前に検挙。以後、統制派と皇道派の対立が激化 |
| 皇道派・真崎甚三郎教育総監の更迭は、永田の画策によるものと怒った相沢が、陸軍省内の軍務局長室で永田を斬殺。相沢は死刑 |
| 天皇は行動部隊を反乱部隊として鎮圧。特設軍法会議が設置され、第1回の判決は7月5日。香田ら17人が死刑となり、15人が7月12日に処刑（銃殺）された。その後、2人が死刑。刑死者は北一輝、西田税を含む19人 |

## 大正・昭和初期の主なテロ・クーデター事件

| 事件名・年月日 | 首謀者ら | 狙われた人など |
|---|---|---|
| 安田善次郎暗殺事件<br>1921(大正10)年9月28日 | 朝日平吾(右翼団体代表) | 【死亡】安田善次郎(安田財閥創始者) |
| 原敬首相暗殺事件<br>1921(大正10)年11月4日 | 中岡艮一(国鉄職員) | 【死亡】原敬首相 |
| 浜口首相狙撃事件<br>1930(昭和5)年11月14日 | 佐郷屋留雄(右翼青年) | 【重傷】浜口雄幸首相(翌年死去) |
| 三月事件<br>未遂(計画は31年3月20日ごろ) | 橋本欣五郎中佐ら桜会(陸軍)急進派、陸軍幹部、大川周明ら | 議会、警視庁など |
| 十月事件<br>未遂(計画は31年10月) | 橋本欣五郎、長勇少佐ら桜会急進派、大川周明、西田税ら | 若槻礼次郎首相や閣僚らと中枢機関 |
| 血盟団事件<br>1932(昭和7)年2月、3月 | 井上日召らのグループ | 【死亡】井上準之助前蔵相、団琢磨(三井合名理事長) |
| 5・15事件<br>1932(昭和7)年5月15日 | 古賀清志海軍中尉、三上卓海軍中尉、陸軍士官候補生、愛郷塾生ら | 【死亡】犬養毅首相 |
| 神兵隊事件<br>未遂(計画は33年7月11日) | 右翼青年グループと一部の軍人 | 閣議中の斎藤実首相と閣僚全員、重臣、政友会・民政党首領、財閥首脳 |
| 士官学校事件(11月事件)<br>未遂(検挙は34年11月) | 村中孝次大尉、磯部浅一中尉、片岡太郎中尉ら陸軍皇道派青年将校 | 元老、重臣、警視庁 |
| 永田事件(相沢事件)<br>1935(昭和10)年8月12日 | 相沢三郎中佐(皇道派) | 【死亡】永田鉄山陸軍省軍務局長(統制派) |
| 2・26事件<br>1936(昭和11)年2月26日 | 香田清貞歩兵大尉、安藤輝三歩兵大尉、栗原安秀歩兵中尉ら皇道派率いる陸軍約1400人 | 【死亡】斎藤実内大臣、高橋是清蔵相、渡辺錠太郎教育総監<br>【重傷】鈴木貫太郎侍従長<br>【避難】岡田啓介首相、牧野伸顕前内大臣 |

思想史Ⅱ』有斐閣）とみなされていた。

一九三二年（昭和七年）の五・一五事件で将校らが配布した檄文《げきぶん》を読むと、政党が党利党略に走り、財閥が民衆を搾取し、農民や労働者階級が非常に苦しい生活を強いられていると指摘。「天皇の御名に於て君側《くんそく》の奸《かん》を屠《ほふ》れ　国民の敵たる既成政党と財閥を殺せ！（中略）奸賊、特権階級を抹殺せよ！」と強調し、元老、重臣、政党、財閥といった悪を「破壊」するよう主張している。

二・二六事件（三六年）の後、死刑に処せられた元陸軍皇道派青年将校・村中孝次の獄中日記には、「吾人は『クーデター』を企図するものに非ず、……吾人の念願する所は一に昭和維新招来の為に大義を宣明するに在り」と記されている。

彼らの「昭和維新」は、天皇を既存の政治体制を超越する存在としたうえで、天皇と国民は君民一体であり、その間の障壁となり、悪の元凶となっている元老以下の「君側の奸」を打倒することによって、新しい体制を構築する――というものだった。

二・二六事件には、北一輝の「日本改造法案大綱」が大きな影響を与えていた。将校らは、これを維新のバイブルとみていた。「天皇は全日本国民と共に国家改造の根基を定めんが為に、天皇大権の発動によりて、三年間憲法を停止し、両院を解散し、全国に戒厳令を布《し》く」とした部分を踏まえ、憲法の停止と戒厳令の施行による国家改造を思い描いていた。

将校らの直接行動は、いずれも農村部の経済的困窮を背景にしていたことはよく知られている。しかし、彼らは軍隊を勝手に動かし、兵器を使用して、要人らを殺害した。天皇は「速やかに暴徒を鎮圧せよ」と命じた。この命令により、天皇をいただく軍部独裁内閣樹立の企図は砕かれた。「彼らは……天皇と国民とを分断するものを除いて、その大御心《おおみこころ》を直接知ったとき、それが自らの意志とは完全にちがっていることが判明した」（高橋正衛『二・二六事件』中公新書）のである。

一方、一人一殺を唱えた「血盟団」の指導者・井上日召《にっしょう》たちは、自分たちは身を捨てて破壊に専心し、破壊後の「建設」は他者に委ねるという「捨て石」の考えで凶行に走っていた。血盟団事件と五・一五事件は一連のものと言われており、そのテロリズム結社の襲撃対象、犯行の不気味さなどは当時の社会に強烈な衝撃を与えた。

**＊注1〈テロリズムとクーデター〉** テロリズムとは、政治目的を遂げるため組織的に行う暴力行為。社会全体に恐怖感を植え付けながら、特定の政治的メッセージを宣伝、浸透させることが大きな目的になる。反政府テロは、政府の権威を失墜させることで将来的に権力掌握を狙う。これに対し、政府が恐怖政治の手法で暴力をふるう国家テロがある。また、クーデターは、将校が軍隊などを率いて、軍事行動により政治権力を一気に奪取するもの。政府内での実権移行という側面があり、国家体制そのものを転覆する革命とは異なる。クーデターが成功するかどうかは、世論の支持や短期間での権力固めがカギを握り、無血クーデターのように暴力を伴わないですむ場合もある。

## 世論、犯行に共感も

こうしたテロ事件に対し、当時の世論は、どう反応していたか。

一九三二年（昭和七年）の血盟団事件で、前蔵相・井上準之助を射殺した小沼正《おぬましょう》は、テロリズムが横行した昭和初期の世相を、戦後、次のように回想した。

「百姓の生活はどん底だし、（中略）東京の下町の自由労働者や、零細企業で働く人たちの中には、食うや食わずの者がいっぱいだった。東北では、生活に困った親が娘を花柳界に売り飛ばすし、都会では一家離散がある。私は、もう井上日召先生にくっついてゆく以外に方法はないと考えるようになっていた」（毎日新聞社編『昭和思想史への証言』）。

こうした農村を中心とする国民生活の窮乏と、特権階級、財閥に対する国民の強い不満は、テロに共鳴する空気を醸成していった。

五・一五事件では、犯行に及んだ海軍将校らに国民から同情が寄せられ、減刑を求める運動が広がった。死刑を求刑した検察官には抗議の手紙が多数送られた。

結局、判決は血盟団事件と同様、だれ一人として死刑とはならなかった。民間の愛郷塾頭の橘孝三郎には、求刑通り無期懲役の判決が下されたが、死刑を求刑されていた海軍将校の古賀清志、三上卓は、それぞれ禁固十五年の判決にとどまるなど、軍人には軽かった。

三九年（昭和十四年）に司法省刑事局が刊行した「右翼思想犯罪事件の総合的研究」によれば、血盟団や五・一五の両事件の公判廷で展開された、「公然たる政党政治、資本主義機構排撃、軟弱外交非難の叫びは、傍聴席を埋むる革新的気分に燃ゆる青年の胸をうったのみか、新聞紙上に大きく取り扱われ、全国の革新分子に絶大の刺激を与えた」。

一方で、テロの標的とされた側に対する世論には、冷ややかなものがあった。

五・一五事件で暗殺された犬養毅首相の一家は、事件後、周囲から白い目で見られたという。

東京地裁で開かれた血盟団事件の初公判で法廷に並んだ被告たち（1932年6月28日撮影）

事件当時、小学生だった犬養の孫、作家の犬養道子さんは自著で、事件の判決が「驚くべき軽いもの」だった理由として、「日本の一般の空気が、殺した側への同情に満ちていたからである」（『ある歴史の娘』中公文庫）と記している。

五・一五事件などの〝温情判決〟は、その後の二・二六事件にも影響を与えた。事件当時、反乱軍の説得に当たった森田利八・元陸軍歩兵第三連隊第三中隊長は、戦後のインタビューで、反乱に加わった少尉が妻にあてた手紙を引きながら「反乱将校の動機の中に、五・一五とか三月事件の処分の甘さが影を落としていた」と語っている（『昭和史探訪2』角川文庫）。

政府や政党、財閥に対する国民的憤懣《ふんまん》を背景に生じた、テロに対する「許容」姿勢は、結果的に軍部独裁による戦争遂行体制を下支えしていくことになる。

## 要人に拡がるテロの恐怖

一九三二年（昭和七年）二月に前蔵相の井上準之助、三月に三井合名理事長の団琢磨《だんたくま》がそれぞれ殺された血盟団事件。この事件の捜査で、警視庁は、襲撃の目標となった人々のリストを入手した。そこには、犬養毅や若槻《わかつき》礼次郎ら政党人、池田成彬《しげあき》ら財界人、さらに西園寺公望《きんもち》、牧野伸顕《のぶあき》ら元老や重臣の名前が載っていた。

井上が殺されて以来、西園寺も身の危険を感じていた。静岡県興津の別荘「坐漁荘」にいた西園寺は、「望遠鏡の最上なるものを探すこと」と秘書の原田熊雄に命じ、窓から人影がちらりとでも見えると庭に出なくなった。

警視庁は、血盟団事件の背景と計画をほぼつかんでいたが、計画の共謀者である海軍将校には捜査の手を出しかねていた。逮捕に踏み切っていれば、同年の五・一五事件は防止でき、首相の犬養が暗殺されることはなかったろう。

五・一五事件の後、西園寺は「疲れた。元老の仕事を返上したい」と言い出した。この事件では、内大臣の牧野、侍従長の鈴木貫太郎ら重臣たちも狙われた。事件の後、官邸に手投げ弾を投げ込まれた牧野は、鎌倉の私邸にこもることが多くなった。

テロへの恐怖が各方面に広がっていた。血盟団の指導者、井上日召は公判で、「支配階級全部に、だれそれが襲われたという恐怖心が起きる。……生命に対する危害より彼等は恐るべき何物も持たぬ。……恐怖によって彼等は何とか自らの道を打開していくだろう」とテロがもたらす恐怖の効用を語っている。

侍従長の鈴木は、「犬養さんは満州独立に反対した。策動家の手先になった軍人が、ついにあの暴挙をあえて行った」などと発表し、軍部からにらまれた。こうした発言が、後の二・二六事件で鈴木が襲撃されることにつながった。

牧野は結局、三五年十二月に内大臣を辞任。健康などの理由に加え、五・一五事件の被告が「ロンドン軍縮条約に関する軍令部長の上奏を牧野内大臣が阻止した」などと述べたことから、女婿《じょせい》で戦後に首相となる吉田茂が「身辺がすこぶる危険」と心配したためだとされる。

「二・二六事件」で、反乱軍によって占拠同然になった警視庁の玄関前

三六年の二・二六事件では、斎藤実《まこと》内大臣が四十数発の弾丸を浴びるなど、標的となった要人たちの凄《せい》惨《さん》な死が衝撃を呼んだ。

海軍の山本五十六《いそろく》も次官時代にテロの恐怖にさらされた。日独伊三国同盟に反対した山本は、右翼に狙われ、連合艦隊司令長官に転任したのも右翼のテロを避けるためだったという。

山本が、死を覚悟して遺書を残していたのは有名な話だ。死後に見つかった遺書は、「昭和十四年五月三十一日」の日付で、「一死君国に報ずるは素《もと》より武人の本懐のみ。豈《あに》戦場と銃後とを問わんや……」と書かれていた。

海相として次官の山本とともに三国同盟に反対した米内光政《よないみつまさ》は、その後、同盟が正式調印（四〇年）された際、もし山本とのコンビが続いていたら徹頭徹尾反対し抜いていたかと聞かれると、「むろん反対しました」と答えた後、しばらく考えて言った。「でも、殺されたでしょうね」

テロやクーデターへの恐怖は、軍部が倒れる日まで存在し続けた。『昭和天皇独白録』（寺崎英成、マリコ・テラサキ・ミラー編、文春文庫）は、天皇の言葉をこう伝える。「私がもし開戦の決定に対して『ベトー（拒否）』したとしよう。国内は必ず大内乱となり、私の信頼する周囲の者は殺され、私の生命も保証出来ない。それは良いとしても結局狂暴な戦争が展開され、今次の戦争に数倍する悲惨事が行われ、果ては終戦も出来兼ねる始末となり、日本は亡びることになったであろうと思う」

## 政党政治の死、軍部大臣現役武官制の復活

日本の軍部は、いくつもの凄惨なテロ、クーデター未遂事件を経て、深く政治に関与して

いった。その際、軍人たちは、政財界の要人たちに対して、テロの恐怖を効果的に使ったのだった。

一九三一年（昭和六年）十月に決行が計画された十月事件は、陸軍の橋本欣五郎《きんごろう》中佐らが企てたクーデター未遂事件だった。関東軍が九月に起こした満州事変に呼応したもので、計画自体はずさんだったが、満州事変の不拡大を求める政治家たちに対し、テロへの恐怖をあおる結果となった。

「軍に反対すると命が危いという恐怖感のため、もう軍の行動をチェックしようとする意欲を政治家も失ってしまったようであった」。関東軍の花谷正少佐は手記にそう書いた。

「二・二六事件」で、防衛線を張り厳戒態勢の鎮圧部隊

十月事件で、橋本は重謹慎二十日というごく軽い処罰を受けただけだった。三月事件では、だれも処罰されていない。「何をしても赦《ゆる》される」という風潮が軍部に生まれた。

五・一五事件で、犬養首相が殺害された結果、一八九八年（明治三十一年）の第一次大隈重信内閣から続いてきた日本の政党政治は息の根を止められてしまう。

三五年に起きた永田鉄山軍務局長（統制派）斬殺《ざんさつ》事件は、陸軍内部の血なまぐさい抗争の表れだった。翌年、皇道派将校らによる二・二六事件が起こり、その後は軍の思うままに政治が動かされていく。同事件でからくも難を逃れた岡田啓介にかわり、外相の広田弘毅に組閣の大命が下った（三六年三月）。

陸軍は広田に、一三年（大正二年）に廃止された軍部大臣現役武官制（現役の軍人でなければ、陸、海相になれない）の復活を要求した。

当時、陸軍では陸相の寺内寿一のもと、実力次官、梅津美治郎によって「粛軍人事」が断行されていた。荒木貞夫や真崎甚三郎ら皇道派を中心に多数の「政治的軍人」が予備役に編入された。現役武官制の復活も、荒木らの影響力を封じるためという理由付けがなされていた。

広田は、抵抗もせずにこれを受け入れる。だが、一年もたたないうちに、考えが甘かったと気づかされる。この制度では、軍が首を横に振れば、軍部大臣を決められず、組閣ができなくなってしまうのである。

事実、広田内閣退陣後、宇垣一成が組閣の大命を受けたが、陸相を得られず、組閣に失敗、大命を拝辞させられた。宇垣が、米英との関係を重視していることを陸軍が嫌ったため、などとされている。

## 「恐怖心」微妙な働き

### ◇半藤一利　ノンフィクション作家

——二・二六事件の記録を読むと恐ろしくなる。

あの事件の恐ろしさは、軍隊が出動したことです。テロは、明治、大正期にもあったが、個人が行ったもの。五・一五事件は、海軍の将校らが起こしたが、軍隊は加わっていない。二・二六事件はクーデターだ。誰も、こんな大がかりなものが起こるとは思っていなかったし、決起の目標が分からないところがあって、時局に携わるすべての人たちに恐怖感を与えた。文藝春秋社長の菊池寛は、自分もやられるのではないか、と思って結婚式の仲人を頼まれていたのに姿をくらました。

——二・二六事件はその後の日本の分岐点になった。

事件後、首相になった広田弘毅がやった軍部大臣現役武官制の復活などは大きなミスです。軍部が怖かったのです。戦後、A級戦犯に問われた広田が全く弁明しなかったのは、責任を痛感し、恥じたからでしょう。

広田は、現役武官制がこれほど大きな力を発揮するとは思わなかったのかもしれない。二・二六事件の恐怖がなければ、もっと厳密に考えたはずなのに、それをあっさりとのんでしまった。「テロの恐怖」と言うと、ひと言で終わってしまうが、ひと言で終わらない微妙なところで微妙な働きをした。

——テロを国民はどうみていたのか。

五・一五事件のとき、事件の首謀者らに民衆の同情が集まった。これはどこから生まれたのか、非常に微妙な問題です。政党政治がどうにもならないと思われていたのか、軍部が巧みな国民操縦法を覚えたのか。テロというものが、「やられ損」という感じになってゆくのです。

——重臣たちもテロやクーデターを怖がった。

張作霖《ちょうさくりん》爆殺事件の処理をめぐって、元老の西園寺公望は土壇場で豹変した。これもテロを恐れたからだ。西園寺は「田中義一首相の引責辞任もやむを得ない」と言い、内大臣の牧野伸顕、侍従長の鈴木貫太郎と綿密に打ち合わせていた。だが、最後になって西園寺が前言を翻したので牧野は呆然とする。『牧野伸顕日記』にみえる西園寺の「自分が臆病なり」という言葉は、軍部から直接脅しがかかったからとしか思えない。軍部は恐怖をテコにした。陸軍の幹部が「私はいいが、部下が黙っておりませんぞ」と言う。陸軍はいろんな局面でこれを使った。一国の上に立つ人たちが思い切ったことをできなくなるのは無理もないとも思う。

——皇道派と統制派の争いをどう見るか。

派閥争いではなく、戦略争いだった。派閥争いなら、皇道派の人たちを最後まで抑え込む必要はない。戦時中にスウェーデンにいた武官の小野寺信は、ドイツの対ソ開戦、ヤルタ会談でのソ連の対日参戦密約など重要な情報を本土に送っていたが、軍部はいっさい無視した。小野寺が皇道派だったからです。

――もし、二・二六事件が成功したと仮定したら。

青年将校らが指導者と仰いでいた荒木貞夫も真崎甚三郎も対ソ戦を主張しており、ソ連と戦争が始まっていたでしょう。歴史のイフだが、昭和史はもっとおかしな悪い形になっていたはずです。

近衛文麿は、皇道派に相当吹き込まれていました。陸軍の中に共産主義者が山ほどいるんだと。これでは革命が起きてしまうと。これが最後の恐怖感になっていった。

――終戦の詔勅《しょうちょく》の際、クーデターはありえたか。

その可能性はあったが、鈴木首相の手の打ち方が早かった。予定通り午後に閣議を開いていたら危なかった。軍部の中堅幕僚たちによるクーデター計画では、閣議に乱入して閣僚たちを押さえて軟禁する、その後、聖断の変更を天皇に迫るとなっていた。この計画は、少数の参謀たちだけでなく、かなり大々的な計画だった可能性がある。あの時、二・二六事件で生き残った鈴木貫太郎が首相であったことは幸いでした。

# 第9章 特　攻

## 戦況悪化で海軍が発案

生身の人間が爆弾と化して敵艦などに体当たり攻撃する「特攻」。この戦術は第一神風《しんぷう》特別攻撃隊をもって嚆矢《こうし》とする。一九四四年（昭和十九年）十月二十五日のことだ。その出撃の日はどのように訪れたのか。

特攻隊が編成される四か月前の同年六月、連合艦隊は、サイパン島奪還という本土防衛の命運をかけたマリアナ沖海戦で、空母など多くの艦艇と航空機の大半を失った。

これにより、日本の戦力は著しく低下する。日米の海軍軍備（戦艦・空母・巡洋艦・駆逐艦・潜水艦）比をみると、米軍の七百三十四隻三一八万八〇〇〇トンに対し、日本軍は百八十二隻九〇万二〇〇〇トンで、ハワイ真珠湾攻撃（四一年十二月）前に六九％だった対米比率は二八％にまで落ち込んだ。航空機も同様で、海軍はゼロから再建を必要とする事態に追い込まれ、陸軍も二千機を割った。米軍は、陸海軍機合わせて二万五千機を超え、日米の航空機生産能力比も一対五以上に広がっていた。

さらに日本は、本土以南の制海権と制空権を米軍に奪われており、日本軍は、この時点で米軍と戦う能力も戦力もなくしていた。

マリアナ沖海戦の敗北直後に開かれた元帥会議で、伏見宮博恭王《ふしみのみやひろやすおう》は、「戦局がこのように困難となった以上、航空機、軍艦、小舟艇とも特殊のものを考案し、迅速に使用するを要する」（戦史叢書《そうしょ》『大本営海軍部・聯合艦隊6』）と、参謀総長と軍令部総長に要望した。「特殊のもの」が何を意図していたのかは明らかではない。が、四四年七月、大本営陸海軍部は日米開戦後初めて、共同で作戦指導大綱を奏上し、「敵空母及び輸送艦を必殺する」との方針を打ち出した。

戦局悪化の中、十月十七日、海軍航空畑の要職を歴任してきた大西滝治郎《たきじろう》中将が、マニラの第一航空艦隊司令長官に着任した。この人選の裏には、「戦況によっては特攻の採用もやむなしと考え、これを実施できるのは、航空関係者に信望のある大西中将をおいてほかにない」（戦史叢書『海軍捷号《しょうごう》作戦2』）との判断があったとみられている。

事実、十月初め、軍令部総長官舎で開かれた首脳会談で、大西は、米軍の進んだ防空システムを前に、日本軍機は有効な攻撃ができず、残された唯一の手段として「特攻」の必要性を主張。及川古志郎《おいかわこしろう》軍令部総長は、「大本営海軍部はこの戦局に対処するため、あなたの申し出を承認することとします」（実松譲《さねまつゆずる》『日本海軍英傑伝』光人社文庫）と決断を下していた。

会談直後の十月十三日付で、航空作戦参謀の源《げん》田《だ》実《みのる》中佐は、特攻部隊の名称まで記した「軍極秘緊急電」を起案した。

「神風攻撃隊の発表は、全軍の士気高揚並びに国民戦意の振作に大きく関係あるところ、各隊攻撃実施の都度、純忠の至誠に報い、攻撃隊名（敷島《しきしま》隊、朝日隊等）をも併せ発表のこと」

こうした海軍中央の意向を受け、大西は十月十九日、マニラ郊外のマバラカット基地で、航空隊幹部に向かって、「皆も承知の通りで、今度の捷号作戦に失敗すればゆゆしい大事を招くことになる。零戦に二五〇キロ爆弾を抱かせて、体当たりをやるほかに確実な攻撃法はないと思う。どんなもんだろう」と切り出した。

まるで提案するような調子だった。しかし、これとは裏腹に、現場では、特攻隊員の人選が進められた。翌二十日、関行男大尉を指揮官とする十三人の「第一神風特別攻撃隊」が編成された。関は二十三歳、ほかの十二人は全員が二十歳以下だった。

出撃前の関行男大尉（左端の白マフラー姿）ら敷島隊の兵士たち（1944年10月25日）

「栗田健男《たけお》中将率いる艦隊のフィリピン・レイテ湾突入に呼応して、体当たり攻撃隊を発進させよ」（大西中将）との命令を受け、関らは二十五日出撃した。大西の着任からわずか一週間しかたっていなかった。

## 人間魚雷など続々開発

「特攻」に、日本軍は、いつから傾斜していったのか――。それは第一神風特攻から一年以上も遡《さかのぼ》る。

その中心的な役割を担ったのは、軍令部で作戦を担当する第一部長の中沢佑《たすく》少将と、連合艦隊の首席参謀だった黒島亀人《かめと》大佐（後に少将に昇進）だった。とくに真珠湾攻撃をめぐる戦術で貢献した黒島は、ミッドウェー海戦敗退（四二年六月）とガダルカナル島撤退（四三年二月）を境に、「モーターボートに爆薬を装備して敵艦に激突させる方法はないか」（戦史叢書『大本営海軍部・聯合艦隊6』）と主張していた。

四三年七月、黒島が軍令部第二部長に就任する。公刊戦史である戦史叢書は、「軍令部の軍備担当の責任者に黒島大佐が就任したことは、海軍部が特別攻撃を採用するうえで決定的な意義をもつこととなった」と記している。黒島は八月、海軍の戦備方針を決める首脳会議で、「突飛意表外の方策」により、「必死必殺の戦」を行う必要があるとし、その一例として「戦闘機による衝突撃」（航空特攻）の戦法を挙げた。

それ以降、「特攻作戦に適応する兵器の緊急開発の要望は、用兵側の軍令部から起こり、海軍省はこれに即応した」（戦史叢書『海軍軍戦備2』）とされる。

◎開発された特攻兵器

**桜花**　先端に1.2トンの爆薬を詰めたグライダー式有人爆弾。母機となる一式陸上攻撃機などの下につるして出撃し、戦場で離脱、敵艦に体当たりする。大田正一海軍少尉の起案とされる。全長6メートル、翼幅5メートル。最大速度は時速650キロ、航続距離37キロ。終戦までに755機が製造されたが、戦場にたどりつく前に母機と共に撃墜されることが多く、米軍は「ＢＡＫＡ　ＢＯＭＢ（バカな爆弾の意）」と呼んだ。

**震洋**　水上特攻艇。ベニヤ板でつくられたモーターボートの船首に250キロ爆薬を装填し、敵艦に体当たりした。一人乗りの「一型艇」は全長5メートル、幅1.7メートル、最大速力は時速43キロ。機銃やロケット砲を設置した二人乗りの「五型」もある。終戦までに6197隻を製造したが、大半は米軍の空襲で焼失した。114の震洋隊が創設されたが、多くが陸上戦で戦死した。陸軍も同様の突撃艇を製造した。

**回天**　人間魚雷。大型魚雷に人が乗り込んで操縦できるようにした。ハッチは水中では水圧で開閉が難しい。潜水艦で敵艦近くまで輸送し、離脱後に突撃する。先頭部に1.6トンの爆薬が装填された。「一型」は一人乗りで、全長15メートル、直径1メートル。最大速力は時速56キロで、1944年11月、西カロリン諸島ウルシーの米機動部隊への攻撃で初めて用いられた。終戦時までに420基製造された。

四四年二月、極秘裏に人間魚雷の試作が始まった。軍令部は、海軍省に「もし、これができなければ必ず敗戦する」として、①体当たり戦闘機、②装甲爆破艇、③大威力魚雷などの試作、実験を急がせた。それらは後に、グライダー式有人爆弾「桜花《おうか》」、特攻艇「震洋《しんよう》」、人間魚雷「回《かい》天《てん》」となった。

　特攻兵器の開発と並行して、海軍省は四四年八月、特攻兵器に乗り込む要員の選抜と訓練を開始し、九月には「海軍特攻部」を発足させた。その後、大西中将が神風特攻を決断するのと足並みをそろえ、海軍中央は十一月、フィリピンの現地部隊に「震洋」の使用許可を与え、「回天」を初出撃させるなど特攻に突き進む。

一方、陸軍は四四年三月、航空総監に後宮《うしろく》淳《じゅん》大将が就くと同時に、航空特攻の検討が本格化した。渡洋攻撃を想定していない陸軍機は航続距離が短く、また軍内部に特攻反対の意見も根強く、特攻隊の編成準備命令が出されたのは、同年十月だった（戦史叢書『陸軍航空の軍備と運用』）。

## 「作戦の名に値せず」

関大尉率いる第一神風特攻隊の突撃以降、特攻は歯止めなく続いていく。その理由は何か。

第一次神風特攻隊の作戦目的は、栗田艦隊を敵機から守るため、敵空母の甲板を一週間くらい使用不能にすることだった。だが、栗田艦隊はレイテ湾突入を中途で放棄するなど作戦はちぐはぐで、あげく連合艦隊は、戦艦武蔵など二十四隻を失う壊滅的打撃を受けた。しかし、関大尉の「敷島」隊は、「空母と巡洋艦計二隻を撃沈、空母一隻大破」という戦果をあげた。「必死必中の体当たり。忠烈・万世に燦《さん》たり」（読売報知・十月二十九日朝刊）などと、新聞各紙は一面で大きく報道。その翌日、昭和天皇は米内光政海相に「そのようにまでせねばならなかったか。しかしよくやった」と述べたとされる。

白煙をはきながら敵空母に体当たりする特攻機
(1944年11月)

戦果が予想以上だったことに加え、天皇の言葉も現地部隊には激励として伝えられた。もはや通常の航空攻撃で米軍に痛手を与えることは困難になっていた。海軍は次々と特攻隊を編成し、陸軍も十一月、航空特攻を開始した。

大西中将は特攻隊を編成する際、第一航空艦隊の先任参謀に「こりゃあ、統率の外道だよ」(同)と語ったという。作戦とは、わずかでも生還の可能性がある「九死一生」が限度で、一〇〇%の確率で死が予定されている「十死零生」の特攻は、作戦の名に値しないという意味だ。

しかし一度、統率の道を踏み外した大本営陸海軍部は四五年一月、最高戦争指導会議を開き、「陸海軍全機特攻化」を決定した。

フィリピン、硫黄島、沖縄と戦場が本土に近づくにつれ、特攻は激烈を極めた。戦果は「轟沈《ごうちん》、撃沈」と華々しく伝えられたが、実際は「小破、中破」が多かった。米軍が沖縄に上陸した四月には、海上特攻として戦艦大和が出撃した。しかし、大和はいかなる目的も達することなく、多くの若い命が失われた。

**「特攻」による戦死者数**

| | | |
|---|---|---|
| 海軍 | 航空機（零戦など13機種） | 2459 |
| | 桜花 | 55 |
| | 特殊潜航艇 | 436 |
| | 回天 | 104 |
| | 震洋 | 1082 |
| | 海上特攻（戦艦大和など） | 3721 |
| 陸軍 | 航空機（隼など12機種） | 1344 |
| | 義烈空挺隊 | 88 |
| | 海上挺身隊（小型突撃艇） | 266 |
| | 戦車 | 9 |
| 計 | | 9564 |

「戦史叢書」防衛研修所、『特別攻撃隊』（財）特攻隊戦没者慰霊平和祈念協会などの資料から作成

## 執拗な特攻と玉砕

「特攻」が愚かな作戦の象徴とされるのは、大本営が特攻だけのために専門兵器を開発するとともに、特攻部を設立するなど特攻をシステム化したことだ。桜花や回天などの特殊兵器は、教育や訓練のカリキュラムまで作られ、それはまさに、死ぬための準備にほかならなかった。

しかも、第一航空艦隊だけの名称だった神風《しんぷう》を、カミカゼと訓読みして航空特攻の総称としたのは、鎌倉時代に日本を蒙古から救った暴風雨＝神風を引き合いに、国民の戦意高揚をはかろうとしたためだ。その結果、陸海軍合わせて九千五百人を超す若者が犠牲となった。大半は二十歳前後。回天の場合、最年少は十七歳、最高齢は二十八歳で、飛行予科練習生（予科練＊注1）が四十人、学徒兵二十六人、海軍兵学校十九人――などとなっている。

「特攻」と並んで、日本独自の戦法とされるのが、「玉砕」である。

日露戦争の旅順要塞《ようさい》攻略戦（一九〇四年）で、陸軍は白だすき隊を結成し、約三千人の将兵はたすきを十文字にかけて突撃した。ロシア軍の銃砲撃で死者が続出し、作戦は失敗するが、

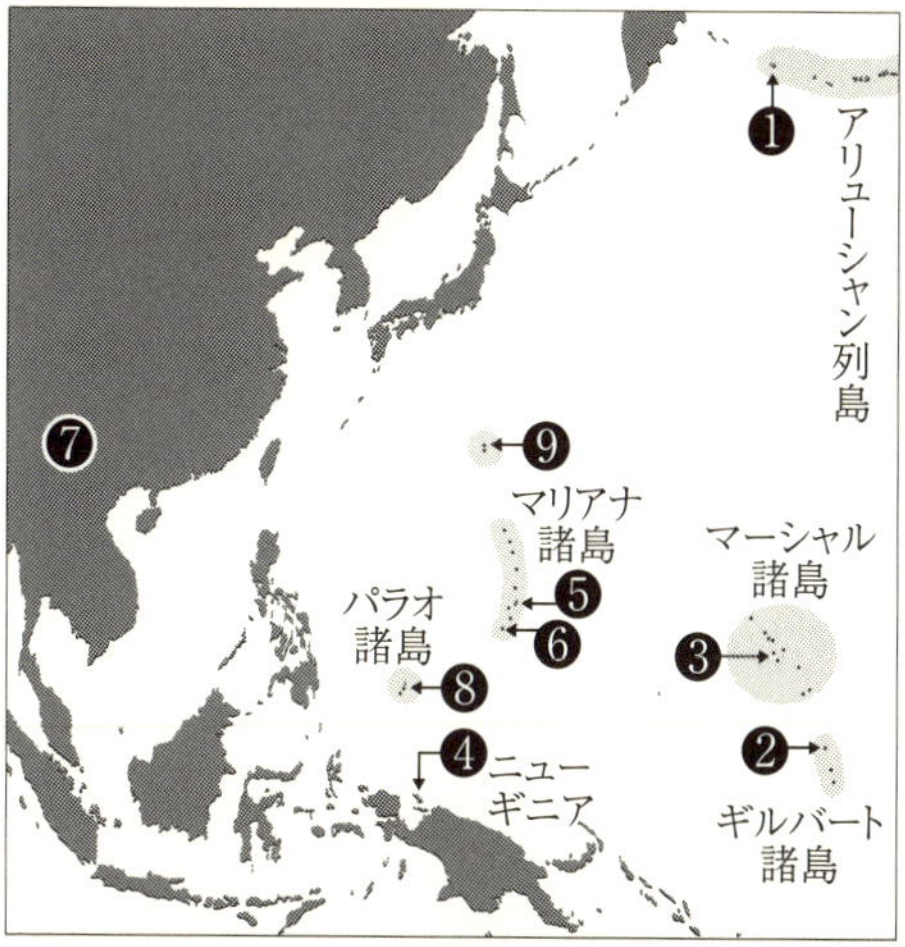


| 主な玉砕 | | |
|---|---|---|
| 地域 | 主な戦闘期間 | 戦闘経緯 |
| ❶ アッツ | 1943年5月 | 日本軍2500人が米軍1万1000人と戦闘の末、30人足らずの捕虜などを除き全員戦死 |
| ❷ マキン、タラワ | 43年11月 | マキンで日本軍600人が米軍7000人と戦闘。タラワでは4600人が米軍1万8000人と戦闘。日本軍は計5000人以上が戦死 |
| ❸ クエゼリン、ルオット、ナムル | 44年2月 | クエゼリンで日本軍5100人が米軍5万3000人と戦闘。ルオットとナムルでは3100人が戦闘。日本軍は計7000人以上が戦死 |
| ❹ ビアク | 44年5～7月 | 日本軍1万3000人が米軍3万人と戦闘の末、1万2000人以上が戦死 |
| ❺ サイパン | 44年6～7月 | 日本軍4万4000人が米軍と戦闘、4万2000人が戦死。日本の民間人8000人以上がマッピ岬（バンザイ・クリフ）から投身自決か、日本兵に殺害されたといわれる |
| ❻ グアム、テニアン | 44年7～8月 | グアムで日本軍2万人が米軍5万5000人と戦闘。テニアンでは8000人が戦闘。日本軍は計2万7000人が戦死 |
| ❼ 拉孟、騰越（中国、ビルマ戦線） | 44年6～9月 | 拉孟（らもう）で日本軍1200人が中国軍と戦闘。騰越（とうえつ）で2000人が戦闘。日本軍の生存者は数十人程度 |
| ❽ ペリリュー、アンガウル | 44年9～11月 | ペリリューで日本軍1万人が米軍4万人と戦闘。アンガウルでは1200人が米軍2万人と戦闘。日本軍は計1万人以上が戦死 |
| ❾ 硫黄島 | 45年2～3月 | 日本軍2万2000人が米軍6万人と戦闘の末、2万1000人が戦死 |

これは生還する確率の低い「決死の戦法」ではあっても、特攻のように、必ず死ぬことを前提とした「必死の戦法」ではなかった。しかし太平洋戦争では、「玉砕」という言葉が初めて用いられた四三年五月のアッツ島の戦闘以来、前ページの表に示す通り、陸軍は各地で、最後の一兵となっても銃剣で突撃する玉砕戦法を執拗《しつよう》に命じ、数多くの犠牲を生んでいった。

**＊注1〈予科練〉** 海軍飛行予科練習生のこと。航空隊の組織拡大に伴って一九二九年創設され、二十歳以下の年少者を集めた。旧制中学からの甲種と、高等小学校からの乙種、海軍内から採用する丙種があった。四三年封切りの映画「決戦の大空へ」の主題歌「若鷲の歌」では「若い血潮の予科練の　七つボタンは桜に錨《いかり》」とうたわれた。全国各地に予科練が設置され、多くが特攻隊員となった。

## 沖縄戦「義烈空挺隊」の悲劇

沖縄戦が激しさを増すにつれ、「特攻」は、その効果さえ顧みられることもなくなった。戦争指導はまさに末期症状に陥った。

一九四五年（昭和二十年）四月、米軍は約千五百隻の艦艇と十八万人を超す兵力を集中し、沖縄本島中西部に上陸した。〝鉄の暴風〟とまで言われた米軍の砲撃弾雨にさらされ、守備隊の第三十二軍（司令官・牛島満中将）は五月中旬、本島南端の喜屋武《きやん》半島への撤退を迫られていた。

そのさなか、「米軍が占領した北と中（現在の読谷《よみたん》と嘉手納《かでな》）飛行場に航空機で強行着陸し、基地を制圧すべし」との命令が「義烈空挺隊《ぎれつくうていたい》」に下された。同隊は、サイパン島の米軍基地を破壊するため、四四年十二月に編成された特攻隊。中継地に予定した硫黄島が陥落、待機が続いていた。

戦史叢書や米軍戦史などによると、奥山道郎大尉を指揮官とする義烈空挺隊百三十六人は、四五年五月二十四日夕、爆撃機十二機に分乗して熊本を離陸。同日午後十時過ぎ、「ただ今突入」の連絡を最後に、北飛行場に五機が突入をはかった。四機は米軍の対空砲火で撃ち落とされたが、一機が胴体着陸に成功。機内から飛び出した十三人の隊員は、米軍機九機を破壊炎上させ、全部で二十九機に損害を与えた。しかし、米軍の攻撃で全員が玉砕した。

出撃した十二機のうち四機は機体不良で引き返した。突入した五機を含め、特攻死は八機八十八人にのぼった。しかし、大きな犠牲を払ったこの作戦も、北飛行場の機能を二日間止めたに過ぎなかった。その間予定していた航空作戦も、天候不良で成果はあがらなかった。

義烈空挺隊は陸軍第六航空軍に所属し、出撃には大本営の許可が必要だった。許可を得るため、軍司令官の菅原道大《すがはらみちお》中将が願い出た文言は、「特攻隊に指定されてすでに半年、計画しては取りやめになること再三に及ぶは、その心情忍び難い」というものだった。

菅原は特攻推進論者で、彼の文言は出撃させることだけで、作戦がもたらす効果などを十分に考えた形跡はない。もはや「特攻」で死ぬことが、作戦目的となっていた。出撃二日前の五月二十二日、第三十二軍は南部への撤退を決定していた。「すでに第三二軍が壊滅的な事態に追い込まれた下では、（中略）徒労かつ愚劣な作戦でしかなかった」（森本忠夫『特攻』文藝春秋）のである。

## 「行かねば講和遠のく」二十三歳少尉の決意

半紙に大きく「出撃五時間前　平心」の文字。見るたびに新潟・長岡市の渡辺悦男さん（八十一歳）は、義烈空挺隊員として死んだ兄・祐輔さん（少尉・享年二十三歳）を思い出すという。

四五年五月、当時陸軍予備士官学校（福岡・久留米）の生徒だった悦男さんは、突然、「将校面会室に来るように」と、教官から指示された。部屋に入ると、軍服の袖に金色の鷲《わし》をあしらった「特攻章」を縫いつけた兄が立っていた。

「何で特攻に行くんだ。この戦争は負ける。士官学校の先輩は、満足な武器も持たず、戦地に行った。国民には竹やりで戦えとまで言っている。特攻に行く必要などない」

悦男さんがそう言い終えると、兄はうなずきながらゆっくりと口を開いた。

「もう勝つとか負けるとかではないんだ。今ここで若い自分たちが国を守る意志を示さなければ、講和への道は遠のくばかりだ。そうなれば、日本は戦争をし続けなければならなくなってしまう」

兄の決意の固さを知り、二人は抱き合って別れたという。しかし、祐輔さんは最後まで、いつどこに出撃するのか明かさなかった。数日後、新潟に住む両親の元に、兄が差し出した「平心」と書かれた絶筆と遺髪が届いた。

「どんな思いで書いたのだろうか」。当時十歳の六男、渡辺秀央さん（現・参議院議員）は、「兄は両親や五人の弟に多くの言葉や遺書を残してくれた。しかしそれは、『生』への強い思いの裏返しであって、いくら書いても書き足りなかったのだと思う」と言葉をつないだ。

欠かさず続けてきた沖縄への慰霊のたびに、「あれほど無謀ででたらめな作戦はない。戦争指導者の責任は極めて重い」との思いを抱くという。

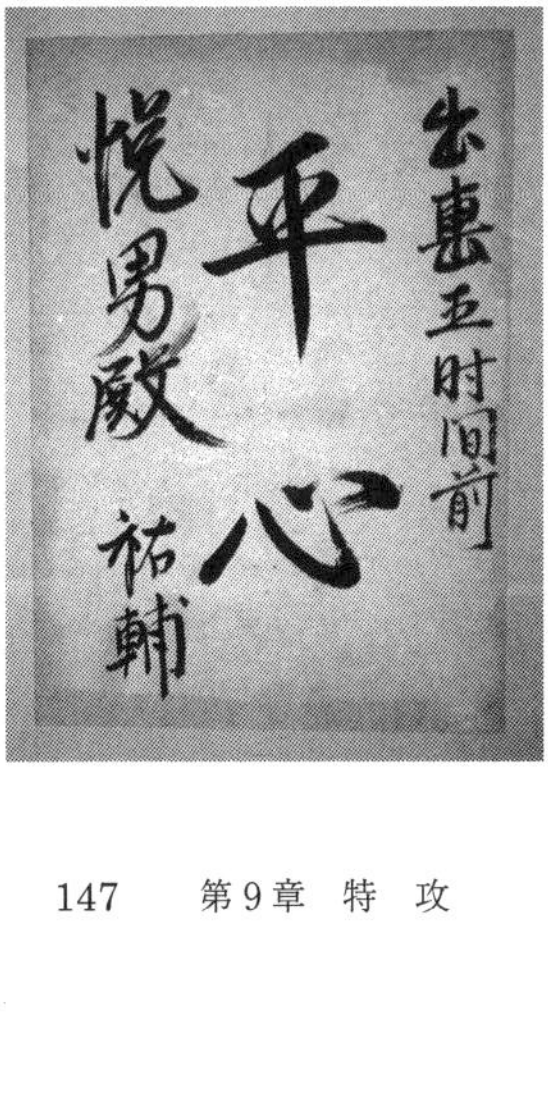

## ◇河野仁　防衛大学校教授・軍事社会学

# 無責任な命令システム

——軍人勅諭には「義は山嶽《さんがく》よりも重く、死は鴻毛《こうもう》よりも軽し」という言葉がある。「特攻」や「玉砕」を生んだ人命軽視の思想の出発点ではないのか。

社会学者のマックス・ウェーバーは、「近代戦の様相を変えたのは、火薬ではなく規律だ」と言った。士族の反乱などが相次いだ明治期にできた軍人勅諭には、近代軍を作るためには、一つのメカニズムで動く機械仕掛けの軍隊にしなければならないという目的があった。そのために重要なのは「規律」であり、命令への絶対的服従を徹底することだった。勅諭の言葉は、軍人の義務は戦争で戦うことであり、死を恐れずに義務を全うしなさいという意味だったと思う。

これは欧米と比べても差異はなく、ガダルカナルの戦闘で、米海兵隊はヘンダーソン飛行場の防御を命令された。ただ、「死ぬまで守れ」という命令が下されるかどうかだ。米軍の関係資料には「戦況が苦しくなれば降伏してもいい」という暗黙の了解があったと記されている。日本の場合、戦争に行って国のために命をささげることが軍人に期待される行動であり、欧米との違いはそこにあった。

——その違いはどうして生まれたのか。

日本では、軍人勅諭と教育勅語をセットで考えなければいけない。日露戦争（一九〇四～〇五年）以降、初等教育の段階から教育勅語を教え込み、その後は軍隊教練に移行する。二十歳で兵役に服し、終われば「在郷軍人会」という組織があり、地域社会の中に国民を軍隊や戦争に動員する仕組みが大正、昭和期にかけて次第にでき上がっていった。市民社会と軍隊とのつながりを視野に入れないと何も理解できない。

――「特攻」や「玉砕」は、軍人に期待される行動の延長線上にあるのか。

欧米と日本では、名誉の観念が違う。自殺を考えても、封建時代の切腹は武士の名誉を保つための行為だが、キリスト教圏では罪悪とされる。「特攻」は、軍事的な意味より象徴的な意味が強かったと思う。

――どういうことか。

大西中将は自ら、特攻を「統率の外道」と言った。彼が残した言葉を読み解くと、確かに講和を探ろうとした面もあった。そのため、軍事的な成果はあがらなくても、多くの兵士が自己犠牲の姿を見せることで、徹底抗戦の意思が強いことを示し、米軍の継戦意欲をそぐという狙いがあった。

――「特攻」は終戦まで拡大の一途をたどった。

四五年になると、絶望的な戦局の中で、陸軍では部隊ごとに捕虜となる集団投降が出始めた。海軍も兵士の士気が落ちていた。軍上層部は、敗色が濃厚となった段階で、士気を鼓舞するため、やみくもに特攻を発動していったのではないか。

――「特攻」を命じた責任は問われるべきだと思う。

軍隊は指揮命令で動く。命令がなければ玉砕も特攻も生まれなかった。ところが、日本軍の意思決定システムはあいまいで無責任。誰がいつ命令を下したのかよく分からない。しかし少なくとも、戦争の終結を視野に入れた段階で、特攻は中止すべきだった。

# 第10章　大日本帝国憲法

## 憲法に規定のない元老、重臣

**〈大日本帝国は万世一系の天皇之《これ》を統治す〉（一条）**

一八八九年（明治二十二年）発布の大日本帝国憲法は、国家統一の根拠を天皇に求めた。行政、立法、司法、統帥など、すべてを天皇が掌握するという建前をとっている。

**〈天皇は神聖にして侵すべからず〉（三条）**

天皇は神聖不可侵の存在だった。法的、政治的な責任は天皇を補佐する国務大臣が負い、天皇は無答責（法律上の責任を負わなくてよい）とされたのである。

同時に、帝国憲法は、西洋流の「近代立憲主義」の性格も取り入れている。内閣が責任を持ち、議会が追及する。国家権力の濫用から国民の自由や権利を守るという考え方だ。

**〈国務各大臣は天皇を輔弼《ほひつ》し、その責に任ず〉（五十五条）**

各閣僚は、天皇の国務を助言（輔弼）し、現在の内閣のような連帯責任ではなく個別に責任を持った。首相は閣僚の一員、「同輩中の首席」にすぎず、他の閣僚と権限はほぼ同様だった。首相への権限集中を排除するのが、憲法起草者の意図だったとされている。

憲法で初めて設けられた帝国議会は、貴族院と衆議院の二院制だ。立法は天皇の権限で、議会は建前上、それに「協賛」する機関だった。

帝国議会は立法、予算の承認を行ったが、法律に代わる緊急勅令（八条）、独立命令（九条）の仕組みもあり、現在の国会のように「国権の最高機関」ではなかった。

天皇直属の機関としては枢密院がある。重要な国務について天皇の相談（諮詢《しじゅん》）に応える機関で、議長、副議長及び顧問官二十四人で構成された。

一方、元老、重臣には憲法上の規定や権限はなかった。天皇にことあるごとに助言したり、内閣の政策決定、外交方針に関与するなど大きな政治力をふるったが、憲法上責任を問われることはなかった。

帝国憲法下では、天皇が首相を任命することを「大命の降下」と言った。現実に首相候補を人選し、天皇に推薦する実権を握っていたのは元老、内大臣、重臣だった。元老は明治天皇が助言者として「元勲優遇」の詔勅で任命した伊藤博文、黒田清隆が最初だ。その後、山県有朋、松方正義、井上馨、西郷従道、大山巌、大正期には桂太郎、西園寺公望が元老に加わった。昭和期には西園寺だけになり、天皇側近の内大臣や首相経験者ら重臣も首相の人選の協議に参加するようになった。

明治憲法体制は、元老など政治リーダーの個人的な力量に頼る国家システムで、元老が政治権力を掌握しきれないと、国家運営が混乱しかねないという欠陥も併せ持っていた。

## 統帥権を拡大解釈

「〝日本史的日本〟を別国に変えてしまった魔法の杖《つえ》は、統帥権にあった」

作家の司馬遼太郎は、『この国のかたち』（文春文庫）にこう書いている。昭和初期から敗戦までの日本国家がファシズムの道に至るのは、統帥権の独立問題が大きく影響したという意味だ。

帝国憲法の十一条に「統帥」という言葉がある。

**〈天皇は陸海軍を統帥す〉**

作戦用兵に関することを「統帥」といった。憲法制定前から、内閣から独立した参謀本部（陸軍）、軍令部（海軍）があり、参謀総長、軍令部長（後に軍令部総長）が直接、天皇を補佐していた。

憲法が制定された後もこの制度は、維持された。

それがいわゆる「統帥権の独立」だ。学説的にも慣習としてほぼ認められていた。天皇という大元帥のもとの軍隊だから「天皇の軍隊」「皇軍」と呼ばれた。

明治憲法下の国の行政・統帥機関　※カッコ内は根拠条文・法令

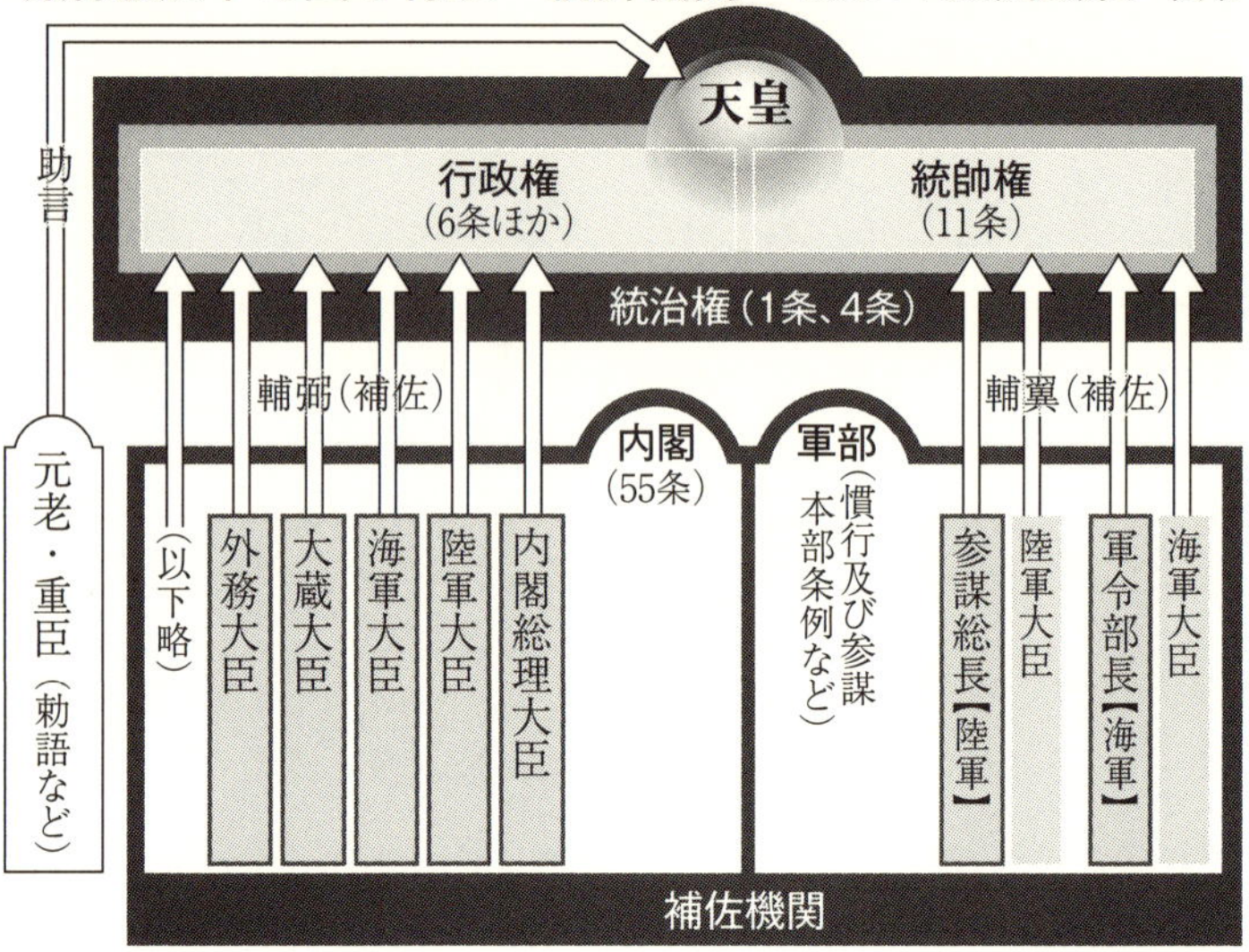


※陸・海相は、統帥に関する補佐機関の役目も一部もつ（内閣官制第7条）

十二条の規定は、十一条と大きな違いがある。

〈天皇は陸海軍の編制及び常備兵額を定む〉

国家のため、どのような国防方針を立てるか、どれだけの兵力を持つか——といった問題に関しては、軍事の専門家の知識だけでなく、財政、外交など総合的な見通しが必要であり、それは、国務大臣の補佐による国務に属すると考えられたのだ。帝国憲法の公的注釈書『憲法義解』（伊藤博文著、岩波文庫）にも、「もとより責任大臣の輔翼（補佐）による」とある。

しかし、責任政治の外にある「統帥権」と責任政治のもとにある「軍の編制」との区別は、必ずしも明確ではなかった。このあいまいさをめぐって大きな政治問題に発展したのが「統帥権干犯」事件であった。

一九三〇年（昭和五年）四月二十五日、ロンドン海軍軍縮条約調印に関する衆院本会議は荒

1930年ロンドン海軍軍縮会議に日本からは若槻礼次郎全権（左から3人目）が出席した

れに荒れた。

　野党である政友会の犬養毅総裁は、軍令部が反対している兵力量で妥結したのでは国民は安心できないと主張。鳩山一郎議員（戦後首相）も、「政府が軍令部の反対を無視して決定したのは一大冒険」と述べ、政府の決定は、権限外である「統帥権」を干犯したことになる、という論理を展開した。

　軍令部は、ロンドン条約の交渉過程で、「内閣が補助艦の兵力量削減を決めるのは、天皇の統帥権を犯している」と猛反発。加藤寛治軍令部長は、軍縮案に反対することを天皇に説明（上奏）していた。政友会は、内閣打倒という政治的な思惑からこれを利用したのである。

　しかし、浜口雄幸内閣は、政府の立場を堅持した。この過程は、「政党政治を自己否定し、その責任内閣制・政党政治から独立した聖域に軍部＝統帥権を置こうとするものであった」（松本健一『日本の失敗』）。統帥権を〝魔法の杖〟とした政治責任は鳩山ら政治家も問われる。

　以後、軍部は統帥権を盾に政治への介入を強めていくが、広田内閣の「軍部大臣現役武官制の復活」もその延長線上にある。軍部が閣僚を出さない、あるいは引き揚げれば、倒閣が可能になる。この結果、内閣は軍部の意向に沿わざるを得なくなったのである。

歴史家の秦郁彦氏は、「統帥権独立には、『文官に戦争のことがわかるものか』という軍人心理が働いている。そして軍閥は、内ではもめても、外に対しては一致結束してあたった」と語る。統帥権独立の拡大解釈と現役武官制の復活が、明治立憲制の息の根をとめていくのである。

## 天皇機関説、封じ込め

「憲法破壊の著書　政府断固処分せよ　菊池男の追及」——一九三五年（昭和十年）二月十九日の読売新聞は、こんな見出しで前日の貴族院本会議を報じた。

軍人出身の菊池武夫男爵が、質問に立った。東京大学教授だった美濃部達吉《みのべたつきち》貴族院議員が『憲法撮要《さつよう》』『憲法精義』で天皇機関説を唱えていることを、「明白な反逆的思想」「謀反人」と非難したのだ。

「尋問的な語調から警笛のように」言葉が飛び出した。菊池の憤激ぶりは風刺漫画にも描かれている。これが「天皇機関説事件」の始まりだった。

菊池演説の背後には、当時通説になっていた機関説を不満とする軍部、右翼団体がひかえていた。ロンドン条約をめぐる統帥権干犯問題で美濃部が浜口内閣を擁護したことも、美濃部攻撃の一因と見られている。

天皇機関説とは何か。

統治権は国家にあり、元首である天皇は国家の最高機関だとする、ドイツの国家法人説に拠った考え方だ。美濃部自身、二月二十五日の本会議で弁明に立った。

「機関説を否定して統治権が天皇に属する権利とするなら、統治権に基づいて賦課される租税は国税ではなく、天皇の収入になる。国際条約は天皇一人としての条約となる」「国体*注1を論じるものは、絶対、無制限なる万能の権力が天皇に属していることとするが、これは国体の認識において大いなる誤りである」

美濃部達吉と著書『憲法撮要』『憲法精義』

天皇機関説と対立した東京大学の初代憲法講座教授の穂積八束《ほづみやつか》、その後継教授の上杉慎吉らの学説は、憲法を国体の観念でとらえ、天皇が統治権の主体だとした。

当時、国家主義者の徳富蘇峰《とくとみそほう》は、美濃部の著作は読んでいないとしながらも、「日本の国体と外国の国体は根本に相違がある。外国の国体論を日本の国体論に適用するのは不可能だ。第一機関説というその言葉さえも、口にすることを日本臣民として謹慎すべきものと信じている」と書いている。

天皇自身は、天皇機関説に賛成していた。「国家を人体にたとえ、天皇は脳髄であり、機関という代わりに器官という文字を用いればわが国体との関係は少しも差し支えないではないか」（『昭和天皇独白録』）と本庄繁侍従武官長に語っている。

しかし、そうした天皇の意思にもかかわらず、軍部、右翼団体、そして議会は美濃部への攻撃を強めていった。岡田啓介首相も機関説反対を言明した。三五年三月、貴族院は機関説排撃を建議、衆院は「国体明徴《めいちょう》の決議」を行っている。政友会などの圧力で政府は八月、国体明徴の声明を出した。

「大日本帝国統治の大権は天皇に存すること明らかなり。天皇は統治権を行使するための機関なりとなすがごときは、これ全く万邦無比なるわが国体の本義をあやまるものなり。政府はいよいよ国体の明徴に力を効し、その精華を発揚せんことを期す」

十月、政府が発表した「国体明徴の実績」によると、大学の講座、講義内容、出版物すべてから、機関説が閉め出された。教科書も国体明徴に沿わないものは使用不可とされた。

天皇機関説の問題は、天皇の戦争責任論議にも結びつく。天皇機関説に立てば、天皇は、大臣の補佐に従って決定することになっているので、結果責任も問われない。

だが、これを否定し天皇に統治権ありとするならば、決定の責任は天皇にあることになる。評論家の立花隆は、近著『天皇と東大』（文藝春秋）で、「天皇機関説を排撃することであの戦争体制を作っていった天皇中心主義者たちは、自分たちの力で日本の政治システムを天皇が戦争責任から逃れようがない体制に変えてしまったというのに、戦争が終わると、天皇機関説を持ち出して天皇無罪論を主張」したと指摘している。

＊注1〈国体〉　天皇を中心とする日本固有の伝統的な国のあり方。『国史大辞典』（吉川弘文館）によると、古くは国家の形体ないしその体面を指すものだったが、水戸学の中で理論化されたという。幕末の開国のころから、国体という言葉は詔勅など公文書でもしばしば用いられた。国家の統一ある秩序、あるいは、天皇統治の国家体制といった意味に用いられ、明治憲法体制を支える理念として機能した。一九三七年に文部省が編纂した『国体の本義』は、西洋の個人主義を排し、臣民が天皇に仕えるのは「止み難き自然の心の現れ」であり、天皇への絶対随順が忠の道だとした。

## 昭和天皇、二度の政治決断

昭和天皇は過去二回、歴史の重大局面において政治的決断を下している。二・二六事件を起こした反乱軍への討伐命令、そして終戦の「聖断」である。

二・二六事件では、首相の所在が不明だった。終戦の際は、最高戦争指導会議で意見が割れ、鈴木貫太郎首相が、陛下に意見を求めた経緯がある。

この二つの決断は、憲政史上の例外と見ることも出来よう。「私は田中内閣の苦い経験があるので、事をなすには必ず輔弼の者の進言に俟《ま》ち又その進言に逆わぬ事にした」（『昭和天皇独白録』）という。

「田中内閣の苦い経験」とは、一九二八年（昭和三年）の関東軍の陰謀による張作霖《ちょうさくりん》爆殺事件への対応を指す。田中義一首相が責任者の厳罰を約束しながら実行しなかったため、天皇は「前と話が違うではないか、辞表を出してはどうか」と問責し、田中内閣は総辞職に至る。陸海軍の強硬派や国粋主義者らは「宮中の陰謀」と喧伝《けんでん》した。

立憲君主制を理想とする元老、西園寺公望も、天皇の言葉が首相進退を左右することを批判し、若い天皇を諫《いさ》めた。

昭和天皇が当初、政治に強い関与の姿勢を示した背景には、明治天皇が強いリーダーシップを発揮したと信じていた牧野伸顕《のぶあき》内大臣の助言があったともいわれる。田中内閣総辞職の一件後、昭和天皇は立憲君主の立場を強く意識し、時には過度に慎重になる。

三一年に満州事変が始まった際、朝鮮に駐留する日本軍が天皇の裁可を得ずに独断で中国（満州）へ越境し、明治以来の出兵慣行を破ったが、天皇は事後承認し、処分もしなかった。

## 後世の評価

京都大学の伊藤之雄教授は、昭和天皇や宮中側近が「明治中期以来の国家運営の慣行を十分に理解せず、政治関与する際に一貫性のない揺れの大きい動きをした」（『昭和天皇と立憲君主制の崩壊』名古屋大学出版会）と見る。

政党政治の行き詰まり、天皇機関説事件などを経て、立憲君主制が事実上崩壊した後も、政治への関与を控える「立憲君主」であろうと努めた。日中戦争では、国民政府との妥協を望みながら、自らの思いとは逆に戦争の継続を追認した。

日米開戦か日米交渉継続かを議論した四一年（昭和十六年）九月六日の御前会議で、「よもの海みなはらからと思ふ世に　など波風のたちさわぐらむ」と明治天皇の御製を読み上げたが、開戦を決定した十二月一日の御前会議では沈黙した。

作家の阿川弘之は、以前読売新聞主催の座談会で、「立憲君主のお立場上、（日米開戦を）お止めにならなかったのだと思います。それを『責任』だというのもわかる。わかりますけど、天皇の権限で止めるというのは、専制君主になれということ」と語っている。

政府も、天皇は神聖不可侵とした帝国憲法三条の規定を根拠に「国内法上は昭和天皇には戦争についての法的責任がない」（八九年二月十四日、内閣法制局長官の国会答弁）との見解だ。

ただ、昭和天皇は首相ら輔弼者の結論に従ったが、内奏（中間報告）などに対しては、積極的に意見も述べている。

五・一五事件で暗殺された犬養毅首相の後任について、「軍国主義的ならざること」などの条件を、元老の西園寺に示している。満州事変の熱河作戦、日ソ両軍が衝突した張鼓峰事件、ガダルカナルやサイパンでの作戦計画などでも発言し、影響を与えたとされる。

天皇の憲法上の責任はないと明言する人でも、「天皇の御ために」と戦った庶民の心の問題を取りあげる。山本七平は、昭和天皇が「毎年、八月十五日に、私は胸が痛むのを覚える」と語ったことをあげ、「一切の責任もないなら、極端な言い方をすれば、『胸が痛むのを覚える』はずがない」（『昭和天皇の研究』祥伝社）と指摘した。

昭和天皇は、最高の統治者であることの責任を自覚し、あの戦争を発動したとする議論も一部にある。

天皇自身は、終戦直後の四五年（昭和二十年）九月二十七日、マッカーサーとの会見で「私は全責任をとる」と発言した。その一方で、当時の状況として開戦を拒否することは困難であったとの認識も示した。

「国内は必ず大内乱となり、私の信頼する周囲の者は殺され、私の生命も保証出来ない、それは良いとしても結局狂暴な戦争が展開され、今次の戦争に数倍する悲惨事が行われ、果ては終戦も出来兼ねる始末となり、日本は亡びる事になったであろうと思う」（『昭和天皇独白録』）

明治憲法で神聖不可侵とされた天皇自身が、自らの軍隊の反逆を恐れるという逆説的な事態が生じていたのである。

◇長尾龍一　日本大学法学部教授・法哲学

## 伊藤、山県の死で変調

――昭和に入って明治憲法体制が揺らいだのは。

昭和の初めに政治家の暗殺が相次ぐが、それに続く時代は新しい尊皇攘夷運動の時代だったと思う。森鷗外の小説『津下四郎左衛門』でも扱われているモチーフだが、幕末に尊皇攘夷運動を末端で担った人々は、明治政府に裏切られたとの思いを抱いていた。その怨念が、蓄積されて、国際的危機感が高まるにつれ、当時のエリート層へのテロリズムの形で爆発したのではないか。民族的ナルシシズムのリアリズムに対する復讐ですね。

――「攘夷」は否定されたが、「尊皇」は明治国家に引き継がれ、明治憲法は天皇に強力な権限を与えた。

明治国家が誕生した一八六八年当時、明治天皇はまだ十六歳だった。天皇は実質的決定はしないという前提で体制が作られた。明治憲法の第一条に「万世一系の天皇之《これ》を統治す」とあるが、現実には天皇に権限を与えるつもりなどない人々が憲法を運用していった。

――明治憲法には、総理大臣についての定めすらない。

伊藤博文が主導した明治十八年内閣官制では、総理大臣は強力な権限をもっていた。しかし、実際に憲法を起草した井上毅は、伊藤とは違って、総理大臣の下で内閣が団結することを防ごうとした。井上は内閣が団結すると（天皇の統治権を名目化する）「幕府」になってしまうと言っている。

――天皇の最高の相談役として元老もいた。

元老の中でも重要なのは、伊藤と山県有朋《やまがたありとも》で、伊藤が開明派で憲法制定に動いたのに対し、山県は議会の干渉から陸軍や官僚制を守ろうとした。山県は、伊藤に正面きって反対はしないが、常に伊藤の行動に対抗措置をとった。明治後期には、重要な問題は、両者の協議で最終的に決定された。

――伊藤は一九〇九年、山県は二二年に亡くなる。

二人の死後、国家がばらばらになって動き出したということだろう。しかし、大正時代の原敬内閣は、陸軍・長州閥の中心人物、田中義一を陸軍大臣として入閣させてコントロールし、司法官僚の平沼騏一郎《きいちろう》や貴族院の中心勢力も抑えて、政党政治による国家統合をめざした。原が暗殺されず、そのような形で立憲政治が定着していたなら、その後の内閣と軍の関係も、違った展開になったかもしれない。

――昭和天皇の戦争責任については。

幣原外交をはじめとする民政党内閣の政策を昭和天皇は支持していた。満州事変の後、民政党の第二次若槻内閣がつぶれた時、一般の政治家なら下野していただろう。それができず、自身の考えに反する政策を進める政権と、長きにわたりつきあい続けることになる。

内閣も次々と変わるので、ずっと政権の中枢にいるのは、昭和天皇一人になってしまった。戦争責任がないとは思わないが、立場上やめられなかったという点で気の毒だとも思っている。

## 天皇、法的に「無答責」

◇大石眞　京都大学大学院教授・日本憲法史

——明治憲法は今とまったく仕組みが違う。

君主の権限のもとに内閣が置かれる大権内閣制で、当時のプロシアや南ドイツ諸国にならった制度だ。伊藤博文らは日本という国をどうまとめるか考えた。統一国家を作る、主権的な国家を作る、その中身を立憲的なものにする、その三つの課題があったことをまず理解しないといけない。

——国をまとめる中心に天皇の存在があった。

欧州にはキリスト教という機軸があるが、日本の仏教も神道もそんな力はなかった。天皇に求心力、国民全体の紐帯《ちゅうたい》を求めた。君主という超越した権力じゃないと国の統一はできないと考えたわけだ。後に天皇の神格化という議論になるが、ある意味では当然だった。国の法秩序の上でも皇室典範は憲法とは別格で、内閣も議会も関与できなかった。

——戦時体制を準備した観点から法的な問題は。

一つは、統帥権の独立の問題だ。陸軍参謀総長、海軍軍令部長は天皇に直隷する機関であり、統帥事務は一般の国務とは別だった。もともとは不自然ではない。作戦に関する統帥事務と、国務である軍の編制の問題は違うからだ。明治憲法制定以前から統帥権は天皇にあるとされていた。憲法学説も一般的には、統帥権の独立を慣習法として認めていた。

——統帥権をテコに軍部が力を強めた。

我こそが天皇に直接もの申す、となる。統帥の中身を拡大解釈して、陸海軍の編制の問題まで口を出し、軍部が「統帥権干犯だ」と言い出したころからおかしくなった。

制度的な問題の二つ目は、大臣同格制だ。首相は他の閣僚と横並びの存在で、首相が替わっても、陸軍大臣と海軍大臣は残った。自ずと発言力が強くなる。さらに、軍部大臣現役武官制が復活した昭和十一年以降は、軍部が大臣を出さなければ、内閣がつぶれることになる。そうするとシビリアンコントロールは働かない。軍部の意向に沿ってしか、組閣が出来なくなる。

ただ、明治憲法下でも大正デモクラシーのころのように政党政治のもと議院内閣制的な運用もできた。満州事変の前と後とは違う。明治憲法体制がすべて悪かったかのように見るのは間違いだ。軍部には問題があったが、結局、予算を通したのは議会だ。議員や議会の責任だってあるだろう。

——天皇の戦争責任をどう考えるべきか。

法律論として見る限り天皇に責任はない。三条に「神聖にして侵すべからず」とあり、天皇は無答責だ。国務大臣が天皇を輔弼し、一切の責任を負うことになっていた。それが立憲君主制の特色だからだ。法的な問題を離れて、天皇の言動や肉声をどう考えるかで見解が分かれている。名君という人と侵略戦争の旗振りという人と。だが、道義的にみれば責任があると考えるのは自然だろう。

戦後、天皇の退位論があった。退位すると前例になる。自分の決断で後々までしばることになる。責任をとらなかったから退位しなかったというのは的外れではないか。

# 第11章　メディア

## 言論統制、満州事変が分岐点

新聞、出版、放送などメディアに対する言論統制は、満州事変（一九三一年）、日中戦争（三七年）、太平洋戦争（四一年）と、戦争の拡大につれて強まっていった。

暴戻《ぼうれい》なる中国軍が満鉄線を爆破、日本の鉄道守備隊との戦闘が始まる――。中国・奉天郊外の柳条湖で勃発《ぼっぱつ》した満州事変（三一年九月十八日）の第一報を新聞各紙はこう伝えた。関東軍が謀略によって満鉄線を爆破したことが明らかになるのは戦後のことだ。当時、関東軍の陰謀説が一部に流れたが、中国軍の仕業だとする軍部の発表を疑問視する報道はなかった。

次々と戦線を拡大していく関東軍の動きを新聞は華々しく伝え、不拡大方針をとる第二次若槻内閣の「弱腰」を突き上げた。例えば読売新聞の社説（三一年十一月二十六日）は、外交官の満蒙《まんもう》権益に対する認識不足を批判しながら、政府の外交交渉が「どれだけ日支紛争の解決に資益し得るや甚だ疑わし」と論じた。他紙も「守れ満蒙＝帝国の生命線」と特集面で訴えたり、慰問金を募集したりした。

三二年十月、日本の満州における権益を認める一方、関東軍の行動を批判したリットン報告書が発表されると、各紙はこれを一斉に非難。斎藤実首相は、閣議で閣僚が憤慨したように伝えた報道を否定しつつ、「論調が強過ぎるし、無責任な記事を載せているが如きは面白くない」(『西園寺公と政局』第二巻)と、強い不満を漏らしたという。

十二月十九日になると、三大紙*注1をはじめ、全国百三十二社が「満州国の厳然たる存立を危うくするが如き解決案」は、「断じて受諾すべきものに非ざること」とする共同宣言を発表した。国際連盟脱退に最後まで異論を唱え続けた主要紙は、時事新報一紙だけだった。

満州事変の直前まで、新聞の多くは、軍縮推進を提唱し、軍部に批判的だった。三〇年にロンドン海軍軍縮条約締結をめぐって「統帥権干犯」問題が生じた時も、新聞は条約の成立を支持して条約派を支えた。満州事変の時点をとれば、軍部もまだ、「新聞が一緒になって抵抗しないかということが、終始大きな脅威」(緒方竹虎・元朝日新聞主筆)と受け止めていた。その意味で、この時こそ、メディアが戦争を押しとどめられる最後の機会だったかもしれない。

しかし、事変拡大を機に、主要紙は戦場に大勢の特派員を派遣し、戦況を刻々と伝えることで、部数を飛躍的に伸ばしていった。反対に軍部に批判的な記事を掲載した新聞には、在郷軍人会などを中心に不買運動がおきた。評論家の清沢洌《きよし》は当時、「ジャーナリズムの営業心理」は、外に向かっては日本の「絶対正義」を、内には「日本精神の昂揚《こうよう》」を極説し、確信させた

新聞の部数変化

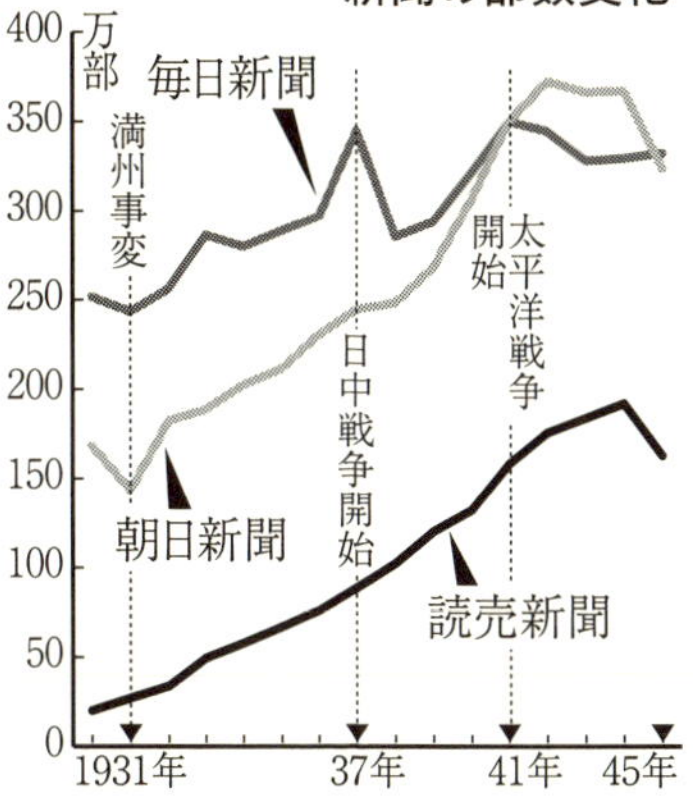


『「毎日」の3世紀　新聞が見つめた激流130年別巻』、『朝日新聞社史資料編』、『読売新聞百二十年史』より作成

と分析した。

日米開戦の導火線となる日独伊軍事同盟締結や南部仏印進駐などのたびに、各紙の紙面は礼賛記事で埋め尽くされた。新聞界の代表も、独伊両国大使館での祝賀会で「三国同盟成立万歳」を三唱した。

日中戦争の収拾を論じるなどして異彩を放った自由主義者の馬場恒吾《つねご》の読売新聞コラム「日曜評論」も、軍部の圧力により四〇年十月には、翼賛体制を支える別の筆者のコラムに代えられた。新聞紙上には「断乎《だんこ》一蹴」「無敵陸軍」などの勇ましい言葉がおどった。

時事新報の編集局長から評論家に転じた伊藤正徳は、自著に「軍部に出入する若い記者達の、一戦論に駆り立てられた勢を、編集局の幹部は最早制することが出来なかった」（『新版新聞五十年史』鱒書房）と記した。新聞は、国民に真実を伝えることなく、無謀な対米英戦へと国民を駆り立てていった。

**＊注1〈三大紙〉**　一九三一年、毎日新聞（東京日日と大阪毎日）は二百四十三万部、朝日新聞（大阪朝日と東京朝日）が百四十四万部で、新聞界は二大紙体制だった。この時点で読売新聞は二十七万部だったが、三八年には百万部を超えるなど、

戦線の拡大に伴って三大紙体制が築かれていった。

大阪朝日と東京朝日が四〇年「朝日新聞」に統合。四二年には読売と報知が合併して「読売報知」になったほか、東京新聞（都新聞と国民新聞）、日本産業経済新聞（中外商業新報と日刊工業新聞など東日本の経済紙）、産業経済新聞（日本工業新聞と西日本の経済紙）、中部日本新聞（新愛知と名古屋新聞）が誕生した。四三年には東京日日と大阪毎日が「毎日新聞」に統合された。

## 言論統制の法的根拠と機関

日中戦争前の言論統制の法的根拠は、明治以来の「新聞紙法」と「出版法」だった。内務省や検事局、警視庁検閲課、府県特高課などは、これに基づいて新聞等の検閲を行い、発売禁止などの措置をとることができた。例えば、内務省警保局は、「満州における自衛的軍事占拠を日本帝国の侵略行為なりとなすもの」などの差し止め基準を列挙していた。

一九三七年（昭和十二年）に日中戦争が始まると、政府は軍機保護法によって規制を強化し、内務省警保局が各府県の特高課長に対し、「主要日刊新聞通信及び主要雑誌発行所の責任者と懇談せよ」と命じた。マスメディアの「内面指導」を狙ったのである。

三八年に制定された国家総動員法によって、各メディアは事実上、政府・軍部の下部組織に組み込まれた。用紙統制がその強力な道具になった。四〇年五月から用紙の割り当ては内閣直轄となり、三八〜四〇年に七百三十九紙あった日刊紙は「悪徳不良紙の整理」などを理由に四一年には百八紙にまで減らされた。同年九月以降は「一県一紙」方針に基づいて五十四紙にまで減った。

一方、政府は三〇年代半ばから「新聞操縦」や世論操作を一元的に担う国家情報宣伝機関の創設に乗り出した。三七年九月には各省庁の連絡調整機関だった「情報委員会」は「内閣情報部」へと発展的に解消、国民精神総動員運動を推進した。四〇年十二月には「情報局」が発足、国家的報道・宣伝の一元的統制を行った。

ラジオは、二六年に社団法人日本放送協会が発足して国策メディアになり、三六年に設立された「同盟通信社」は、後に情報局や軍部などの直接支配を受けるようになる。雑誌、書籍なども、「日本出版文化協会」に一元化された。ニュース映画は、国策機関「社団法人日本ニュース映画社」ですべて制作されることになった。

## 「日本新聞連盟」から「日本新聞会」へ

新聞業界は四一年（昭和十六年）五月、用紙や資材の配分を自主的に協議するため、全国組織として「日本新聞連盟」を設立した。同連盟は、新聞事業令に基づいて解散させられ、四二年二月には政府が統制する「日本新聞会」になった。

その機関紙「日本新聞報」の創刊号（四三年六月二十六日）で、言論思想統制の元締である天羽英二・情報局総裁は、「新聞が皇国の公器たるの性格を展示し、未曾有の国家重大事態に即応して真に決戦体制を完成するは、これからの真剣な努力にある」という祝辞を寄せた。

同紙は、毎号四ページで週三回発行され、終戦時には二七〇号に達する。新聞社幹部たちの発言を拾うと、「ただ既定国策の遂行に協力するばかりでなく、国策の立案にも参画するんだという自覚と意気が必要」（創刊号、高田元三郎・毎日新聞編集総長）、「戦意高揚、士気発揚……新聞こそその任務を担うものである」（第二号、香月保・朝日新聞東京本社編集局長）。

読売新聞の正力松太郎社長もインタビューで、「新聞の指導理念は国体観念に徹していなければならない」（第一九号）と述べた。

そこでは、国や軍と協力して世論を指導していくことばかりが強調され、軍と対峙《たいじ》して戦争の是非を問う姿勢はうかがえない。

戦局の悪化とともに同紙も、軍部との一体化を強めていく。

四四年七月、東条内閣が総辞職し、小磯内閣が発足すると、朝日新聞副社長の緒方竹虎が情報局総裁に就任した。

日本新聞報は一面すべてを使って緒方入閣を伝え、各紙の幹部も「言論人が戦争指導の方向を知ることによって地に着いた言論指導ができる」（正力松太郎）、「情報宣伝の主管者になったことに大きな意義」（山根眞治郎・東京新聞編集局長）と賛辞を送った。だが、報道姿勢を切り替える動きにはなりえなかった。

## 失われた報道の自由

〈暴戻米英に対して宣戦布告〉（読売新聞・一九四一年十二月九日夕刊）——太平洋戦争が開戦して以降、報道の自由は、ほぼ完全に失われることになった。日米開戦を機に情報局は、戦況報道について「大本営＊注2の許可したるもの以外一切掲載禁止」と発表。新聞事業を廃止できる権限を定めた国家総動員法に基づく新聞事業令も発令された。公式発表に疑問があっても独自の記事を掲載するには、廃刊の覚悟が必要になった。新聞は、言論機関としての使命を忘れ、国の宣伝機関と化していく。

戦局報道のしくみ

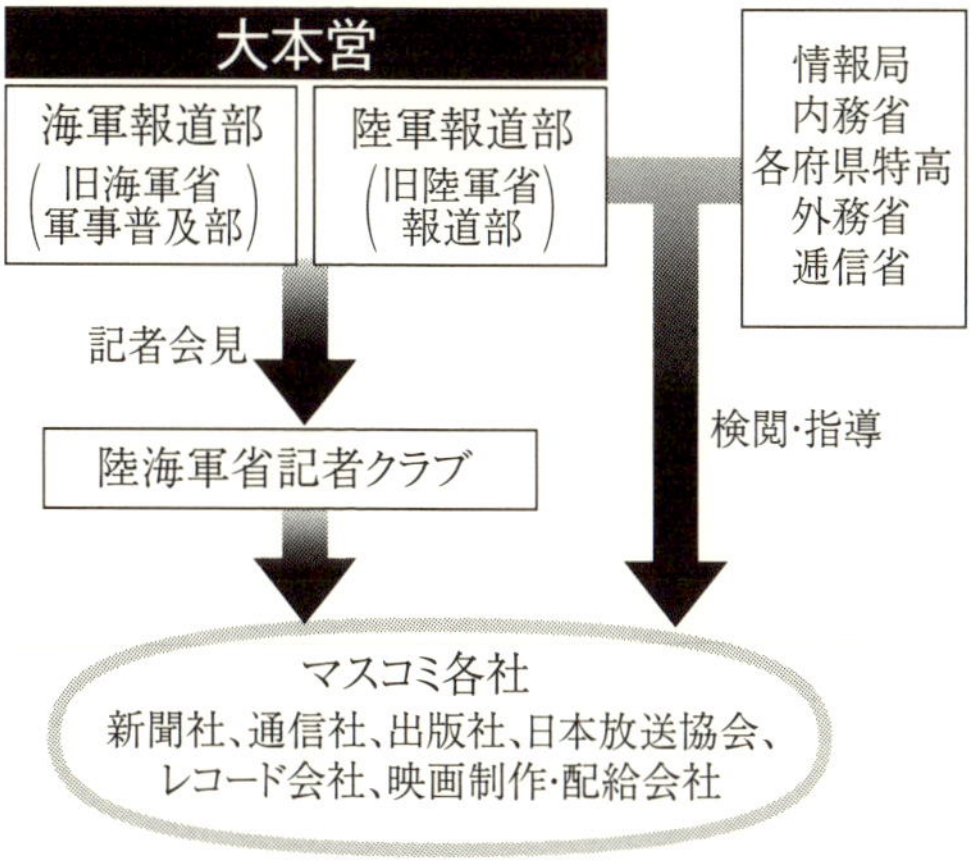


※大本営の陸軍報道部と海軍報道部は1945年6月、大本営報道部に統合

当時、記者たちはどうしていたか。

読売新聞の「編集手帳」の筆者だった高木健夫は、「報道差止め、禁止が毎日何通もあり、整理部の机の前につるされた紙がすぐにいっぱいになり、何が

禁止なのか覚えるだけでも大変。頭が混乱してきた。禁止、禁止で、何も書けない状態になった」と当時を振り返っていた。

海軍省の記者クラブ「黒潮会」に在籍していた岡田聡（中外商業新報、現・日本経済新聞）は、戦局報道のウソを半ば見破りながらそれを書けなかった歯がゆさを自著にぶつけた。「こちらが外電などで戦況悪化のニュースを知り、（大本営）報道部に問いあわせると、そういう事実はない、と否定してそのニュースの掲載を禁止する。ミッドウェー敗戦の事実はわれわれの間では常識となり、国民にもうすうす知れ渡っていたものの、報道部では断乎これを否定する」（『戦中・戦後』図書出版社）

「軍部批判」の記事もわずかながらあった。四四年二月二十三日、毎日新聞は一面で、「戦局は茲《ここ》まで来た　竹槍《たけやり》では間に合わぬ」と軍部の精神主義を批判した。この記事をみて、東条英機首相は「竹槍作戦は陸軍の根本作戦ではないか。毎日を廃刊にしろ」と激怒した。執筆したのは同社黒潮会キャップ、新名丈夫《しんみょうたけお》（当時三十七歳）。陸軍は彼を丸亀連隊に「懲罰召集」した。

この際、新名と道づれに大正生まれの兵役免除者二百五十人が召集された。新名は三か月後、海軍の計らいにより従軍記者になることで除隊したが、二百五十人はその後、硫黄島に送られ、全員が玉砕した。

そもそも、この「竹槍事件」は、「海軍記者の陸軍批判」との意味合いが強く、戦争そのものをストレートに批判したものではなかった。

四四年七月には、サイパン島守備隊が全滅したが、同月十九日の読売報知朝刊には、「戦いはこれから　一億決死覚悟せよ　東条首相談」「燃ゆ・復仇《ふっきゅう》への闘魂」「米鬼を粉砕すべし武器なきは竹槍にて」といった扇情的な見出しが躍っていた。

新聞社の幹部たちはどうだったか。戦前・戦中に朝日新聞主筆、副社長などを務めた緒方竹虎は軍部に批判的な考えをもっていることで知られていたが、のちに「丸腰の新聞では結局抵抗は出来ない。……何か一文を草して投げ出すか、辞めるということは、痛快は痛快だが、……それよりもこれは何とか一つ朝日新聞が生きて行かなければならないという意識の方が強く……」（『五十人の新聞人』電通）と述懐している。

つまり、「戦争報道は商品としての新聞にとって最大の見せ場であり、売込み時である。大企業体であればあるほど、この商戦の機会を見逃すなどできぬ相談」（佐々木隆『メディアと権力』中央公論新社）というのが、当時の業界の実情だったとみられる。

一方、中外商業新報社長から転じて、日本新聞会会長に就いた田中都吉は、「世上では……新聞に対しても政府は不当な圧迫を加えたと盲信する向もあるようであるが、私の経験では、軍部は勿論情報局内務省等、……誠に友好的協力的であった」（『五十人の新聞人』）と証言している。

新聞は必ずしも「統制に嫌々協力させられた」わけではなく、積極的に戦争推進に回った一面をうかがわせる。

**＊注2〈大本営〉**　大本営は、陸海軍が統一的な戦略・作戦を遂行するための戦時組織。日清、日露戦争時に置かれたが、先の大戦では、日中戦争開始後の一九三七年十一月設置され、終戦まで続いた。この時のメンバーは、陸軍参謀本部と海軍軍令部の大半の職員で、「天皇の幕僚」として大本営参謀になった。これに陸海軍両省の主要部局の課長以上が随員として参加、軍令と軍政の連携も図った。

大本営発表は、陸海軍ごとに置かれた報道部が発表の原案を作り、作戦部の参謀が修正した。最終的に陸海相、陸軍参謀総長、海軍軍令部総長らが合議のうえ決定した。

## 架空の大勝利

情報局は、太平洋戦争開戦と同時に、大本営が許可した以外の一切の記事の掲載を禁止するとともに、「我軍に不利なる事項は一般に掲載を禁ず。ただし、戦場の実相を認識せしめ敵愾《てきがい》心《しん》高揚に資すべきものはこれを許可す」という示達も出した。

〈大本営陸海軍部十二月八日午前六時発表。帝国陸海軍は今八日未明、西太平洋において米英軍と戦闘状態に入れり〉

この「第一号」で開戦を告げて以来、大本営発表は、終戦まで計八百四十六回に及んだ。当初、陸軍と海軍が別々に出していたが、四二年一月十五日から一本化された。

大本営発表について、大本営海軍部の前田稔報道部長は、「決して心配することなく安心して正確な我が報道を信頼していただきたい」（四一年十二月九日）と語り、最初の約半年はほぼ正確な発表がなされた。しかし、その後、デタラメな発表が始まる。

前坂俊之・静岡県立大学教授によれば、「珊瑚海海戦（四二年五月）からイサベル島沖海戦までの九か月では戦果が誇張された。ガダルカナル島撤退（四三年二月）後の九か月間は戦況悪化のために発表が少なくなった。次の八か月は架空の勝利が発表された」（『メディアコントロール——日本の戦争報道』旬報社）。

四二年六月のミッドウェー海戦で、日本海軍は空母四隻、艦載機二百八十機を失う大敗北を喫したが、大本営発表は、被害内容を空母一隻喪失、一隻大破としていた。大本営報道部員の富永謙吾は戦後、『大本営発表の真相史』で「（事実を伝える発表原案は）作戦部の強硬な反対を受けた。軍務局も同意しなかった」と書いている。

大本営発表が大きく変質するのは、四四年十月十九日、台湾沖航空戦の時だ。沖縄への空襲はすでに始まり、本土決戦が叫ばれるなか、日本海軍が米軍の空母十九隻、戦艦四隻など計四十五隻を撃沈撃破し、大勝利したという発表だった。天皇は「奮戦、大いにこれを撃破せり」と御嘉尚《かしょう》の勅語を出し、勝利を記念する曲が作られレコードができるほど国中がわいた。

だが、撃沈した敵艦はゼロだった。実際の米軍空母は十七隻で、存在しない空母まで沈めた計算だった。

作戦参謀が立てた計画が失敗しても、事前の見込みの数字を成功したことにして発表していた。昭和天皇や小磯国昭首相にも真実は知らされず、陸軍はこの発表をもとにフィリピン・レイテ島での決戦を決め、多くの兵士が飢餓に苦しみつつ死んでいった。

大本営報道部員は、新聞記事の見出しや活字の大きさまで細かな指示を出し、「大編集長」「整理部長」と陰で呼ばれて新聞編集に権力をふるっていた。

## ◇佐藤卓己　京都大学大学院助教授・メディア学

## 統制甘受した〝共犯関係〟

――著書名を『言論統制』（中公新書）としたのは。

戦争とメディアを考えるとき、「言論弾圧」という言葉は、メディアが被害者であるということを強く訴える立場で使われます。一九三〇年代初頭の左翼言論に対する弾圧はともかく、三七年の日中戦争以後の言論統制を、言論弾圧と表現することは適切なのか、という問題です。

――著書では、情報局の情報官だった鈴木《すずき》庫三《くらぞう》が主人公だったが。

彼の残した日記などと実際の状況を比べてみた結果、言論弾圧といわれた事例の多くが、戦後、メディア側の責任逃れのために創作されたということが明らかになりました。「うちに少しでもたくさんの紙をくれ」という形で、情報局に接待攻勢をかけていたのは、大出版社であり、大新聞社でした。確かに統制する側とされる側があったにしても、そこには共犯関係以上のものがあったわけです。

——政府の新聞統制は、相当、効果をあげたのか。

地方紙の一県一紙体制が、あんなにスムーズにできたのは、業界にも都合が良かったからです。地方紙は、全国紙の進出を抑えて地盤を固めたかった。全国紙は効率よく部数を拡大したかった。新聞にとって紙を押さえられることはやはりつらい。統廃合でつぶされた新聞社は、究極のところを言えば、紙の配給が原因でした。

——当時も、新聞、雑誌、放送など各種のメディアがあった。

二五年（大正十四年）にラジオの本放送が始まり、その前年には朝日新聞と毎日新聞が百万部達成を宣言して全国紙が誕生しました。日本のマスメディアの誕生です。それぞれの戦争責任の重さを、影響力の重さだと考えると、受け手の数からいえば、放送、新聞、雑誌という順でしょうか。しかし、政治的な影響で言えば、新聞の役割が非常に大きい。排外的、反米的な世論を商品化したことは間違いない。いずれにしても、さまざまなメディアが政府や軍部が期待した以上に機能して、戦意を発揚させる結果になった。

——戦時メディアから学ぶものは。

戦前は、「輿論《よろん》」という言葉は「尊重すべき公論」という意味。「世論《せろん》」は「その暴走を阻止すべき私情」というふうに使い分けられていました。「輿論」指導をしたのであれば、戦争責任を追及されるのは当然です。

しかし、言論弾圧の存在を枕詞のように使うかぎり、「責任の取りようがあるのか」となってしまう。戦後、「輿」という漢字が使えなくなって、「輿論指導」という言葉も新聞から消えました。民意をただ反映するだけであれば責任は生じません。メディア自身が「輿論」指導の主体性を取り戻すためには、戦争責任があったと認めることだろうと思います。第四権力たり得るためには、やはり責任の自覚が必要です。

## ◇山本武利　早稲田大学教授・マスコミ論

# 発表のウソ分かっていた

——新聞は、戦争中に部数を大いに増やした。

新聞各紙は満州事変あたりから急に部数を伸ばし始め、あとは右肩上がりに一直線。メディアというのは、戦争との相関性が非常に強い企業だが、これほど極端な業界は珍しい。

国の戦争だから足を引っ張ったりはすべきではなかったにしても、報道内容は相当に行き過ぎがあった。

――新聞に戦争を批判する動きはなかったのか。

地方紙の一部には一時的にあった。露骨な軍の嫌がらせに対して、個人としても、また社としても抵抗した。大新聞は意外にそうした姿勢がなくて、満州事変以降はまるで縛られたようになり、二・二六事件でも全く抵抗しなかった。

――抵抗できなかったということでは。

ジャーナリストの長谷川如是閑が言うには、新聞は自分の主張を持てという意味の「対立意識」が明治の終わりから薄れて、万人の好みに合わせた「商品新聞」になっていった。「どうしてもここだけは譲れない」という線がなくなってしまったのだと。

――新聞の原点を忘れた。

そうだ。軍部は次第にメディア統制がうまくなる。太平洋戦争では、大本営の発表体制ができあがり、客観的な流れをつかむことは難しくなった。ところが、新聞社は「ＶＯＡ（ボイス・オブ・アメリカ）」など海外の短波放送をひそかに聞いていた。しかし、これを紙面に反映させることはしていない。

――大本営発表はウソだとわかっていながらそのまま報道していた。

そこは大変責任が重いところだ。確かに弾圧で自殺に追い込まれた人も少しいた。しかし、三大紙は力があった。協力すれば抵抗できたはずだ。

——国民はどうだったのか。

上層部には、メディアも含めて、かなり敗色濃厚という情報は共有されていた。しかし、これをメディアが伝えなかったから、一般庶民は敗戦に大変なショックを受けた。日本国民は、短波を聞かないようにしましょうと言われれば、近づかなかった。お上の情報コントロールに非常に従順だった。

——国民の体質とメディアの体質は、重なり合っている。

基本的には国民がメディアを作っているのだが、メディアがそれに気づいて、主体的にいい方向にもっていくべきだった。終戦が近づくと、米側は「和平派」をいろいろ分析しているが、残念ながら、メディア界でそうした人物は出てこない。

——戦争責任について、外国のメディアでは。

ドイツ、フランスではファシズムに協力したメディア人は生涯、メディア界から追放された。これに比べ、日本のメディアの幹部は、戦犯容疑者として収監されたり、公職追放されたりしたが、復帰は早かった。

# 第12章　戦争責任とは

## 第一次大戦後が始まり

「戦争責任」という言葉は、そう古いものでない。

歴史学者・林健太郎は、著書『歴史からの警告』で、「第一次大戦後のドイツで発生した」と書き、この言葉を「それゆえドイツ語で覚えた」という。

大戦後のベルサイユ条約（一九一九年）で、「連合国および協力国は、ドイツおよびその同盟国の侵略によって引き起こされた戦争の結果生じたあらゆる損害に対し、ドイツおよびその同盟国が責任を負うことを確認し、ドイツはそれを承認する」と規定されたのが始まりだった。

ここで重要なのは、ドイツが問われた戦争責任は、「戦争の結果生じた損害」に対するもので、戦争を行ったことに対するものではなかった点だ。

戦争の質を一変させた第一次大戦の後、非戦の声を背に「戦争放棄に関する条約」（不戦条約）が一九二八年調印された。だが条約は、戦争は違法としたが、多くの国が自衛戦争を留保、条約違反への制裁もなかったため実効性に乏しく、第二次大戦が勃発《ぼっぱつ》してしまう。

戦争史研究家の児島襄氏によれば、第二次大戦後、米国と連合国は、これ以上の戦争を阻むためとして、「戦争犯罪思想の確立と裁判による戦争犯罪人の処罰」を案出した（シンポジウム『人類は戦争を防げるか』文藝春秋）。この一例が極東国際軍事裁判（東京裁判）にほかならない。

東京裁判に関しては、戦勝国側が事後法をもとに日本側を一方的に裁いたこと、連合国の行為はすべて不問に付されたことなどに批判が多い。

戦後、日本の指導層の戦争責任が論じられる時、印象的な譬え話がある。松平康昌・元内大臣秘書官長による「お祭りの神輿《みこし》」の話（丸山真男の論文「日本支配層の戦争責任」）だ。〈はじめはあるグループが神輿を担いでいたが、ある所まで行くと疲れ、おろしてしまった。放り出してもおけず、新たに担ぐ者が出てきたが、ある所でまた神輿をおろしてしまう。次から次へと担ぎ手がかわって、ついに神輿は谷底に落ちてしまう。が、責任をだれも取ろうとしない〉

指導者らの戦争責任をめぐっては、戦争犯罪に対する責任だけでなく、過失や、やるべきことをなさなかった不作為の責任も論じられてきた。特に政治リーダーについては、トップほど政治的な「結果責任」は重い。戦争の局面からみれば「開戦責任」「敗戦責任」という議論の立て方もある。

さらに誰に対する責任かという観点に立てば、日本国民と、外国や他民族に対する議論に分けられる。

## 日本自らの「究明」は挫折

「後世、国民を反省せしめ納得せしむるに、十分、力あるものに致したい」

一九四六年三月、幣原《しではら》喜重郎《きじゅうろう》首相は、前年十一月に設置した「戦争調査会」第一回総会でこう強調した。

同調査会の総裁は幣原。委員には、馬場恒吾（読売新聞社長）、大内兵衛（東京大学教授）、和辻哲郎（同）ら民間の学識経験者のほか、斎藤隆夫（衆議院議員）ら貴衆両院議員を含む計二十人が就いた。また、臨時委員として、各省庁の次官、旧陸海軍の幕僚ら十八人が加わった。調査会の活動期間は、五年間とされた。

幣原は、総会の席で調査会の任務について、①戦争敗北の原因及び実相を明らかにするため、政治、軍事、経済、思想、文化等あらゆる部門にわたり、徹底的な調査を行う、②戦争犯罪者の責任を追及するような考えは持っていない――と説明。これに対し、委員からは「開戦責任」を問うよう求める声も出たという。

調査会は、「政治、外交」「軍事」「財政、経済」「思想、文化」「科学技術」の五部会に分かれて、元駐米大使・野村吉三郎や元陸軍省軍事課長・岩畔《いわくろ》豪雄《ひでお》らからも聴取を進めた。

調査会の活動に批判が浴びせられたのは、同年七月の対日理事会＊注1の席上だった。ソ連代表が「日本政府は、次の戦争には絶対負けないように戦争計画を準備しているのだ」と、即刻廃止するよう主張し、英連邦代表も同調した。

調査会の事務局長だった青木得三の回想によると、この後、対日理事会のアチソン議長（米国）から、軍人出身者を外したらどうかとの示唆があり、当時の吉田茂首相も同じ意見だった。幣原は「軍人を皆抜いてしまってやれば、どんな調査や結果が出来るかね」と憤慨したという。

結局、調査会は、マッカーサーと吉田の相談の結果、九月三十日廃止された。

日本人による戦争責任追及の動きは、これだけではなかった。東久邇内閣は四五年九月、連合国側の裁判の前に自主的裁判を行う決意があるとの声明案を決定。「天皇の名において処断するのは忍びない」と渋る昭和天皇から許可を得たが、これもＧＨＱ＊注1によって中止させられた。論壇の一部でも、後に最高裁長官となる横田喜三郎らが戦争責任者の処罰などを主張したが、幅広い運動にはならなかった。

**＊注1〈ＧＨＱと対日理事会〉** 日本の占領政策は、連合国最高司令官マッカーサーのもとに設置された連合国総司令部（ＧＨＱ）によって実施された。対日理事会は、連合国最高司令官に対する諮問・勧告機関で、東京に設置された。構成国は、米国、英国（英連邦）、中国、ソ

連で、議長は米代表。

## 戦争の呼称も未確定

ところであの戦争をどう呼ぶか。大東亜戦争、太平洋戦争、十五年戦争、アジア・太平洋戦争、第二次世界大戦などさまざまある。戦争の性格づけ、歴史観にもかかわる問題で、国民的なコンセンサスはいまだ成立していない。

真珠湾攻撃の四日後、一九四一年十二月十二日の閣議は、対英米戦争と「支那事変」（日中戦争）を併せて大東亜戦争と呼称することを決めた。「大東亜新秩序建設を目的とする戦争」であることが理由だった。

終戦後の四五年十二月、ＧＨＱは神道指令を発し、公文書において「大東亜戦争」を用いることを禁止した。同時に厳しい言論統制を通じて太平洋戦争の呼称を普及、浸透させていった。

しかし、「太平洋戦争」では、中国戦線が欠落または軽視されてしまう。

「十五年戦争」の呼称は、評論家の鶴見俊輔氏が五〇年代半ばに提唱したのが始まり。三一年九月の柳条湖事件に始まる満州事変から数えたものだが、厳密には十三年十一か月で終戦を迎えた。三三年の塘沽《タンクー》停戦協定で満州事変の正規の戦闘は終結し、ゲリラ戦になる。満州事変と

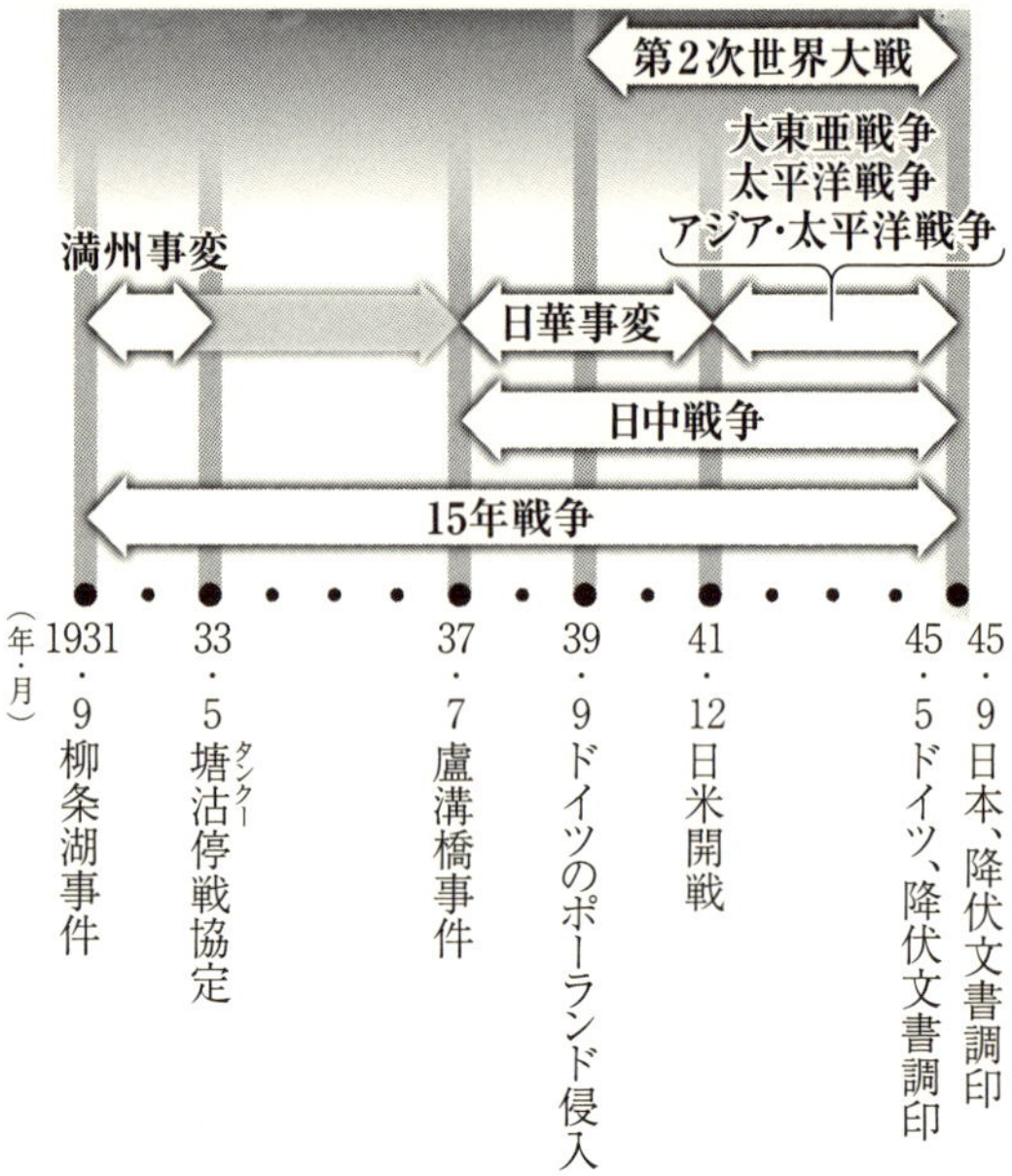


日中戦争を連続した戦争ととらえるべきか否かをめぐっても論争がある。

八〇年代半ばには、一部の研究者から「アジア・太平洋戦争」が提起された。アジア諸国への侵略戦争を想起させるが、当時の東アジアは中国とタイを除けばすべて植民地だった。日本はアジア諸国と戦ったわけではないとする議論もある。

欧米で定着している呼称はThe Second World War（第二次世界大戦）である。しかし、三九年九月のドイツのポーランド侵入、英仏両国の対独宣戦布告が、その始まりだ。日本の対英米開戦によって、アジアの戦争もこれに含まれることになるが、第二次世界大戦と日本の戦争が完全に重なるわけではない。

中学校歴史教科書では、全八社とも「太平洋戦争」の表記がある。半数の四社は「大東亜戦争」にも触れ、少数だが「アジア・太平洋戦争」「十五年戦争」に言及している教科書もある。

毎年八月十五日に行われる政府主催の全国戦没者追悼式では、日中戦争以降の戦没者が対象となっている。天皇陛下のお言葉としては、「さきの大戦」が定着している。違和感なく受け入れられるかもしれないが、無論、固有名詞ではない。

## 「A級戦犯」は国際政治の帰結

### ◇粕谷一希　元『中央公論』編集長

――日本の政治・軍事指導者の戦争責任をめぐる政治学者・丸山真男の分析は、戦後、強いインパクトを与えた。

僕も学生時代、丸山さんに影響をうけた一人。丸山さんの分析は、軍人の内面にまで入ってその心理を分析したところが非常にフレッシュな印象を与えた。とくに天皇の名において、指導者、責任を負うべき人が無責任でした。「無責任の体系」という表現です。

――丸山の議論には批判も出た。

哲学者・上山春平さんは「死体にむち打つものだ」と言った。特攻隊に行って自分もあの戦争に加担したと思っている戦中派です。上山さんの世代は、丸山さんの論理に必ずしも説得されなかった。直接の丸山批判は、もっと後の世代。政治学の佐藤誠三郎さんは、丸山さんの分析した対象は日本がクレージーになった戦争末期のことであって、超国家主義は存在しなかったと論じました。

——日本人は東京裁判で裁かれた。

A級戦犯は、当時の国際政治の帰結であって、歴史の真実ではない。一つのフィクション。東条英機（首相、陸軍大将）は、有能な、ある意味では偏狭な軍官僚にすぎず、一番責任あると思えるのは近衛文麿（首相）です。曲がり角のときに決定的な役割を果たしている。皆から期待されながら、結局、期待を裏切りました。

——昭和天皇は免責された。

はっきりいえば、最高の戦争責任は、昭和天皇にあったと思います。ただ、昭和天皇が偉かったのは、そこから逃げなかったことです。戦争のいっさいに関して責任がある、ということをマッカーサーにはっきりと言っている。政治史の升味準之輔さんの『昭和天皇とその時代』に書かれていることが、一番確かでしょう。昭和天皇は、非常に明白な責任の取り方をあの時にしました。

——戦後の論壇における戦争責任問題の扱いは。

手薄だったところがある。ただ、戦後のジャーナリズムは、昭和天皇の戦争責任とか結構言っていた。軍人については悪者にしすぎた。『文藝春秋』があんなに伸びたのは、職業軍人の言い分を載せたからです。昭和天皇と国民の一体感を演出しました。

司馬史観に対する軌道修正程度だが、僕はこのごろ「明治はよくて昭和は悪かった」というテーゼは間違いだと考えるようになった。明治は確かに幸運に恵まれた。明治の軍人が立派で昭和の軍人がダメだった、というのは、ちょっとバランスを失するんじゃないですか。

――近代日本とは何か。

僕は、著書(『鎮魂　吉田満とその時代』)で、大日本帝国の「栄光と汚辱」という表現を使った。白人以外で近代国民国家をつくって、国際社会の中で「あなどれない国」として存立させることができたのは、大日本帝国の栄光です。だけど、その帝国が同時に欧米列強と同じように、韓国を植民地化し大陸にコミットしていったことは、基本的な間違いです。

# 第13章　海外の歴史家インタビュー

満州事変のあと、日中戦争に突入したのはなぜだったのか、日米の開戦は避けられなかったのか、原爆投下はどんな狙いのもとになされたのか――先の大戦について、「戦勝国」であるアメリカ、イギリス、中国の歴史学者に、さまざまな角度から話を聞いた。

## 「拡張主義」で日米衝突

マーク・セルドン（コーネル大学東アジア研究所教授・東アジア史、67歳）

――日米開戦はなぜ、避けられなかったのか。

米国人は真珠湾攻撃を日米衝突の原点として見る。一方、日本人には、米国による石油、鉄鋼などの対日禁輸で、対米開戦を余儀なくされたという見方が強いかもしれない。それが重要な要因であることは確かだ。ただ、歴史的な流れで見れば、十九世紀末から二十世紀序盤にかけ、米日が、急速に台頭しつつある、新興植民帝国だったことを忘れてはならない。日本は、日清戦争で台湾を領有し、やがて朝鮮を我が物にする。米国は、スペインとの戦争でフィリピンを植民地化し、東アジア進出の足場を築く。拡張主義路線を走っていた日米両国は、一九三〇年代の満州事変、国際連盟脱退以降、衝突が避けられない状況になったと見ている。

――日本はどんな方策をとるべきだったのか。

対米問題をどう処理するかで日本は厳しい決断を迫られていた。恐らくは中国から手を引くことがその解答だったと思うが、日本は逆に、自分たちより強い相手（米国）に戦争を仕掛けるという極端な冒険主義に出た。日本指導部には、米国がいずれ本土からはるかに離れた極東での戦争継続意欲をなくし、終戦への道を探るだろうという計算があったろうが、結局、それは間違いだった。日本の冒険主義により、アジアの国々、米国、日本自身が大きな代償を払うことになる。

――満州（現・中国東北部）などでの日本の拡張政策をどう見るか。

十九世紀後半からの歴史を見れば、アジアは、西側植民勢力による分割に直面していた。日本にとっては、周囲を見渡せば、植民勢力がひたひたと押し寄せているという状況だ。二十世紀初め、日本が強力な海軍を持った植民帝国である英国と同盟を結んだのは注目される。世界に認められる国になるということは、植民帝国になることを意味していたのだ。この過程で、日本はアジアの国々と米欧を同時に相手にするという傲岸《ごうがん》不遜《ふそん》に陥った。

——日本が終戦前に、降伏時期を探った可能性は。

四二年（昭和十七年）のミッドウェー海戦で敗北した日本は、四四年までに壊滅的打撃を受け、この年までに降伏を考えるべきだった。日本の戦争犠牲者の九〇％前後は四四年以降に出ているはずだ。米国はその時点で勝利を確信していたと思う。

——原爆を広島、長崎に投下した米国の狙いは。

一つは、日本の降伏をどう実現させるかということだ。四五年（昭和二十年）初期までには、日本の海空の軍事力は大きく弱体化し、もちろん、米国にとっては脅威でなかった。ただ、沖縄戦に見られるように、日本本土での陸戦になると、日本側の抵抗はかなり根強いと見られていた。ポツダム宣言への日本の抵抗は、戦争継続を意味していたから、降伏を早急に促す必要があった。

二つ目は、原爆投下を、それ以前の日本の主要都市への爆撃の延長としてとらえる必要がある。米国は、日独による敵国都市への空爆を非難し、米空軍内では都市空爆よりも、軍需工場など軍事目標に対する攻撃の方が効果がある、という見方が支配的だった。都市空爆は、国際法違反という議論まであった。

——戦略転換したのは。

戦争が長引くにつれて、軍事目標への攻撃が思ったほどの効果をあげなかったこと、都市空爆が戦争終結につながると見ていたことなどが挙げられる。

原爆投下まで戦争後期に多大な犠牲者が出た責任は、天皇を含む日本の指導部にある。が、同様の責任は米国も負わなければならない。原爆投下で完結する日本の都市爆撃は大きな戦争犯罪なのだ。

## 拙劣だった終局判断

劉　傑（早稲田大学教授・日中関係史、43歳）

——満州事変から日中戦争への歩みをどう見るか。

満州事変のころは、日本全体に一種の空気があった。日露戦争で大きな犠牲を払って手に入れた権益は、守り抜かなければいけないというある種のコンセンサスだ。このため、軍の行動には反対しにくくなっていた。軍にも、国のためなら何でも許されるという一種の無法状態があり、新聞も国民をあおった。こうした空気は日清、日露戦争を経て、五大国の一つになったことへの自負から生まれたと思う。その自負にまず挑んだのが、満州の権益を返してくれと言い出した中国だった。

――日中戦争のきっかけは盧溝橋事件だったのか。

中国の研究者から見ると、最初の一発をだれが撃ったかには意味がない。それを究明しても本質は変わらない。遅かれ早かれ、同様の事態が起きたとみている。中国には、徹底抗戦の雰囲気ができていた。何かが起これば、全国民による反日戦争に発展するのは必然だった。両国の空気がそうなっていた点が非常に重要だ。

――引き返すチャンスはなかったのか。

何度もあった。しかし、政策は一つの会議で決められるが、雰囲気を変えるには時間がかかる。その間に事態はどんどん進んだ。中央が現地の軍を制御できなかった点も大きかった。個々の事件は、軍人の責任を追及すればいいが、全体の流れを止める力を持つのは天皇だけだった。終戦での決断は決定的だったが、それがなかった。日中戦争を始めた近衛文麿首相、広田弘毅外相のコンビにも問題があった。確たる方針、信念も指導力もなかった。

――なぜ対米戦争に。

松岡洋右（外相）が日独伊三国同盟を推し進めたことが決定的だった。大所高所から考えているようで、時代を大きく読み誤っていた。ドイツと組んだことが米国を刺激した。中国からの撤退やドイツと距離を置くという選択肢もあった。ただ、われわれはその後の歴史を知った上で松岡を批判している。彼の責任については「もっと賢明な判断ができたのでは」というくらいしか言えないと思う。

――終戦の決断が遅れたのは。

原爆投下までなぜ、終戦を決断できなかったのかは、きちんと検証する必要がある。阿南惟幾《あなみこれちか》陸相、梅津美治郎《うめづよしじろう》参謀総長の責任は非常に重いと思う。陸軍は最後まで抵抗した。本土決戦で一回戦力を結集してどこかで勝ち、終戦交渉に乗るという考え方だった。相手を考えず都合よく話を組み立てていた。

――軍はなぜ、勝算のない戦いを続けたのか。

米国が最終的に求めたものは、中国からの撤退や満州国の放棄など、ほとんどが中国に関係している。これらをのめば、日本が近代以降何のために戦ってきたかわからなくなる、明治の先人たちに申し訳ない、という意識が強かった。

――東京裁判の評価は。

日本人は、不満があっても受け入れるしかないとも思う。事後法だとか勝者の一方的裁きだとか、確かに問題がないわけではない。ただ、この問題は当時の状況から考えるべきだ。日本は、天皇制さえ維持してもらえれば、無条件でポツダム宣言を受け入れるという結論に至った。東京裁判はまさにその線で行われ、ある意味で天皇を守った。伝統的な国家のかたちが残り、戦後六十年は平和も保たれた。日本は過去をどう位置付けるか、積極的に考えてこなかった。東京裁判を受け入れ、過去の歴史を整理してから、将来を展望する作業が必要かもしれない。

# 三国同盟、致命的な決定

アントニー・ベスト
（ロンドン・スクール・オブ・エコノミクス国際歴史学部上級講師・東アジア史、41歳）

――なぜ、満州事変後、日中戦争に突入したのか。

満州事変から日中戦争に直接つながったと強調しない方がよい。満州事変後、日本の陸軍の主な懸念は、ソ連とのライバル関係だった。日本は、ソ連との戦争に備えるために、満州国建国にとどまらず、戦略的優位を確保し資源を獲得しようと、中国北部の安定を揺るがせ始めた。これに対し、中国のナショナリストは、日本帝国主義への抵抗を強めた。ソ連は、中国のナショナリズムがより反日的になるよう手助けした。

日中関係だけでなく、ソ連も含めた三か国の関係を考えなくてはならない。日中戦争の直接の起源を考える時、ソ連の役割は重要だ。日中戦争は（日ソの）緊張の副産物だった。日本が望んだ戦争ではなかった。ある意味で、日本は戦争に迷い込んだのだ。

――中国内に利権があった英国は、どう対応したのか。

国際連盟は、英国が動かなければ行動できなかったが、英国は不況に直面しており、一九二

○年代には、ギリギリまで軍備を削減していた。英国は、国際連盟総会で、リットン調査団報告（に基づく満州撤兵などの勧告案）に賛成票を投じたが、満州の中国返還のためには何もしなかった。英国は、中国での自国の利権を維持する一方で、一国主義的政策をとるよりも、西欧諸国と協調する方が得るものが多いと、日本に理解させようと試みた。

日英関係を害したのは、貿易問題だった。日本は英国の保護主義に、英国は日本の「不公正な貿易慣行」に腹を立てていた。三一～三三年（昭和六～八年）には、英政界の保守派には、日本に対して好意的なグループがいた。日本が反ソ連であることが気に入っていたし、日本が中国のナショナリズムにいらだっていることに同情していた。だが、貿易問題のせいで、英保守派の日本への共感は減っていった。日中戦争が勃発した時、英国内に親日ロビーは存在しなかった。

――英国からの働きかけに日本はどう応えたのか。

日本の外交官、政治家は、英国を理解していなかった。彼らは、英国が現実的政策の国だと考え、日本が反ソ連の政策をとれば、英国の保守派にうけると思っていた。私は英国内の国際主義の影響を強調したい。英国政界の主潮はリベラルで、日本の振る舞いを見て、こうした勢力は日本から距離を置いた。暗殺政治が行われているとのイメージは、英国を日本から遠ざけた。政治指導者が来週暗殺されるかもしれない国と、どうやってつきあえばよいのか。

――日本は、なぜ英米との戦争に踏み切ったのか。

この問いに答えるには、欧州の戦争を視野に入れなくてはならない。当時は、世界的な危機が起きており、日本はこれを利用して東南アジアに進出し、独伊と同盟を結ぶと決めた。これは致命的な決定だった。（四〇年の日独伊三国同盟締結で）ドイツの同盟国になることは、ロンドンを爆撃している国と同盟することを意味した。東南アジアの資源が連合国側によって支配されるのか、それとも枢軸国側によって支配されるのか、が問題だった。そこで英国は、日本が資源を獲得できないような政策をとった。オランダを説得し、米国も引き入れた。

日本は、自分たちが資源から隔絶された状況を見て、包囲されたと表現した。ある英国の外交官のたとえを借りると、このような日本の主張は、森に迷い込んだ人が、「何てことだ、木に囲まれた」というのに似ている。日本が自らをこうした状況に置いたのだ。

# 第14章　戦争体験や戦争責任をめぐる世論調査結果

日本の敗戦から六十年。国民は先の大戦についてどう認識しているのだろうか。戦後、戦争責任問題は十分に議論されてきたと考えているのだろうか――。読売新聞社が二〇〇五年十月十五、十六両日に実施した世論調査（面接方式）の結果からは、「戦争の記憶」が次第に薄れゆく一方で、国民の多くが、先の戦争の総括が不十分だと考えていることや、戦没者の追悼の場をめぐっては、国民合意が依然、得られていないことなどが明らかになった。

## 何によって知ったか

戦争体験や記憶、昭和の歴史や戦争に対する知識などについて聞いてみた。

自分自身や肉親に、先の大戦の体験や記憶がある人が「いる」という人は全体の六五％だった。一九八一年十月の読売新聞社の同様調査では、八八％を占めており、二十四年の間に、戦

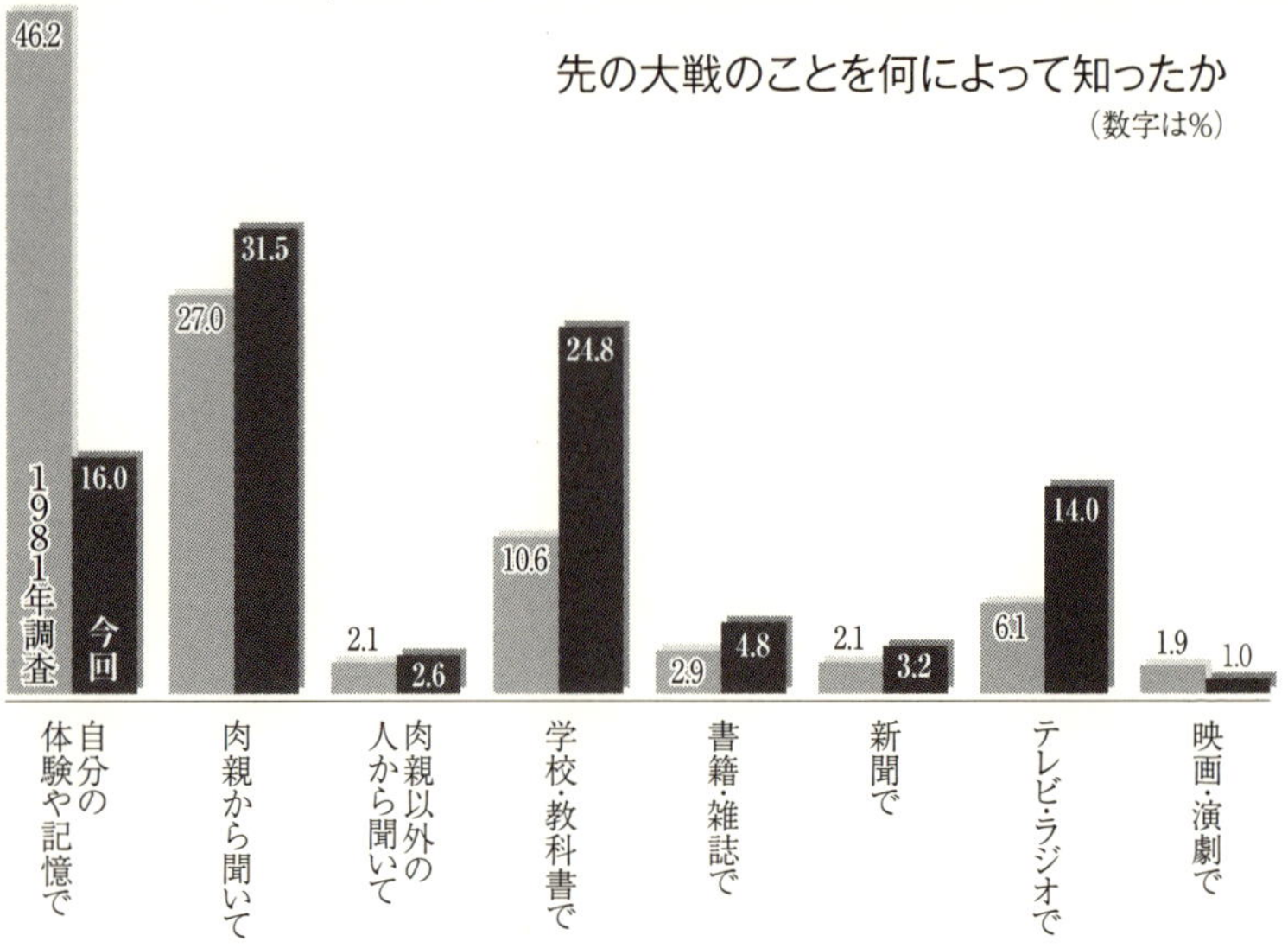


争体験のある人が大幅に減少していた。

「いる」と答えた人は、年齢が下がるにつれて減少している。七十歳以上では「いる」八五％、六十、五十歳代はそれぞれ六八％。四十歳代で六三％に下がり、三十歳代、二十歳代は各五〇％にまで減る。

何によって先の大戦を知ったかと質問したところ、「自分の体験や記憶で」という回答は一六％にとどまった。八一年調査で回答中最多の四六％から大幅に減少した。

今回、最も多かったのは、「肉親から聞いて」の三二％。「学校・教科書で」二五％がこれに次ぎ、「テレビ・ラジオで」一四％が続いた。年代別にみると、「自分の体験や記憶で」は七十歳以上で七三％に上るが、こうした体験派は六十歳代まで。「学校・教科書で」は二十歳代は五八％でトップ、三十歳代でも四三％と、若い層は主に学校や教科書で戦争に関する知識を得ていた。

昭和の歴史や先の大戦について「知っている」という人は、「よく」「ある程度」を合わせて六二%。「よく知っている」と答えた人の八割は、自分自身や身近な肉親に体験や記憶がある人だった。

## 話をすることがあるか

では、先の大戦について家族や友人らと話をすることはあるのだろうか。「ある」という人は、「よく」「時々」を合わせて三六%。これに対し、「ない」は、「あまり」「全く」を合わせて六四%だった。

話をすることが「ある」という人は、若い層ほど割合が低くなっている。二十歳代で一七%、三十、四十歳代では二割台、五十歳代で三割を超すが、七十歳以上でも五七%だった。とくに二十、三十歳代では、「全くない」というのがそれぞれ四割を超えている。社会全体として先の大戦は遠い日のこととして、これを話題にする機会は減っているようだ。

## 連想する言葉

「大東亜戦争」や「日中戦争」、「太平洋戦争」と聞いて、思い浮かべる言葉を、自由に三つま

・答えない　6.0

◆あなたは、終戦後、連合国が日本の戦争指導者を裁いた「東京裁判」について、どの程度知っていますか。次の中から、1つだけあげて下さい。

・よく知っている　6.3
・ある程度知っている　31.8
・名称は知っているが、内容は知らない　38.4
・知らない　22.4
・答えない　1.1

◆あなたは、先の大戦当時の、日本の政治指導者、軍事指導者の戦争責任問題をめぐっては、戦後、十分に議論されてきたと思いますか、そうは思いませんか。

・十分に議論されてきた　5.6
・ある程度議論されてきた　24.6
・あまり議論されてこなかった　43.2
・全く議論されてこなかった　14.7
・答えない　12.0

◆あなたは、先の大戦で、日本がアジアの人々に多大な被害を与えたことについて、日本人はいつまで責任を感じ続けなければならないと思いますか。次の中から、1つだけあげて下さい。

・あと10年ぐらい　7.7
・その後もずっと　33.7
・あと20年ぐらい　3.3
・もう感じなくてよい　44.8
・あと30年ぐらい　2.3
・答えない　8.2

◆日本の歴代首相は、中国や韓国に対し、過去の歴史的事実について謝罪を繰り返してきました。あなたは、これまでの謝罪で十分だと思いますか、それとも、まだ足りないと思いますか。

・十分だ　63.0
・まだ足りない　26.8
・答えない　10.2

◆首相の靖国神社参拝をめぐっては、中国や韓国などから反発があります。あなたは、国が戦没者を慰霊、追悼する場所としてふさわしいのは、どこだと思いますか。次の中から、1つだけあげて下さい。

・今の靖国神社　41.5
・いわゆるA級戦犯を分祀（ぶんし）した靖国神社　17.4
・追悼のための新しい施設　33.2
・その他　1.0
・答えない　6.8

◆あなたは、小泉首相が靖国神社を参拝することに、賛成ですか、反対ですか。

・賛成　29.2
・どちらかといえば賛成　22.0
・反対　24.2
・どちらかといえば反対　18.5
・答えない　6.2

**調査方法**

・調査日＝2005年10月15、16日
・対象者＝全国の有権者3000人（250地点、層化2段無作為抽出法）
・実施方法＝個別訪問面接聴取法
・有効回収数＝1796人（回収率59.9％）
・回答者内訳＝男46％、女54％▽20歳代12％、30歳代15％、40歳代17％、50歳代22％、60歳代19％、70歳以上15％▽大都市（東京23区と政令指定都市）21％、中核都市（人口30万人以上の市）19％、中都市（人口10万人以上の市）23％、小都市（人口10万人未満の市）21％、町村16％

**《質問と回答》**（数字は％）

◆戦争が終わって60年がたちました。あなたは、「大東亜戦争」や「日中戦争」、「太平洋戦争」と聞いて、どんな言葉を思い浮かべますか。自由に3つまであげて下さい。

次ページの表参照

◆あなた自身やあなたの肉親で、日中戦争や太平洋戦争という、先の大戦の体験や記憶のある方がいますか。

| | |
|---|---|
| ・いる | 64.7 |
| ・いない | 34.6 |
| ・答えない | 0.7 |

◆あなたは、先の大戦のことを何によって知っていますか。次の中から、最も主なものを1つだけあげて下さい。

| | |
|---|---|
| ・自分の体験や記憶で | 16.0 |
| ・新聞で | 3.2 |
| ・肉親から聞いて | 31.5 |
| ・テレビ・ラジオで | 14.0 |
| ・肉親以外の人から聞いて | 2.6 |
| ・映画・演劇で | 1.0 |
| ・学校・教科書で | 24.8 |
| ・インターネットで | − |
| ・書籍・雑誌で | 4.8 |
| ・その他、答えない | 2.2 |

◆あなたは、昭和の歴史や先の大戦について、どの程度知っていますか。次の中から、1つだけあげて下さい。

| | |
|---|---|
| ・よく知っている | 12.8 |
| ・あまり知らない | 35.4 |
| ・ある程度知っている | 49.4 |
| ・全く知らない | 2.1 |
| ・答えない | 0.3 |

◆あなたは、先の大戦について、家族や友人などと話をすることがありますか、ありませんか。

| | |
|---|---|
| ・よくある | 8.8 |
| ・あまりない | 36.7 |
| ・時々ある | 26.8 |
| ・全くない | 27.5 |
| ・答えない | 0.2 |

◆先の大戦については、次のような指摘があります。この中で、あなたの考えに最も近いものを、1つだけあげて下さい。

| | |
|---|---|
| ・中国との戦争、アメリカとの戦争（イギリス、オランダ等連合国との戦争も含む）は、ともに侵略戦争だった | 34.2 |
| ・中国との戦争は侵略戦争だったが、アメリカとの戦争は侵略戦争ではなかった | 33.9 |
| ・中国との戦争、アメリカとの戦争は、ともに侵略戦争ではなかった | 10.1 |
| ・その他 | 1.1 |
| ・答えない | 20.7 |

◆先の大戦に踏み切ったり、敗北に追い込まれたりした責任など、いわゆる「戦争責任」について、次の中で、あなたが大きな責任があったと考える人がいれば、いくつでもあげて下さい。

| | |
|---|---|
| ・陸軍や海軍の指導者 | 67.3 |
| ・首相 | 33.3 |
| ・ジャーナリスト | 5.6 |
| ・外相や外交官 | 13.1 |
| ・財界人 | 7.7 |
| ・中央官僚 | 13.1 |
| ・一般国民 | 5.0 |
| ・政治家 | 27.2 |
| ・その他 | 0.3 |
| ・天皇 | 19.3 |
| ・とくにない | 8.6 |
| ・天皇の側近や重臣 | 12.5 |

**「大東亜戦争」や「日中戦争」「太平洋戦争」と聞いてどんな言葉を思い浮かべるか**

| | 件数 |
|---|---|
| 戦争反対・繰り返してはいけない・平和 | 275 |
| 原爆・核・広島・長崎 | 176 |
| 悲しい・悲劇・悲惨 | 153 |
| 侵略・侵略戦争 | 124 |
| 食糧難・飢え・貧困 | 70 |
| 軍国主義・軍部独裁 | 65 |
| 殺し合い・殺人・殺りく・虐殺 | 59 |
| 残酷・無残 | 55 |
| 死・死者・戦死者 | 52 |
| 空襲 | 46 |
| 恐怖・怖い・恐ろしい | 44 |
| 苦しい・苦労 | 39 |
| 統制・強制 | 37 |
| 家族・親・父の出兵・戦死 | 28 |
| 犠牲 | 27 |
| 真珠湾(攻撃) | 26 |
| 神風・特攻隊 | 25 |
| 敗戦 | 24 |
| 無駄・無意味 | 24 |
| お国のため | 23 |
| 過ち・間違い | 23 |

で挙げてもらった。「戦争反対・繰り返してはいけない・平和」が最も多く、二七五件を数えた。次いで「原爆・核・広島・長崎」一七六件、「悲しい・悲劇・悲惨」一五三件、「侵略・侵略戦争」一二四件が続いた。

全体的に、反戦と平和を願う国民の率直な思いがあらわれている。その一方で日本の加害責任を意識したとみられる言葉は、「侵略・侵略戦争」のほかは、「戦争責任・東京裁判」一一件程度だった。

日中戦争に関連する「中国」や「満州」は、各八件にとどまっている。東南アジア諸国や韓国に関する言葉は挙がらなかった。他方、対米戦争関連では、「アメリカ」一七件や「沖縄戦・ひめゆりの塔」九件、「マッカーサー・GHQ」八件などが浮かんでいる。

戦争を体験している六十歳代、七十歳以上に目立つのは「戦争反対」「食糧難・飢え・貧困」「空襲」「お国のため」など。また、右表以外では、「天皇・天皇制」二二件、「疎開」一七件、

「靖国神社」一四件、「東条英機」八件、「防空壕《ごう》」八件などがあった。

## 戦争責任について

開戦の責任、敗戦の責任など、いわゆる「戦争責任」について「大きな責任があったと考える人」を挙げてもらった（複数回答）。その結果、最も多かったのは「陸軍や海軍の指導者」で、他を大きく引き離して六七％。次いで「首相」三三％、「政治家」二七％、「天皇」一九％の順。その後に「外相や外交官」と「中央官僚」、「天皇の側近や重臣」がそれぞれ一三％で並んだ。「財界人」は八％、「ジャーナリスト」六％、「一般国民」五％だった。

「陸軍や海軍の指導者」を挙げたのは、男性七二％に対して女性は六三％。二十歳代では五七％に対して、四十、五十歳代では各七一％だった。

一方、昭和の歴史や先の大戦について、「よく知っている」と答えた人のうち七九％、「ある程度知っている」では七三％の人が、「陸軍や海軍の指導者」を選んでいた。また、戦争責任問題の議論が十分に行われてこなかったと考えている人ほど「天皇」を挙げる割合が高く、「全く議論されてこなかった」という人では二四％が「天皇」を挙げていた。

中国との戦争と、アメリカとの戦争（イギリス、オランダ等連合国との戦争も含む）をどう見ているかについて聞いたところ、日中、日米戦争「ともに（日本の）侵略戦争だった」という答えと、「中国との戦争は侵略戦争だったが、アメリカとの戦争は侵略戦争ではなかった」がともに三四％で拮抗《きっこう》し、「ともに侵略戦争ではなかった」は一〇％にとどまった。

対中戦争については、六八％が日本の「侵略戦争」と考えているのに対して、対米戦争に関しては、「侵略戦争ではない」と考える人が四四％となり、「侵略戦争」だと考える人の三四％を上回る計算になる。

**中国との戦争、米国との戦争をどう考えるか**

（数字は％）

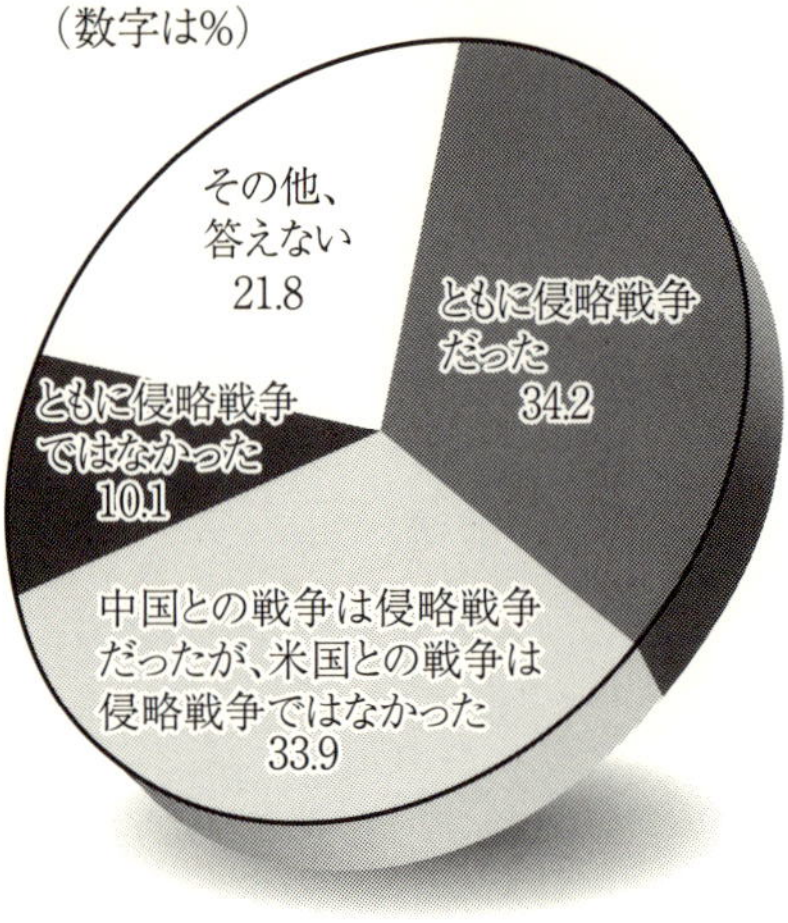


なお、細川首相（当時）が、太平洋戦争について「侵略戦争だった」と発言したことに関して賛否を聞いた一九九三年九月調査では、「賛成」五三％に対し、「反対」二五％だった。

一方、昭和の歴史や先の大戦について「よく知っている」と答えた人の七五％、「ある程度知っている」人の七四％が、日中戦争を侵略戦争だと考えていた。また、対米戦争が侵略戦争でないと考えている割合は、昭和の歴史などを知っている人ほど高く、「よく知っている」では五六％、「ある程度知っている」では四七％だった。

## 東京裁判について

終戦後、連合国が日本の戦争指導者を裁いた極東国際軍事裁判（東京裁判）について、どの程度知っているか聞いたところ、「名称は知っているが内容は知らない」三八％、「知らない」二二％で、六割が裁判の内容は知らないと答えた。

年代別にみると、内容を知らない人は、七十歳以上では三一％だが、三十歳代では七二％、二十歳代では八五％に達し、若年層では東京裁判が過去のものとして忘れ去られつつあるようだ。一方、「知っている」と答えた人は、「よく」が六％止まり、「ある程度」を合わせると三八％だった。

東京裁判について「よく知っている」と答えた人が、いわゆる「戦争責任」の所在についてどう考えていたかを見てみると、七九％もの人が「陸軍や海軍の指導者」を挙げていた。

## 議論されてきたか

先の大戦当時の、日本の政治、軍事指導者の戦争責任問題をめぐっては、戦後、十分に議論されてきたと思うか――。「議論されてきた」と答えた人が「十分に」「ある程度」を合わせて三〇％にとどまったのに対し、議論されてこなかったとみる人は「あまり」四三％、「全く」一五％を合わせて五八％に上った。すべての年代で議論不足を指摘する人が半数を超え、最も多い五十歳代では六四％に上った。

一方、東京裁判を「よく知っている」と答えた人の五六％、「ある程度知っている」と答えた人の六一％が、それぞれ「議論されてこなかった」と回答していた。

東条英機・元首相ら当時の日本の指導者たちが東京裁判で断罪されたにもかかわらず、多くの国民は、戦争責任に関して、なお議論が足りないと感じているようだ。

## アジアへの〝加害〟責任について

先の大戦で、日本がアジアの人々に多大な被害を与えたことについて、いつまで責任を感じ続けなければならないと思うかと聞いたところ、「もう感じなくてよい」が四五％に上った。一方、将来、ずっと感じなければならないと考えている人は三四％。これに「あと十年ぐらい」「あと二十年ぐらい」「あと三十年ぐらい」の合計一三％を加えると、期間は別にして「感じ続けなければならない」とする人は四七％となり、「もう感じなくてよい」をわずかに上回った。

年代別に見ると、「感じなくてよい」は、二十歳代が四七％、三十歳代は三七％。あとは年齢が上がるにつれてその割合が増え、七十歳以上では五〇％に達した。

六十歳以上になると、「もう感じなくてよい」という人が、期間はともかく今後も責任を感じるべきだと考える人を上回る。また、七十歳以上では、「あと十年ぐらい」が他の世代から突出して一割を超えており、自分たちの世代でこの問題に区切りをつけたいとの意向がうかがえる。

一方、このアジアに対する責任の意識と小泉首相の靖国参拝との関連などを見てみると、責任を「感じ続けなければならない」と考える人たちでは、首相の靖国参拝に「反対」と答えた人が五二％で、「賛成」四四％を上回っている。逆に、「もう感じなくてよい」とする人では、

アジアの人たちに被害を与えた責任

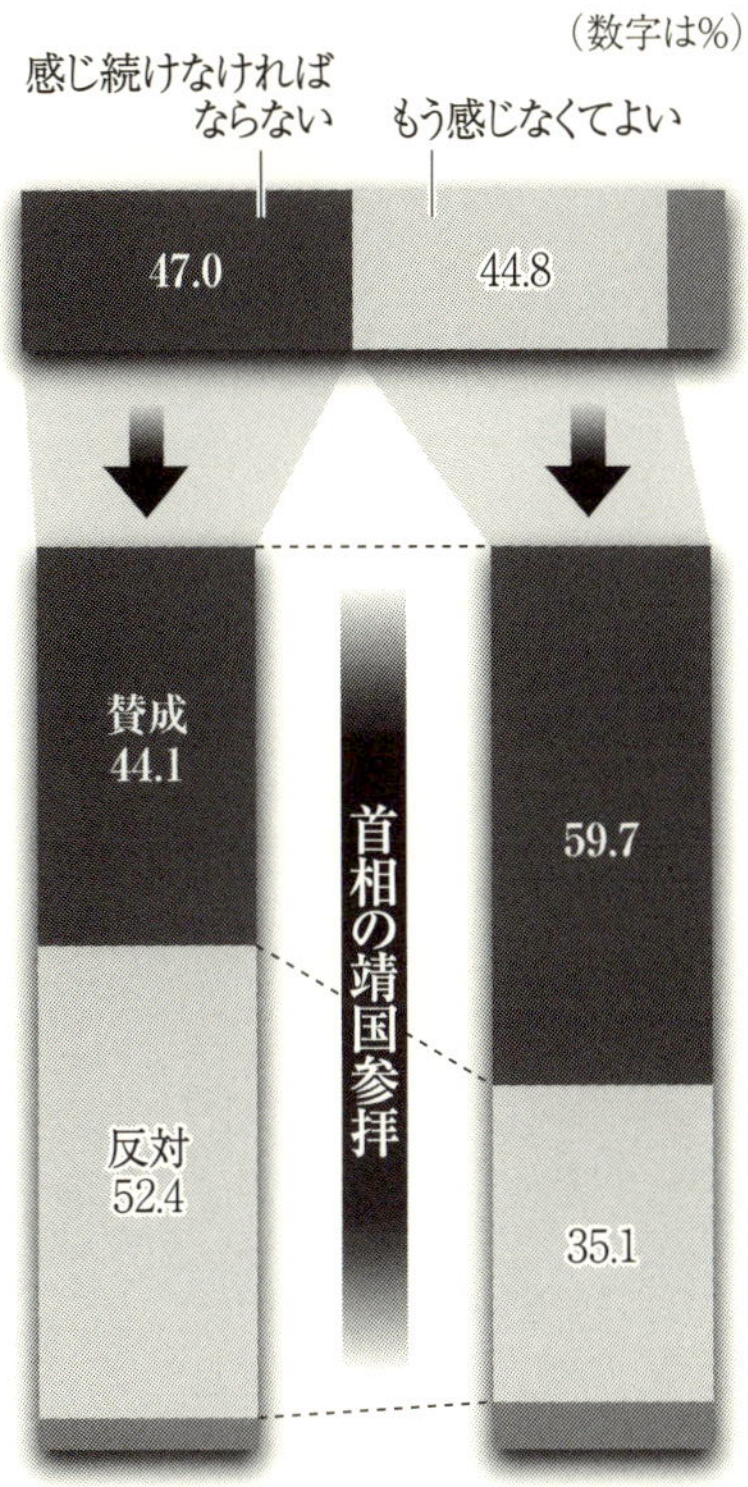


参拝賛成は六〇％で、反対三五％を大きく上回っていた。
また、戦没者の追悼の場でも、責任を「感じ続けなければならない」人では、「新しい施設」（四〇％）を求める人が最多なのに対して、「もう感じなくてよい」という人では、「今の靖国神社」（四九％）が多数派だっ

た。

## 歴代首相の謝罪で十分か

日本の首相が過去の歴史的事実について、中国や韓国に対して謝罪を繰り返してきたことに関し、これまでの謝罪で十分かと尋ねたところ、「十分だ」が六三％で、「まだ足りない」二七％を大幅に上回った。これは、中国の反日デモなどから生じている「嫌中」感情なども多少影響しているものと見られる。

年代別に見ると、「十分だ」という割合は、七十歳以上が六七％と最も多く、次いで二十歳代の六六％。最も少ない三十歳代でも五五％と半数を超えた。支持政党別では、自民、民主両党支持層で「十分」と答えた人は、各六九％、六三％だった。

この質問への回答と首相の靖国参拝との関連をみると、謝罪は「十分だ」と答えた人の五八％は参拝に賛成し、「まだ足りない」という人の五七％が参拝に反対していた。

また、謝罪が「まだ足りない」という人では、その四五％が「中国との戦争、アメリカとの戦争は、ともに侵略戦争だった」と回答しているのに対して、「十分だ」という人でそうした認識を示した人は三二％だった。先の戦争に対する認識の違いが謝罪問題にも微妙に反映しているようだ。

## 小泉首相の靖国参拝について

小泉首相は二〇〇五年十月十七日、靖国神社を参拝した。就任以来、五回目にあたる。この調査は、その参拝直前に行われたが、「賛成」が「どちらかといえば」を合わせて五一％に対して、「反対」は、「どちらかといえば」を合わせて四三％だった。

二〇〇五年五月の調査では、賛成四八％に対して反対四五％。同八月の調査では、賛成五一％、反対四一％で、今回の数値は、八月調査に近かった。

年代別にみると、賛成の割合が最も多いのは七十歳以上で五八％。次いで二十歳代五七％、三十歳代五二％と、若い世代に賛成派が多く、反対が賛成を上回るのは、四十歳代（賛成四五％、反対四六％）だけだった。

## 慰霊、追悼にふさわしい場所について

首相の靖国神社参拝が中国、韓国などの反発を呼んでいることをふまえて、「国が戦没者を慰霊、追悼する場所としてふさわしい」と思う施設について尋ねてみた。その結果、「今の靖国神社」が四二％に上り、「追悼のための新しい施設」三三％、「いわゆるA級戦犯を分祀した

国が戦没者を慰霊、追悼する場所として
ふさわしいのはどこだと思うか　（数字は%）

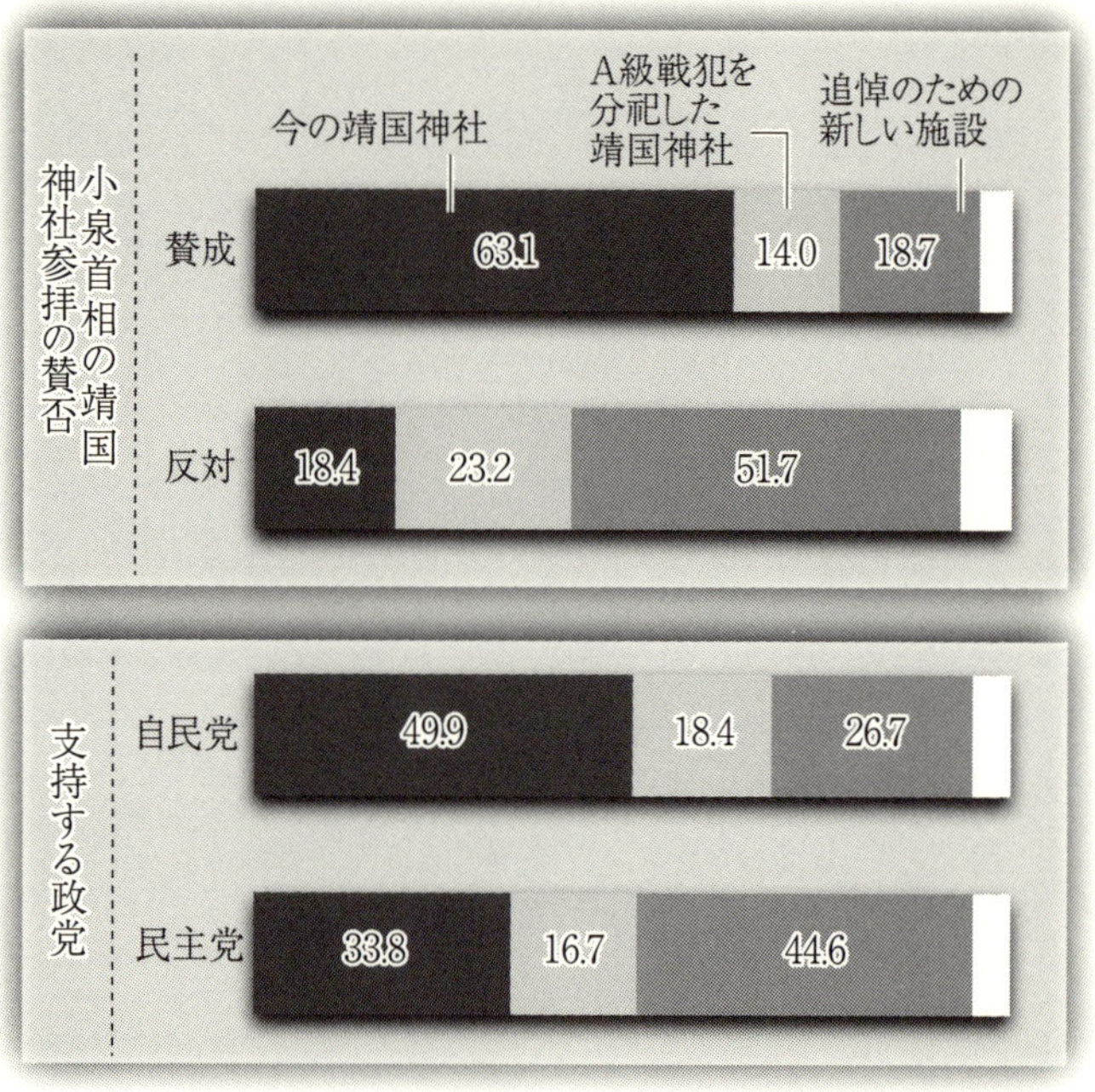


靖国神社」一七%だった。

選択肢は異なるが、小泉政権発足直後の二〇〇一年十月調査では、「靖国神社」四八%、「慰霊のための新しい施設」四二%だった。また、二〇〇五年八月調査では、「靖国神社」四八%、「無宗教の新しい施設」三六%となっていた。今回の調査でも、国民の世論は、引き続き大きく割れていると言えそうだ。

自民党支持層では、「今の靖国神社」が五〇%で最多。これに対して、民主党支持層では、「新しい施設」を支持する人が多かった。

## ◇古川隆久　日本大学教授・日本近現代史

# 国民的議論、教育が重要に

今回の調査結果を見ると、まず、日本の指導者の戦争責任について議論が足りないという人は五八％に上るが、戦争責任を誰が負うべきかについては、旧陸海軍の指導者と考える人が、年齢、戦争に関する知識を得た手段の違い、支持政党などのどの属性においても、五〇％台後半から七〇％台前半を占めている。

そして、アジアに対しての戦争責任について、もう感じる必要はないという人が四五％に上り、そのうち六六％が旧軍に責任ありという人々である。

つまり、「先の大戦における日本の戦争責任についての議論は十分とはいえないが、旧陸海軍が主に責めを負うべきであることははっきりしており、旧陸海軍はもうないのだから、戦争責任についても、もう過去のこととして水に流してよい」という、いわば歴史断絶説が日本の多数派の考え方なのである。

しかし、先の大戦は日本にとってアジア一帯が主な戦場であった。戦場となった側がそうした考え方をどう受け取るであろうか。

そこで注目すべきなのは、先の大戦の呼称を聞いてどのような言葉を思い浮かべるかという質問の回答である。上位に並んでいるのは、「侵略戦争」を除けば、「戦争反対」「原爆」「悲しい」「食糧難」「空襲」「強制」など、被害者の立場に立った答えである。

侵略した側の日本においても被害の記憶の方が圧倒的に強いのである。まして全土で地上戦が繰り広げられた中国や東南アジアで被害の記憶が強いのは当然といえる。

一般論として、被害を受けた側は、恨みの感情がいつまでも残るが、過ちを起こした側はなるべく早く忘れようとする。個人ならば、お互い顔を合わせないようにすれば、この矛盾は解決できるが、人間集団同士や国同士、特に近隣諸国との場合はそうはいかない。

しかも、旧陸海軍でさえ、他の政治勢力、あるいは国民の中から何らかの支持がなければ動けなかったことが、歴史研究の積み重ねによってわかっている。つまり、陸海軍の指導者だけに戦争責任を負わせてすむのかという問題は依然残されているのである。

したがって、われわれは、日本の戦争責任について、なお国民的議論を続け、議論を深める必要がある。

その場合、二十歳代の六割が先の大戦の知識を学校や教科書で得ていることから、学校教育の重要性が増大していることは注意しておくべきである。

自国の過去の過ちを自分たちで考え続けることは実に気が重いことである。しかし、再び国際社会から孤立しないためには避けて通れない課題なのである。

# 第2部

## シンポジウム・昭和史の再検証

# 「戦争責任」を考える

扉写真：学童疎開で、縁故先のない学童も集団疎開させられた。写真は上野駅を疎開列車で出発する板橋区の児童たち。1944年8月撮影

# はじめに

一九四五年の敗戦から六十年以上が過ぎました。この間、いわゆる戦争責任をめぐって、国民的な広がりをもつ議論や検証がきちんと行われることはありませんでした。近年も小泉首相が、連合国の極東国際軍事裁判（東京裁判）で有罪とされた「A級戦犯」の祀《まつ》られている靖国神社に参拝を重ね、中国、韓国からの非難の的になりましたが、そもそも日本人自身が「A級戦犯」についての検証を行わず、共通認識をもてないできました。こうした「過去」から目をそむける姿勢も、わたしたちが「戦争責任」問題の呪縛からいつまでも逃れられない原因の一つといわれます。そこで、読売新聞は、先の大戦をめぐる歴史を検証し、当時の日本の戦争指導者らの戦争責任を考える特集記事を、二〇〇五年夏以来、継続的に掲載してきました。その一環として、二〇〇五年（平成十七年）十一月十一日、東京・丸の内のパレスホテルで、公開シンポジウム「戦後六十年・昭和史の再検証『戦争責任』を考える」を開催しました。これはその記録です。

読売新聞東京本社　調査研究本部

**総合司会**　ただいまより「シンポジウム　戦後六十年・昭和史の再検証『戦争責任』を考える」を始めます。読売新聞社では、さきの大戦終結から六十年めにあたる二〇〇五年八月、いわゆる戦争責任問題の検証をテーマとした取材チーム、「戦争責任検証委員会」をつくり、外部の有識者の協力を得ながら取材、編集を進めています。本日のシンポジウムもその企画の一環です。

私たちが念頭に置いている取材テーマは次のような事柄です。一九三一年の満州事変から三七年の日中戦争勃発《ぼっぱつ》へと戦線をいたずらに拡大させていった原因・理由は何なのか、当時においても勝算のなかったはずの日米戦争（一九四一―四五年）に突入した動機や原因は何なのか、太平洋の戦地で敗色が濃くなった後、なぜ玉砕、特攻といった極端な手段をとらなければならなかったのか、終戦工作が後手に回ったため米軍による原爆投下やソ連の参戦を招いた責任の所在はどこにあるのか、そして、極東国際軍事裁判（東京裁判）の結果をどう評価するべきなのか。

こうした問題点を念頭に、ご出席の方々からのお話を伺いたいと存じます。

最初に、保阪正康さんに基調講演をお願いいたします。

## 基調講演「あの戦争が問うているもの」

保阪正康

### はじめに

私は昭和史を在野で検証するという立場で、この三十年ほど仕事を続けてきました。

きょうのシンポジウムは、戦争責任を考えるということですが、基調報告をするに当たって、私自身が「あの戦争が問うているもの」というタイトルにしてもらいました。つまり、「あの戦争」という言葉自体の中に、ちょっと視点を変えて見てみようじゃないか、という意味を持たせたかったのです。私たちの国が昭和前期にあのような戦争を体験したことは、歴史的にもう二度とないでしょうけれども、あのような体験をしたこと自体が百年後、二百年後、私たちの国の三代、四代先の児孫にまで検証を求め続けることだと思います。

しかるがゆえに、「あの戦争」の中に宿っている私たちの国の文化、あるいは戦争観、政治観、国際的な感覚、そういうものをきちんと整理しておかなければいけない。もちろん、私たちは同時代史で見る視点と歴史の中で見ていくという視点の二つを持たなければいけないと思うのです。

あえて「あの戦争」という言葉を使ってきょうお話をさせていただきたいと思ったのは、六十年ということは同時代史から歴史へ移行するという意味があるのではないか、ちょっと突き放して見てみようじゃないかということを最初に提言しておきたいと思ったからです。

## 「太平洋戦争」史観への疑問

この六十年、「あの戦争」について語る言葉はいくつもありました。太平洋戦争、大東亜戦争、十五年戦争、あるいは近年ではアジア・太平洋戦争、さらにあげると昭和の大戦という言葉にこだわる方もいらっしゃいます。しかし、そこに共通点があって、どのような言葉を使お

**保阪正康**（ほさか　まさやす）ノンフィクション作家、評論家

一九三九年生まれ、北海道出身。同志社大学文学部卒。とくに昭和史を中心テーマにした実証的作品で知られる。立教大学社会学部非常勤講師。個人誌「昭和史講座」主宰。著書に、『東條英機と天皇の時代』『昭和陸軍の研究』『陸軍省軍務局と日米開戦』『秩父宮』『吉田茂という逆説』『戦争観なき平和論』『昭和天皇』『あの戦争は何だったのか』など。第五十二回（二〇〇四年）菊池寛賞受賞。

うとも、政治性、思想性が免れ得ないという、日本の戦後社会の特徴がありました。このこと自体、私はむしろ社会が健全である証拠であるという感じを受けるのです。他の国を見ると、第二次世界大戦を貫く戦争観、歴史観はかなり一本化しております。もちろん国の基本的な政策の選択に対する信頼が前提にあるのかもしれませんが、中国の人と話をすると抗日戦争と言う、ロシアの人と話をすると祖国防衛戦争と言う、あるいは英米の人と議論するとファシズムとの戦いで民主主義を守る戦いであったと言う。これはもちろん政府の要人から、たまたま飛行機で隣に座った人と話していても、そのへんの認識にはかなり共通点がある。ところが、私たちの国は、そういう一本化した歴史観で昭和の戦争の呼称を決めていない。これはなぜだろう。もちろん政治性、思想性の問題から来る、いろいろ問われなければいけないことがあるのは確かですけれども、六十年たっていまだに一本化していないということは、逆にいえば、私たちの国の歴史観を鍛えていくことになる、という受けとめ方をしたほうがいいと思います。

私は、そういう受けとめ方をするのですけれども、この中で、「あの戦争」というふうに一回突き放してみる。私は昭和十四年（一九三九年）生まれなので、戦争が終わったとき五歳です。もちろん戦争の記憶はありません。しかも、私は北海道の札幌に生まれ育ったので、ほとんど記憶がない。北海道はほとんど爆撃を受けなかったのです。そして、戦後、いわゆる太平洋戦争という一本化した史観の下での教育を受けてきました。そのこと自体、私は、私の世代への前の世代からの申し送りだと感じていますが、しかし、そこには欠落するものがいくつもあることも事実です。そもそも、太平洋戦争史観というものが私たちの血肉となって、この六十年間、検証されてきたというところに私なりに疑問に思う点があり、そういった呼称の中に潜んでいる政治性、思想性を検証していくことが大事だなという感じがします。

これは昭和史全体を考えることとも結びつきますし、戦争そのものを考える、日本のあの戦争を考えることにも結びつくのですが、呼称がこうやっていくつもあるところに、実は私たちの国が、あの戦争へ入っていくときにいくつかの基本的な矛盾、あるいはあえていえば無理といってもいいのですが、そういった問題を抱えていたのではないか。それは、この国の文化の、あるいは国民的な宿痾《しゅくあ》なのか、それとも因果関係が明確にあるような形での昭和の「あの戦争」だったのかという問いかけが、やはり必要だと思います。

私の基本的な立場は、同時代史の中から歴史へ移行していくときに、ある種の政治的、思想的用語は当然ながら変わっていくと考える立場です。同時代の中で歴史を政治的に語るという意味でいえば、この呼称を使おうという人たちもいますし、逆にこの呼称では嫌だという人もいるわけですが、しかし、百年、二百年単位で見れば、呼称は落ちつくべきところに落ちついているはずです。それがどういう呼称になるか、私は今のところわかりません。多分、その方向が、同時代を体験した人たちの中からは見通せないものがあるという気がします。私は太平洋戦争史観という側で育ちましたけれども、太平洋戦争といったときに何かが欠落しているなということは否定できないのです。

この呼称の問題を私たちが明確に一本化し得ていない、語る人によって、その意味もまた違うというところを、逆にそれを弱みとしないで強みとしようじゃないか。私たちの国が歴史に対して総合的に判断し得る能力を養う、そういったような意味と考えれば、呼称の問題は、こしばらくはまだ混乱といいましょうか、それに基づいての論戦も続くほうがいいと思います。しかし、その呼称の混乱の中で、私たちは当然いなくなりますが、百年、二百年先のわれわれの三代、四代先の児孫たちが、しかるべき用語で歴史の中に定着させていくだろうという感じがします。

## なぜ、あんな戦争を

私たちは、今、そのためにいくつかの語るべきこと、取り上げるべきこと、あるいは指摘しておくべきこと、を残しておこうというのが私の考えです。前述のように私は、まず「あの戦争」というふうに突き放してみます。いってみれば、私たちの父親、あるいは上の世代が何らかの形でかかわった「あの戦争」を一回、歴史的、客観的な史実として突き放してみる。そうすると、何が見えてくるだろうかということです。私は、やはりいくつか見えてくると思いますけれども、あえていえば、先ほど総合司会の方がおっしゃっていましたけれども、三つのことが引き出されてくる。

なぜあんな戦争をやったのだろうか、つまり、戦争目的ということですね、それが一つです。二つ目として、太平洋戦争に関していえば、三年八か月続くわけですが、なぜ三年八か月も戦ったのだろうか。どう見ても、戦争の内実を検証していくと、戦争が政治の延長としての軍事の衝突であるというような理解でいけばどうにも納得できない。しかも、二十世紀は第一次世界大戦以後、国家間の、高度国防国家と軍人たちが称しましたけれども、国家総力戦体制になった戦争を行っている。その中で三年八か月も続くということは何なのか、と。どこかで政治が、もっと具体的に言うとシビリアン・コントロール（文民統制）が機能していれば、あれだけの戦争にはなり得ない。そこで三年八か月という問題を吟味してみる必要がある、それが二つ目ですね。

## 欠けた想像力

そして、私たちが考えるべき三つ目の問題として、主に太平洋戦争を指しますが、主体的に日本の国が掲げた戦争目的、そして、最後の終戦の詔勅、この二つの国家意思の間に挟まっている私たち自身の問題があります。私たち自身の問題というのは、政治指導者、軍事指導者とは別に、私たち国民の側の問題がやはりあるということです。それをきちんと整理しておくことが必要です。

三つ目の私たち自身の問題というのは、これは初めにちょっと補足しておきますが、私は、日本に反戦という思想は育たなかったと思います。その育たなかったことがいいとか悪いとかの問題ではなく、現実に私たちの国が反戦を血肉化するというきっかけは持てなかった。それは、とりもなおさず私たち国民の側の問題です。反戦とは、ある特異な言葉を使って政治運動等を結びつけるという意味ではありません。つまり、戦争に反対するということのきちんとした歴史的な理解ですね、それを構築することができなかった。

誤解を恐れずに言うのですが、日本の昭和二十年（一九四五年）の段階で、まあ十九年の終わりからでもいいですが、戦争は嫌だという声は確かに多くありました。それを詳細に分析していくと、どうもこれは誤解を生みかねないので多くの方が不愉快に思うかもしれませんが、生理的な嫌悪感、反発だけじゃないか、むしろ生理的な戦争反対という感じじゃないか。さらに言うと、それは歴史的にはエゴイズムを含んでいるのではないか。もっと言うと、想像力に欠けるのではないか。つまり、戦争というメカニズムを理解するような国民的基盤を持っていなかったということです。このことをきちんと冷静に自省する必要があるというのが、国民に突きつけられている三番目の問題だと思います。

## 軍事の政治壟断

最初の戦争目的が何だったのかということですが、一九三一年（昭和六年）九月の満州事変から、それがどのような推移を示したかを個別に列挙していくと大変です。しかし結論をいえば、軍事が政治を壟断《ろうだん》して、軍事の側が政治をおさえる形で統帥していったといえます。この肥大していく軍事の膨張主義が昭和前期の戦争の理由になりますが、これがやがて日中戦争へと広がっていき、華北へ日本の軍が入っていくという形になる。そして、その華北に入っていく日本の軍が、当時の中国国民党軍との戦闘で、だいたい日本のほうが近代化している軍を擁していましたので、勝つといいますか、制圧地域を増やしていく。

## 受け身の戦争

そして、中国国民党の側の、あるいは共産党側の軍事的政策、あるいは政治的、歴史的な政策を見ていると、私たちの国よりは一日の長があると客観的に認めざるを得ないと思います。

これはこれだけを取り上げて検証しなければいけないことがいくつもあるのですが、こういう中国の政治的な工作が、国際社会の中では英米を中国の側に引きつけ、それで英米の側も中国を支援する。意外なことですが、中国の支援では、蔣介石政権を支援する英米というのは実はかなり後で、初期はドイツが支援している。中国国民党とドイツの関係は極めて良好だったのです。

それがヒトラーの政策によってドイツとイタリアを交えての日独伊防共協定から三国同盟へ傾斜していくのですが、この間の動きを見ていくと、日本の政治がヒトラーの描く世界戦略の中にきちんと組み込まれていく。そして、日本は英米という民主国家との間で齟齬《そご》を来す状態になっていく。

加えて蔣介石政府が英米と手を結ぶことで日本の中国との戦争が加速度的に膠着状態になっていく。それがやがて太平洋戦争に行き着くわけですが、この太平洋戦争というのは、一九四一年十二月八日から四五年八月十五日、厳密にいえば九月二日ミズーリ号での降伏文書への調印までを指すと思いますが、この最後の対英米戦の戦争目的というものが、差し当たり昭和の「あの戦争」の目的を語っていると考えられます。

満州事変や日中戦争は表向き戦争ではありません。もちろん陸軍大臣や外務大臣が国会答弁で軍事行動の目的について話しています。しかし、主体的に国家がこの戦争目的はということを掲げたのは昭和十六年（一九四一年）十二月八日の真珠湾のときの開戦詔書です。これは朝の七時ぐらい、真珠湾をたたいた後に放送されます。その日午後三時には勅語が出ます、天皇のお言葉ですね。その後、帝国政府声明というのが出ます。

この三つを差し当たり戦争目的が凝縮している文書や意見、ないし国家意思の裏づけになるものとして分析していきますと、これは誤解を生む言葉になるけれども、読んでいると悲しくなりますね。私は同時代であったといっても生まれて間もないころですから、その意味で悲しくなるというのですが、戦争の選択の仕方が受け身である。

何も能動的に戦争をやれということではありませんよ。歴史上で戦争という政策、軍事という手段を選択した以上、そこに国家の意思もやはり相当強く出されなきゃいけない。しかし、残念なことに、開戦の詔書にも、天皇の勅語にも、帝国政府声明にもない。どういうことを言っているかというと、自存自衛の戦いであるというのです。それ自体はもちろん悪いとか、いいとかの問題ではありませんが、自存自衛体制を確立するための大東亜新秩序の確立ということをいいます。

真剣なまなざしの若い人たちの姿が目についた

私は、こういった戦争目的がいいとか悪いとか、そういうことを論じるのではなくて、そこに書かれている、そこへ行き着くまでの論理が日本の戦争観を表しているという感じがします。それはどういうことかというと、帝国――日本のことですが、帝国は東亜に平和を望み、そして、東亜の恒久的な平和を望む中で、中国と手を結んだ英米が邪魔をし、日本の存立の基盤が揺らいでいるということで戦争を選択していくと言っています。これは誤解を生むことを百も承知で言いますが、どういう意味かというと、こういう状態にされたから戦争を選んだのだという言い方なのです。

つまり、もし開戦目的に、われわれは十六世紀から始まっている東南アジアの植民地支配に対して解放するという使命感を持っている――。その使命感のもとで、私たちは戦争という選択をする――。何世紀か続いた国際秩序に対して、私たちは軍事でアジアの解放を選択する――。負けるか勝つかは別の問題で、例えば、そういう国家意思が戦争目的として書かれていたとします。なぜ中国と戦争するかということは、中国がわれわれの考えている東亜の平和というものを理解していないからなのではなくて、中国が列強によって植民地化されている状況からの解放を企図としている、われわれもまたそういう使命感を中国の人と共有しながら戦うと言ったらどうでしょうか。戦争は負けたとしても、私たちが歴史的に誇り得るような戦いになったと思います。

そういう理念がないのを私は残念だと言うのです。同時に、私たちは、そこに書かれている戦争目的に行き着くまでのプロセスが全部どうも受け身であるということに気づかなければならない。この受け身であるところが、やむにやまれず剣を抜いたというような日本的な理解でしょうけれども、このような形の戦争目的は、逆にいうと、その当時の政治指導者、軍事指導者たちが考えていた歴史観をよく示していると思います。

戦争目的は、開戦の日に公布されたこの三つの文書、あるいは発言された内容を見るとよくわかるのですが、どう見ても目的は自存自衛です。補足する形として、それを永久化するために東亜新秩序の確立ということが言われる。その当時の政治指導者、軍事指導者を個別に見ていくと、やはり私は、そういう目的で始まった戦争を選択したという、そのところに、軍人のあるいは当時の政治的システムの限界があると思います。その限界はまたいろいろな見方があって、いろいろな分析もできるのですが、つまりは主体的に歴史にかかわっていくというような姿勢がない、このことを残念に思います。

## 「あの戦争」は不可避だった

終戦の詔勅は八月十五日に出されますが、この終戦に行き着くまで三年八か月続く戦争がどこかで軍事ではなくなったのではないかというのが私の考えです。それはどこなのだろう。昭和十九年七月の「あ号作戦」、サイパンが落ちるのですが、そういった作戦のときにはもう限界に来ていて、軍事的な対応はもうできない状態になっている。しかし、聖戦という名のもとで継続していく。

そういう政治的、軍事的な失態を考えていくと——私は、あの戦争そのものはやはりある程度不可避だったと考えます。開戦にいたる日本の政策を詰めていくと、十六年（一九四一年）十二月八日というのは不可避的に浮かび上がる道である。十二月八日でなければ、十七年の二月何日かもしれない、あるいは十九年かもしれない。あのような日本的な政治の仕組みの中では、あの選択の日はいつか来ると思います。その選択の中に、つまり開戦目的の受け身的な意思の中に、実は終戦というものが結びついているのではないかという感じがします。

終戦のプログラムが曖昧《あいまい》なのです。したがって、戦争を軍事として戦っていたのは、ほんのわずかな期間じゃないだろうか。極めて文化的な、あるいは――あそこで日本が近代に達するためには、言葉は変ですが、市民社会の権利といいますか、市民社会を確立するために一回通り抜けなければならないような――歴史的な体験のように見えてくる。

「あの戦争」というゆえんは、実はそこなのです。そういった体験と考えますと、そのゆえんは終戦に至るプロセスの中に潜んでいる。例えば一般的によくいわれますが、なぜあんなに戦い続けたのだろう、と。正直いって私もそう思いますが、なぜあんなに戦ったのだろう。飛行機はない、船はない、兵員は次々死んでいく。死ぬことが、ある意味で軍事から離れた、戦争が持っているもう一つの文化的な素養の中に組み込まれていく。そういう戦争を私たちは三年八か月やったわけです。そこをずっと分析していったときに、また、終戦時の、例えば八月十五日の終戦に行き着くまでの歴史的な項目を、七月二十六日のポツダム宣言、八月六日の広島の原爆、九日の長崎、あるいはソ連の日本への中立条約破棄通告、そういったものをずっと並べてみて、だからこそ私たちはそういう中で孤立して軍事的に敗北したのだと見るのは、ちょっと同時代史的ではないか。もちろん私もそういう目では見ていますけれども、「あの戦争」といった瞬間に、あの戦争の敗北の仕方の中に、私たちはこの国の大きな矛盾と問題点を抽出できると思うし、それを謙虚に見つめなくてはいけないと感じます。

## 硬直的だった軍事システム――統帥権

先ほどの三番目の問題ですが、現実的な流れの中で、政治がほとんど機能しない形で軍事が前面に出て戦った戦争ということになるのですが、このときに国民のあり方、国民の意識を問われるといっているわけです。時間の関係でちょっとはしょった感じで言いますと、開戦目的と終戦へのプロセスの中から私たちは教訓を学ばなくてはならない。学ぶべき教訓はやはり無数にあると思います。無数にあるからこそ呼称が一本化しないのだと思うのです。

無数に学ぶべきものの中には大きなものがいくつかあります。一つは、近代日本の基本的な問題であり、軍事と政治とのかかわりについての問題である統帥権の問題です。これは、読売新聞の連載特集の中でも触れられていましたが、統帥権というものが二十世紀の政治と軍事を考えるシステムとして有効性を持っていたのかを見ていかなければならない。

私たちの国は統帥権を明治以降、確立させていく。その確立していくプロセスの中で、統帥権がひとり歩きする形になっていく。昭和の戦争では、統帥権そのものが三権、行政・司法・立法のあらゆる統治権を凌駕《りょうが》して国策を動かしていく。

当時――昭和十年代、ときの内閣によって国策を決定する機関、機構はいくつか変わるのですが、少なくとも太平洋戦争のときには大本営政府連絡会議というのがあって、ここが実質的に政策を決定している。それを御前会議が追認するわけですが、開戦に至る政策で誰が戦争という国策を決めたのでしょう。私たちがそういう質問を発しなければならないところに、統帥権がいかに昭和十年代に猛威をふるったというか、シビリアン・コントロールが欠けていたことを示している。二十世紀の戦争の中で、こういった統帥権が独立して文民支配という仕組みを持たなかったのは日本だけですね、大げさにいえば日本だけ。

もちろん二十世紀後半にも戦争がありましたから、中にはそういう選択をしている国もありますけれども、あの当時の、太平洋戦争のころに統帥権独立という言葉で戦争を戦った国は他にどこにもない。どの国も文民支配が二十世紀の軍事システムの中では確立していたということです。その点で日本は、八十年の間に近代の仕組みというものが機能し得ないような硬直性を抱えるかたちで歴史を編んできたということを、私たちは昭和の歴史の「あの戦争」の中から学ぶべきだと思います。

## 昭和天皇は短波を聞いていた

もう一つは、統帥権とも関係あるけれども、シビリアン・コントロールという基本的な枠組みがつくれなかった。議会が、開戦について政治的な論争をし、あるいは戦争に行き着くまでの政治的な過程の中で意見を言うというかたちができていなかった。戦争というものは確かに

海軍軍服姿で飛行訓練を視察する昭和天皇（1942年夏）

あったが、あれは誰が起こしたのか、誰がああいうことを決めて、あの戦争の最終決定をしたのでしょうか。名目的にはもちろん天皇ということになりますが、しかし、実質的には必ずしもそうではない。

昭和天皇のことを調べているとわかるのですが、むしろ戦争が三年八か月続いていく間に、軍事の情報が上がってこなくなる。上がってこないどころか、天皇はかなり不安でしようがないという心理がいろいろと書かれています。このことについて天皇は戦後、最も信頼した侍従にこんなことを言っています。戦争の情報がわからないので短波を聞いていたという。短波を聞いていたというのは英米の海外放送を聞いていたということです。英米の海外放送を聞くのは、当時日本では普通の人は全部禁止されていました。敵国に通じている者としてスパイ扱いされるわけですが、しかし、同時に、外務省はオールウェーブ・ラジオ（全波受信機）で週一回、海外からの短波放送を傍受した内容を有力者に配っていました。

天皇が「私は短波の放送を聞いて、それで戦況というものがわかった」と言っているのを見ると、そのウェーブが届いていないということになる。これは統帥権独立というのが、あの時代の憲法の中で天皇を頂点とした権力構造をつくっていながら、実質的には天皇を離れて全く独り歩きしてしまっているという問題だと思います。こういった問題を謙虚に学び、そうした問題を事実として見ることによって、私たちの国が抱えていたあの戦争の中の問題を冷静に見なければいけないのではないか、という感じがします。

## 国を抹殺する権利

もう一つ、つけ加えれば、当時の指導者たちの、主に軍事指導者ですが、どこがああいう政策を決めたのかが曖昧であるということについて、さらに詳しく調べていくと、いろいろなことがわかります。つまり、当時の東条内閣でも、その前の近衛内閣でもいいのですが、あの戦争にかかわった内閣の指導者たちの最大の問題点は、同時代史の中で政治的権利、あるいは軍事的な権利を付与されていたのは事実としても、そして彼らは、どういうかたちであれ、付与されていたがゆえにそれを行使したのでしょうが、歴史的に見た場合、彼らに歴史的な権利は付与されていたのだろうかということです。

あえて言えば、本土決戦で一億総特攻などということを国が、少なくとも指導者が国民に向けて、あるいは議会などで言うべきではない。そういう権利は彼らに与えられていないはずです。彼らに与えられていたのは、この時代の政治的な権利、政治的なこの時代を指導する権利であって、歴史的にこの国を抹殺していいというような権利は与えられていないということを、あの当時の指導者の誰かが感じるべきだった。彼らが感じていたのは、自分たちがこの戦争に勝つことによって歴史に奉公することでしたが、しかし、それはちょっと違うのではないかという問題点も引き出してこなければいけないと思います。

## 同時代史から歴史へ

「あの戦争」を突き放したときに見えてくる風景、あるいは政治性、思想性というものを突き放して見ていくときに浮かんでくる問題点、それを私たちがきちんと整理して子や孫に伝えていかなければ、子や孫たちからみれば、前の世代は何をやっていたのだということになる。同時に、まだ見ない私のひ孫でも、そのさらにその孫たちに、あの時代に生きた人たちはこういうふうに考えて生きたのだという、そういうような形での歴史をつなぎ検証していく姿勢を持たないと、私たちの国は、いつまでも同時代史の枠の中で政治化した論争に入ってしまう。それは、政治化した論争の中では決して解決しない問題がいくつもあるということで、私たちは一度、同時代史から歴史へ移行していくという時点に達したと確信して、問題点を政治的、思想的な局面を離れた史実として、私たちの国の制度、文化、国民性の欠陥も含めて検証していく必要があるなという感じがします。

それが私の昭和史を検証してきた三十年余の結論です。その結論には正直いって、いささか自信を持っています。そういう結論を持つことによって、私たちは、あの戦争を正確に次の世代に語り継ぐことができるのではないかという思いを持っています。(拍手)

# パネル討議「戦争責任」を考える（前半）

**総合司会**　ありがとうございました。続いて、パネル討議にうつります。ご出席は、司会兼務の御厨貴（東京大学教授、日本政治史）、加藤紘一（自民党衆議院議員、山形三区選出）、原口一博（民主党衆議院議員、比例九州ブロック選出）、櫻井よしこ（ジャーナリスト）、牛村圭（国際日本文化研究センター助教授、比較文化・文明論）、それに、基調講演された保阪正康、以上六人の方々です。

## はじめに

**御厨**　「戦争責任を考える」という非常に重いテーマでありますが、これをここにいらっしゃるパネリストの皆さんと一緒に考えたいということでございます。

もう既に保阪さんの基調講演の中で、ある程度、われわれの議論の方向づけがされておりま

**御厨　貴**（みくりや　たかし）　東京大学教授　日本政治史
一九五一年生まれ。東京都出身。東京大学法学部卒。都立大学教授、政策研究大学院大教授など歴任。現在は東京大学先端科学技術研究センター教授。『馬場恒吾の面目』で吉野作造賞。主著に『日本の近代3　明治国家の完成』『政策の総合と権力』『オーラル・ヒストリー』『「保守」の終わり』など。

すけれども、基本的に最初からわれわれは〝空中戦〟をやるつもりはございません。したがって、検証という、つまり、われわれが受けた教育の中で歴史をどう認識してきたか、あるいはその歴史認識がどういうふうに変わってきたかということを大きな背景にしながら、ご発言をいただきたいと思っております。

とりわけ満州事変に始まる一連の戦争状態の中で、なぜ日中戦争が始まったのか、なぜそれが日米戦争の開戦に結びついていったのか、そして、日米開戦から以後の戦争と軍事の絡まり合いの中で、それがなかなか最終的な決着を得られないで時間をなぜ過ごしていったのかというような問題です。そして、終戦を迎え、その後、どういうふうに展開していくかについて、議論を始めたいと思います。

牛村さんから、お願いいたします。

## 「倫理」の前に「論理」を

**牛村**　まず、戦争責任についての総論ともいうべきものを提示し、多少、具体例をつけさせていただきます。その際に歴史をどう見つめるか、歴史の見方についても触れ、ほかのパネリストの皆さまにも役立てばと思います。

戦争責任は、今年（二〇〇五年）が戦後六十周年ということで、さまざまな論壇誌等でにぎわうテーマです。戦争責任について、まず、きちんと、定義というのは大げさですけれど、内容を固めておかないと実りある議論にはならないと常々考えております。

具体的には、戦争責任はまず国内的なものと国外的なものに分かれるであろう。加えて、戦争の中でも開戦の責任、あるいは戦争の経過の責任、その経過の責任の中には、保阪さんのご

**牛村　圭**（うしむら　けい）
国際日本文化研究センター助教授　比較文化・文明論
一九五九年生まれ。石川県出身。東京大学文学部（仏文）卒。東京大学大学院（比較文学比較文化）、シカゴ大学大学院（歴史学）各博士課程修了。学術博士。総合研究大学院大学助教授併任、東京大学教養学部非常勤講師。著書に『「文明の裁き」をこえて』（山本七平賞受賞）『再考「世紀の遺書」と東京裁判』など。

本で詳しく述べられているような参謀本部の作戦の不手際、あるいは長引いた終戦工作、さらに実際の戦場における戦争犯罪を問うということがあると思います。

さらには結果責任。具体的には日本の場合は敗戦の責任であり、また勝った場合でも、例えば真珠湾でかなりこっぴどくやられたアメリカ側では公聴会を開いて、真珠湾の責任者を問いただすことをしております。このように分けた上で戦争責任を考える方法がよかろうと思います。

ただ、その際に考えるべき大事な点がいくつかあると思います。一つは、「責任」という言葉は、ともすると道徳、倫理と表裏の関係にあります。身の回りを考えてみても、責任をとって社長の職を辞する、あるいは責任を追及する、また店において客が店員の不手際に接したとき、つい叫んでしまうのが「責任者を出せ」です。こういう言葉でわかるようにマイナスの響きを持つ言葉です。

例として挙げれば、昭和天皇の戦争責任を論じる論者は多数いますが、そのほとんどが昭和天皇には戦争責任があるということを前提にし、その著作のほとんどは批判を当然のごとく書き記します。「昭和天皇は戦争責任を全うされた」という論者も一部いるものの、多くは責任にまつわるマイナス面を強調しようとする論者です。ですので、さらに進めて申しますと、歴史を解釈する際に倫理的な裁断をしてはいけないと考えます。すなわち、倫理の前に論理を駆使して史料を眺めることが必要でしょう。

わかりやすい例をいくつか申し上げます。中学校に入って歴史を学ぶと、まず古代文明を学びます。その中で古代バビロニアの有名なハンムラビ法典というのが出てきます。十二、三歳ぐらいの少年少女がそれを見ると少しぎょっとする。「目には目を、歯には歯を」――こういうのがハンムラビ法典の有名なくだりとして知られているのですけれども、これを今日聞くと非常に残酷な法律であると思われますが、実は全く反対です。

ハンムラビ法典は、目を突かれた者は相手の目を突いてよいが、命を奪ってはならぬ、ましてや相手の一族郎党を皆殺しにするようなことは絶対してはいけないというように、残虐な復《ふく》讐《しゅう》を禁止する画期的な法典であったということです。

また、「戦争犯罪」という言葉が戦争責任を論じる際によく出てきます。「戦争犯罪」という言葉があるということは、実は戦争は合法的なものとして認められていたという証しにほかならないのです。すなわち、戦争が合法であるからこそ、戦場で犯罪を行った者が戦争犯罪を行ったとして裁きにかけられる。今日のように殺人は重い罪であり、戦争は殺人を前提とする、という視点に立った場合、「戦争犯罪」という言葉のそもそもの意味がわからなくなるおそれがあるかと思います。

先ほど、責任について分けて考えなければいけないと申しましたが、日本の場合は、東京裁判を頂点とする対日戦犯裁判において国家指導者や軍人たちが責任を問われ、また一部公職追放、自主的な辞職や自決というかたちで責任をとりました。こういう対日戦犯裁判について、

例えば戦犯裁判の場に出され死刑を求刑された今村均という陸軍大将が、非常に的確に解釈しています。

戦犯裁判というのは、燃え盛る火の中から家族や家財を救い出そうとして走り回っているとき、道路に立ちふさがっている者に夢中で突き当たり、これを殺し、けがをさせた。火事がおさまった後になって、しかも、ずっと後になって、その火事という特殊な状況を考慮せず責任を問うのは果たしていかなるものか、と。このように戦後間もなく牢獄《ろうごく》の中で書き記しています。

すでに終戦から六十年という日にちを閲《けみ》しています。「戦争を知らない子供たち」という歌は昭和四十年代のヒット曲でしたが、今や「戦争を知らない大人たち」が多数派です。再来年（二〇〇七年）の春にはいよいよ平成生まれの大学生も誕生します。こういう時代を考えてみると、当時の時代の論理をきちんと押さえずに倫理的な裁断をしては、生産的な議論につながらないのではないか、という危惧《きぐ》を常に抱いています。

また、歴史解釈というのは、ある因果関係を提示し、その因果関係の提示が説得力を持てば持つほど論者に多く受け入れられるものだと思うのですが、一歩間違うと恣意《しい》的になりかねない。すなわち、過去をさかのぼればさかのぼるほど、自分の説に都合のよい事実を見つけることができる。それもやはりまた気をつけねばならないと思います。

一例を出します。昭和の陸軍、そこにあった統制派と皇道派の抗争に代表される昭和の陸軍の失態なるものの原因は何かといったとき、「その遠因は江戸時代の新井白石にある」と申し上げても、あながち牽強《けんきょう》付会な解釈ではないのです。機会があれば後でお話ししますけれども、そのように過去をさかのぼれば、自分勝手なことが言える「根拠」が見つかるということも、心せねばならないと思うのです。

幸いこういう場を与えられましたから、ここで語ることによって歴史を学び、書く者として、また教育者の末席につらなる者として、記録に自分の歴史観などを残したいと思っております。

## 日本は国際社会で追いつめられた

**櫻井**　私の仕事は記者です。その私にとって、戦争を体験した方々の話を聞くことと、残された史料を読むことが、歴史と戦争を知る二つの大きな柱になっています。その観点から今日はお話を申し上げたいと思います。

先ほど保阪さんの基調講演で興味深いご指摘がありました。先の戦争について日本を除くほかの国々もしくは地域では一定の呼び方が定着しているのに対して、多様な呼び方をしているのはおそらく日本だけであるという点です。呼称というのは非常に重要なもので、それは、そ

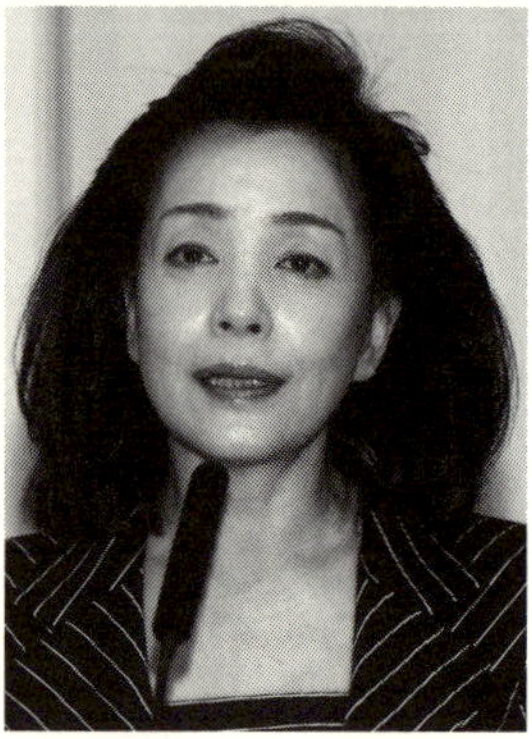

**櫻井よしこ**（さくらい　よしこ）　ジャーナリスト
一九四五年ハノイ生まれ。ハワイ大学歴史学部卒。米紙クリスチャンサイエンス・モニター東京支局勤務、アジア新聞財団DEPTHNEWS記者、同東京支局長を経て、日本テレビ「きょうの出来事」アンカーパーソンを十六年間。薬害エイズの著作で大宅壮一ノンフィクション賞、一連の言論活動で菊池寛賞を受賞。

の国と国民が、この戦争をどのように位置づけるかという基本的価値観を反映するものです。呼称が一定していないのは日本だけだという「目からうろこ」のご指摘は、今日のシンポジウムの主題と深く関わる重要な点だと思います。

しかし、そのような現象はなぜ起きてくるのか。満州事変にしろ、第二次世界大戦にしろ、戦争を始めたときの日本国民の物の見方、認識の仕方、問題のとらえ方が、日本が敗戦し、占領された後に、新たな統治者となったＧＨＱによって与えられた戦争の解釈とあまりにも違うのが大きな原因のひとつではないかと思います。

つまり、呼称が定まらないのは、「これがあの戦争の実態だった」と、戦後になって日本に突きつけられた戦争のとらえ方に、日本人が納得できないのが原因ではないか。そのこととあの戦争を一九三一年の満州事変から敗戦までに区切って論ずることとの間には一定の因果関係があると思います。

牽強付会になってはいけませんけれど、しかし、満州事変以降を論ずるためには、やはりそれ以前も知らなければならないわけです。日本が近代国家として世界にデビューし、戦いを始めた背景を知るには、少なくとも明治維新以来の歴史を見なければならないと考えています。そのなかでとりわけ集中的に見なければならない国としてアメリカと中国があります。

まず米国です。日露戦争（一九〇四〜〇五年）では、アメリカのセオドア・ルーズベルト大統領が日本に味方してくれたという解釈が日本人の中にありますが、一方で、日露戦争で日本が勝ったことが、いかに大きな驚きと警戒観をルーズベルトに抱かせたか。それは彼が海軍大学長であるマハンに、あのバルチック艦隊に日本がなぜ勝ったのかを研究せよというテーマを与えたことからも明らかです。

なぜバルチック艦隊は負けたのか。ロシア艦隊はバルト海に展開する艦隊と太平洋側に展開する艦隊の二つに分かれ、日本の連合艦隊と戦うには、はるばるバルト海方面から南アフリカを回って合流しなければならず、分断されていたからだというのです。マハンの分析にルーズベルトは納得し、パナマ運河の開通（一九一四年）を急がせます。これによって米国の大西洋艦隊と太平洋艦隊は素早く合流することが可能になります。パナマ運河開通に非常なる予算を割り振り、完成を急がせたルーズベルトの脳裡には、将来の敵、それは高い確率で日本であったわけですが、その日本との対決への準備があったと思います。わが国が勝利に酔っていたころからアメリカは潜在的な将来の脅威として日本を意識していた。時が進むにつれて米国の対日警戒観は強くなり、日本人排斥の問題と相まって日米間に大きな摩擦を生んでいくのです。

今の時代、私たちは、アメリカが日本人に対して抱いていた人種的な偏見をあまり重要視しないと思いますが、二十世紀前半、日米間の人種問題は今の私たちが想像できないぐらい激しいものがありました。昭和天皇の『独白録』の中に、日米開戦の遠因の一つに人種問題があったと述べられていることからもこれは明らかだと思います。

日米間の摩擦、というより米国の対日警戒観はワシントン軍縮会議（二一〜二二年）の場で、明確な形をとるに至りました。日英同盟の破棄です。米国は中国と謀って、強引に、日英同盟を切らせていったのですが、このことはとりも直さず、アメリカが日本を脅威、敵として位置づけたということです。日英同盟破棄の背景に、アメリカと中国の大いなる結託があったことは、繰り返し、強調しておかなければなりません。私は、あのワシントン会議の日英同盟破棄の時点から「一九四一年十二月八日」は歴史の歯車の一つになり、日本は開戦を避けることができない状況に陥ったと考えます。

次に中国です。この場でも「あの戦争」の「発端」ととらえて議論をしている満州事変ですが、ではなぜ、満州事変は起こったのか。日本軍はなぜ、満州事変を起こしたのかについて、当時の国際連盟が送り込んだリットン調査団が詳しい報告書をまとめています。この報告書は、戦争について語る際の必読書の一冊だと思うほど、私たちが戦後に学んだ歴史観に新しい光を投げかける内容です。

リットン報告書は、たしかに満州国の独立は認めませんでしたが、現代の日本人にとっては驚くほどの理解を日本に対して示しています。たとえば、二十世紀、国際社会の大潮流が変化していくなかで、中国は、根本的な改革を求められながらも、時代が要請する改革について行くことが出来ずにいたと報告書は断じています。一方の日本は、「自己の古き伝統の価値を減ずることなく、西洋の科学と技術を同化し、西洋の標準を採用した速度と完全性はあまねく賞賛された」というふうに絶賛されています。満州事変に至るまでには、中国側による広範な反日教育や日本人と朝鮮人とを標的とした不法行為が多発し、ボイコット運動なども激しかったと、非常に詳しく書いています。

この報告書を数字で表現するのは適当でないかもしれませんが、リットン調査団は、同報告書の八割を、日本の立場を理解し支持する視点からまとめていると言えます。満州事変をひきおこした日本の責任とともに、では、当時、中国はどのようなことをしていたのかも、同様に厳しく吟味することが重要で、リットン調査団がしたことはまさにそういうことでした。

戦争責任を論ずるとき、単に日本軍の戦略がいかにまずかったかを批判するのは赤子の手をひねるほど簡単です。しかし、繰り返しますが、米中欧と対立する形で、日本が国際社会で追い詰められていくプロセスをこそ、日本人の私たちは見なければならないと思います。

## 組織化された上での無政府状態

**原口**　昨今、いろいろな外交文書、あるいは隠された史実が出てきています。隠された事実、その時点での俯瞰《ふかん》的な見方、あるいはふさがれた声、閉ざされていた声、聞こえなかった声、これらをもう一回聞くことをしなければ、私たちは再び同じような国家存亡の危機を迎えるかもわからない。戦争に突入していった愚を責める、それだけで、構造的な原因に議論を持っていかないなら、また同じ誤りを犯してしまうだろうと思います。

『国体の本義』という本をここに持ってきました。これは昭和十二年（一九三七年）に文部省が刊行した本で、この中には、欧米の個人主義の行き詰まりが社会主義、無政府主義、共産主義の過激思想を呼んでいる、そのことによって、思想上、社会上の混乱と転換の時期を招来している、と。ナチス・ドイツを名指しして、ファッショに対する警戒をこの中で書いています。そういう文書を出していた政府が、なぜ日独伊、同じナチスと（四〇年軍事同盟で）手を結んでいくのか。そこに何があったのか。いくつかの原因を考えてみたいと思っています。

当時二人のすぐれた金融経済家が出てきます。高橋是清と井上準之助です。満州事変（三一年）の前には金解禁（三〇年）が行われて、ロンドン軍縮条約（三〇年）が結ばれました。つまり、オープンな経済、オープンな金融社会の中で、日本がどれだけの役割を果たしていくのか、軍縮と幣原喜重郎外相の協調外交がそこで出てきました。それをいっぺんに吹き飛ばしたのが満州事変でした。

（二二年以降の）ワシントン体制をめぐるイギリスやアメリカと日本との利害の対立、これも深刻なものがあると思います。積極財政によって日本の景気は大きく前進しますが、イギリスの繊維産業は大きな打撃を受けます。

また、一九二〇年代、出てきたのは共産主義でした。一九二二年にソ連が成立しますが、ワシントン条約に入っていません。ワシントン条約に入っていない巨大な軍事国家が南進してくる。一方では、中国の共産党の伸長が見られる。この時点における、いわゆる地政学的なわが国のさまざまな要請と、アメリカやイギリスの利害とが決定的に違ってくる。

歴史書を読めば読むほど、どこに責任があるかわからなくなる。見れば見るほど、誰と誰が責任を持って議論しているかわからない。つまり、日本は軍国主義だ、強権主義だといわれますが、統治システムが非常に脆弱《ぜいじゃく》です。脆弱な政治の統治システムが、多くの人たちの言葉を奪っている。ジャーナリズムの死、国民世論の死、そういったものが大きな戦争、存亡の危機を出現させたのだと思います。

天皇に統帥権、統治権があるといっても、憲法上、その責任は問われないことになっていましたし、首相には閣僚の任命権もありませんでした。ですから、国会の議事録を見ればわかりますが、昭和の戦前期、内閣が何度も総辞職している。政策対立で未決着のことを両論併記と

**原口一博**（はらぐち　かずひろ）
民主党衆議院議員（比例九州）　ネクスト総合政策企画会議担当相
一九五九年生まれ。佐賀県出身。東京大学文学部（心理学）卒。松下政経塾四期生。佐賀県議二期。一九九六年衆議院佐賀一区から新進党公認で初当選。二〇〇五年九月総選挙では比例九州ブロックで当選。四期目。民主党の若手論客。

いう形で御前会議に出してしまっています。それがまた、相対立する競争的な条件、行動をとらせている。長期化する中国との戦いに対処するため、対立する行動をとって泥沼に入っていく。この連鎖です。つまり、統治能力の脆弱さ、意思決定システムの構造的な欠陥に対して、私たちは深い考察を加える必要があると思います。

日本のシステムが組織化されていなかったとは思えません。むしろ戦略性を持ち、あるいは高度に統合性を持った意思決定システムを、国会の議事録からは見ることができます。しかし、反語的な言い方ですが、組織化された上での無政府状態といってもいいようなものが、議事録の中に見てとれるのです。

戦争責任をとらえるときの座標軸の一つ、どうして戦争が長引いたかについてですが、カギは、目的の明確化、目的の共有だと思います。何の目的でやっているかがわからなければ、出口戦略もない、どこがゴールかがわからない戦争では泥沼に突っ込んでいくのは必然ではないかと思います。

私は佐賀で育ち、周りに二・二六事件にかかわった人たちがいます。暴力によって言論が封殺されていく、あるいは、憲法の外の存在が大きな力を持っていくときに、私たちはルールそのものを失うのだと思います。

## 倫理も正義も状況で判断

**加藤**　このあいだの戦争を論ずるときに、ターニングポイントになったのは満州事変であるとよくいわれます。そしてその企画者は石原莞爾であり、板垣征四郎だったと歴史学者は指摘します。この石原莞爾さんは、私の町の出身で、私の父親とまたいとこになります。ですから、石原将軍がやったことの歴史的な意味は、われわれ親族の中で常に考えさせられているテーマです。親族の中では繰り返し、繰り返し考えていることです。
私は二つのことを申し上げたいと思います。櫻井さんと同じように、私たちは満州事変だけを論じてはいけない。明治維新からそれまでの日本の歴史を論じなければいけないというのは真実だと思います。私は、当時の指導者たちがせっかくつくった明治という新しい国家を欧米の植民地政策から守ろうとしたことは正しい判断だったと思います。特に朝鮮半島に自分たちと敵対するような勢力があっては、わが国の自立存亡が危ぶまれるということで、日清の戦いになり、そして、さらに日露の戦いまでいきました。

日本の歴史は、この段階まではかなりしっかりとしたものであった。けれども、一九〇五年に日露戦争が終わったときに、そのときに戦勝に酔うだけではなく、そこから先の自分の国の行き方、そして、近隣諸国でいろんな動きが起こっていること、特に中国で孫文を中心に辛《しん》亥《がい》革命への道がだんだん生まれ始めているということに十分に気をつけなければならなかった。しかし、それをしなかったところに、一つの間違いがあって、これは単に軍部だけの問題でなく、日本国民全員の問題だったのだろうと思います。

ですから、一九三一年に満州事変が起きたときに、石原莞爾は満蒙の権益を守らなきゃいけないということを述べます。もうすでに、ここで間違いが生まれているのです。満州が「どうしても守らなきゃいけない」権益になっていたのでありまして、それを放棄することは、あの当時の日本の判断にはあり得ないことだったのです。

また、なかなかすぐれた天才的な人であった石原は、いずれアジア諸国と英米との世界最終戦になるだろう、そして、その戦いは一発の核兵器で決まるだろうということを予言します。そのためには日中が組まなければならないと言うわけですけれども、しかし、そこで民族自決を非常に強く推し進めてきている中国の大きな流れ、満州族の人たちや漢民族も含めての大きな流れについての判断を間違えたのではないかという感じがいたします。

欧米植民地政策の下で長く苦しんだ末、中国には大きな民族自決の波というものがあったのです。自分の国について自立自存を考えた日本だったら、相手の立場についても自立自存を守ってやらなきゃいけない。その視点の欠落が日本の歴史の一つの間違いだったと思います。

もう一つ、それは統帥権の問題であります。かつて研究したことがあるのですけれども、一九三七年に、関東軍の参謀たちが盧溝橋事件を画策する。これを陸軍の参謀本部にいた上官の石原莞爾が止めに入ります。これに対して、関東軍の若き参謀たちは、「石原将軍、何をおっしゃるのです。これはあなたが満州事変のときにやられた手法をわれわれが学んで、それと同じことをやっているだけではないですか」と言います。石原は、客観的な条件が違えば同じ手法はとれないのであると言いますが、「まあ、そうおっしゃいますな」というひと言で彼は押しやられてしまいます。それもそのはずです。満州事変で石原がとった戦略というのは、統帥権のトップにある天皇陛下の大権をも侵すことをやったわけです。そして、参謀本部の指示に反して軍を動かし、朝鮮駐留軍の林銑十郎将軍の支持を受けながら展開していって、一年

**加藤紘一**（かとう　こういち）　自民党衆議院議員（山形三区）
一九三九年生まれ。山形県出身。東京大学法学部卒。外務省。中国課課長補佐で退官。衆議院議員当選十二回。中曽根内閣防衛庁長官、宮沢内閣官房長官、自民党幹事長など歴任。著書に『いま政治は何をすべきか』『新しき日本のかたち』など。

ぐらいで大変な勝利をおさめてしまいます。

そうすると、「勝てば官軍」という言葉がありますが、国中が沸き立ちます。そして、筋を通せと言っていた人たちも、「まあ、勝ったのだからしようがないじゃないか。石原は偉かった」ということになります。われわれの国は、すべて倫理も、そして政治的な正義も状況で判断してしまうところがあるのですが、その流れがそこで定着してしまいます。したがって、一九四一年の対米開戦というのは避けられない流れであったのではないかと思います。

私は、この二つのこと、つまり第一に、なぜ中国の民族自決の流れを見誤ったかということ、第二に、憲法よりも上位にあり、時には天皇陛下の判断をも必要としない統帥権というものが、なぜあの時代に生まれていたのかを本気で分析しなければならないと思います。

**御厨**　保阪さんからは先ほど基調講演をいただきましたが、他のパネリストの発言に応える形で、もう少しお話を補足していただきたいと思います。

## 第一次世界大戦に学ばなかった

**保阪**　私は、昭和史を再検証するというような立場で、もう一度昭和前期のことについて触れたいと思います。昭和前期は一九二六年に始まって三〇年代。世界史的に見ると、ちょうどワシントン体制といわれているときです。いわゆる協調外交の時代ですね。第一次世界大戦が、それまでの戦争そのものの概念を大きく変えてしまった。戦争が国家総力戦になっていく。飛行機ができて、爆弾が落ちて、毒ガスがつくられる、あるいは高射砲の射程が伸びるとか、戦車ができる。そして、戦争そのものが国家全体をまきこみ、非戦闘員も一千万人ぐらい死ぬほどの戦争になります。それを体験した人類は、やはりこれはひど過ぎると、こういう時代になっていくつかの国際条約、あるいは平和的な解決の手段というものを模索する。いわゆるワシントン体制というのは、そういう体制といっていいのだと思います。もちろん日本もその体制に入っているわけです。

私たちの国が、好むと好まざるとにかかわらず、形としては、一九三一年九月の満州事変で、ワシントン体制の最初の破壊者、というと大げさだけど、そういうふうになる。それはやがて私たちの国が日中戦争を起こす因の一つとなるわけですが、当時、第一次世界大戦の実態的な、

細かい研究を、軍人たちが次々行う。統帥とか国家総力戦とかいうものを覚えて帰ってくるけど、彼らは戦争そのものがどういう形態に変化したかは、ほとんど見てこない。むしろそれは、例えば、天皇が大正十年（二一年）にイギリスへ行ったときにヨーロッパを見て学んでいる。ベルギーの主戦場を見て、ベルギーの将軍が泣きながら説明する。ここでこういう戦闘があったのだという。むしろ、

1921年、第１次世界大戦に従軍した英国兵士を閲兵する皇太子時代の昭和天皇（ザ・タイムズ社提供）

天皇のほうが逆に、そういった戦争の人間的な面の悲惨さというのを感じている。軍人は、そういった感じは受けてこなかった。

陸軍士官学校のだいたい三十期代の、三十四期、三十五期、三十六期というのが第一次世界大戦後の陸軍士官学校教育を受ける。例えば、三十四期、これは明治三十四年ぐらいの生まれですけど、そこの学生を見ると、三百五十人ぐらいいるうちの五十人ぐらいが中退してしまう。退学してしまう。

つまり、軍人が、「これからは戦争ではない」、軍事がいかに悲惨かということで、士官学校からさえも中退者が出る。あるいは大正の末期は、軍人が演習に出ると、よく書かれていることですが、ばかにされる。電車に軍人が乗ってくると、臭いとか、軍人が愚弄《ぐろう》されるような、大正デモクラシーといわれる時代状況というのがある。

そういうような事実をいくつか羅列してみてわかるのは、私たちの国は、一九二〇年代のワシントン体制の下で、人類史が進んでいる方向を的確につかめていなかった。第一次世界大戦をきちっとつかめば、統帥権の問題も当然ながら浮上してくるはずです。そういうものをつかめなかったことが、僕はやっぱり日本の問題点かなと思います。このことは、逆にいえば、私たちの国が、結論として、第一次世界大戦から学ばなかったということで、そのことが、やはり昭和の歴史の中に影を落としていると言ってもいいのではないかという気がします。

## 日米戦争は不可避だったのか

**御厨**　議論をもう少し詰めていきたいと思いますが、私も少し冒頭発言ということで話させていただきたいと思います。もういくつも論点は出てきておりますが、最後に問題になるのは、日米戦争は不可避であったのかどうかというところだろうと思います。

これは、先ほど、櫻井さんもおっしゃいましたように、射程をどうとらえ直しても、その背景要因を考えても、すべての点から、どうも最終的には日米戦争は不可避ではなかったかという流れになっております。

これに反論する発言がまた出てくるかもしれませんけれども、そのことを少し細かく、私が前に見た史料で申しますと、日米戦争が始まる直前の段階で、木戸幸一や宮中グループの人たちや軍人とのいろいろな議論がありまして、その中で、非常に印象的だったのは、日本人は歴史から何も学ばないとよく言いますけれども、あの時点で日本が思い返すのは、日露戦争ではなくて、実は日清戦争なのです。日清戦争時の状況と日米戦争時の状況というのが非常によく似ている。同時にまた、日清戦争の結果、日本は(独露仏)三国干渉に遭った。三国干渉に遭ったときの気分とも非常に似ているという情勢判断をいたします。

三国干渉に遭ったときに日本はどうしたかといえば、要するに、あそこで、これから十年耐えれば、ロシアに対する戦争の備えもいろいろできるであろうと決意します。そこで、臥薪《がしん》嘗胆《しょうたん》ということを言いまして十年間耐えるわけでありますが、そのことがここで盛んに話題になります。

つまり、日米戦争をこの段階でやらないで、十年、やはり臥薪嘗胆で耐えるべきではないかという議論が出るわけですね。それは、先ほど保阪さんが最初におっしゃったことと似ておりまして、どうもこの戦争は、追い込まれてやったのではないかということです。

開戦目的がはっきりしないという点と、そこが非常に関連しております。開戦目的がはっきりしないまま、どんどん追い込まれている。明らかに石油の問題でも何でも追い込まれている。

しかし、だからといってここで一戦をまじえるよりは、もういっぺん、しばらく、ある種のたぶらかし的な政策をやることによって、五年、十年、しばらく過ごしたらどうだろうか。そのうちに情勢をもう一度有利に転換できるのではないかという文脈です。

このように、先ほど申しましたように、日清戦争のときの事情を盛んに言うわけですが、結局、もうそれは待てない。十年、今の日本国民は待てない。いや、日本国民が待てないだけではなくて、日本の軍隊が十年もたない。

そしてまた、おそらくそうなったときには、天皇の地位が非常に危うくなるというような議論が最終的には出てきて、日清戦争という歴史的事例を最終的には活用できない。歴史的事例としては、これを用い得ないということで、戦争に入っていくという、そういう議論があったことを申し上げておきたいと思います。

さて、もう少し議論を続けたいと思います。議論の初めですから、大きくとらえて、日本とアメリカですね。特にアメリカの問題は避けて通れないと思います。日本とアメリカと中国、それに最終的にはソ連が入ってきますが、そういう国際的な状況変化の中での日本のあり方、日本がそれにどう対応していったかについて、少しつっこんだ議論をしたいと思います。櫻井さんから議論を出していただけますでしょうか。

## アメリカの対日包囲——稚拙な日本外交

**櫻井**　日米の関係を見るとき、二百六十年間鎖国をして、日本民族だけで暮らしてきた日本と、本国イギリスとの戦いを通して独立し、その後、アメリカ大陸を舞台にスペイン、フランス他、多くの国々と戦って力をつけつつあったアメリカの政治的、外交的、軍事的な力との、あらゆるレベルの差を悲しい気持ちでいつも振り返るのです。

第一次世界大戦の後のパリ・ベルサイユ会議（一九一九年）で、日本は特に二つのことを言いました。一つが、人種差別撤廃です。これは、日本と反目していた中国でさえ賛成したことです。しかし、中国は日本と敵対関係にありましたから、講和会議に反対しました。アメリカも、どのつまり、自らが発議した国際連盟の設置については議会で承認を得られませんでした。第一次世界大戦から教訓を学ぶことがなかったのは、日本だけではなく、世界諸国が、人類全体が、大戦から学ぶことができなかったわけです。それを引きずった形で、その後の歴史の展開があるのです。

アメリカは二十世紀初頭から、日本と中国を秤《はかり》にかけるように眺めていたと思います。必ずしも最初から、決定的に日本を敵対視していたわけではなかったとも思っています。しかし、すでに触れましたように、日露戦争以降、アメリカの対日警戒心が強まっていった。そのことは一九〇六年に作成された「オレンジプラン」を見ても明らかです。同プランでは明確に日本を太平洋での仮想敵国と位置づけて、日本がフィリピンを取ると分析しています。日本の脅威を前提として、米海軍は大規模な増艦計画にのり出し、同時に、先程触れたように、パナマ運河の開通に力を入れるのです。

米国が日本と中国を秤にかけるようにして較べていったなかで、重要なもうひとつの要素は、人脈だったと思います。日本は対米人脈の構築で、残念ながら中国に劣り、その分、日本の立場をよりよく知らしめ理解を得ることが出来なかった。そうしたなかでワシントン海軍軍縮会議（二一〜二二年）が開かれて、そこでアメリカとイギリスと日本の主力艦の比率は五対五対三に決められました。日本は軍艦の比率については熱い議論をしていますが、日英同盟が破棄されたことの意味を、深刻には論じていないように思います。日英同盟が切られることによって、アメリカとイギリスが結託すれば、日本と米英の力の比は三対十になるわけです。日英同盟があれば、アメリカは日英と対決しなければなりませんから、五対八と、日本が有利になります。日英同盟破棄の軍事的意味についても、長期戦略的意味についても、日本は十分深く考えたとは言えないのです。

その後に、日本は関東大震災（二三年）を体験します。これは国内の天災ですが、日本には非常に深刻な打撃でした。加えてアメリカにおいては、関東大震災の翌年、排日移民法が成立します。その前にも、日本人学童は公立学校に入れない、日本人は不動産を所有してはならないといった多くの日本人排斥の動きがあり、深刻な問題として、当時の日本人には認識されていました。

共産主義の脅威もありました。ソ連のコミンテルン（国際共産主義運動）を三三年、アメリカは承認します。アメリカの構築する世界戦略の中で、一番の潜在敵として日本が位置づけられているのがわかります。米中が結び、米英が結び、米ソが結んでいく中で、日本が追い詰められていった。アメリカがコミンテルンを認めたあたりから、露骨な対日包囲網ができ上がっていったと考えざるを得ないと思います。

米国の日本を排除するかのような対日外交の築き方について、ワシントン会議にも参加したアメリカの中国問題専門家、ジョン・マクマリーは、日本を知らず知らずの内に、米中両国に脅威を与えている攻撃的な国につくり変えていったのは、中国とアメリカなのだと書いていいます（『平和はいかに失われたか』原書房）。

ちなみに、マクマリーは、満州事変については「不躾《ぶしつけ》な侵略路線」としながらも、「日本をそのような行動に駆り立てた動機をよく理解するならば、その大部分は、中国の国民党政府が仕掛けた結果であり、事実上、中国が『自ら求めた』災いだと、我々は解釈せざるを得ない」とも書いています。リットン調査団の報告と、ぴったり重なる基調です。米国の〃中国びいき〃のなかで、日本はそのもつれた糸を解きほぐすことが出来ず、米国と抜き差しならない状況に陥っていく。パールハーバーに至るまでの日米交渉を見ると、日本が裁かれた東京裁判に提出された資料を見ても、インドのパル判事のみならず、開戦には選択の余地はなかったと断じられています。

（ハル米国務長官が四一年十一月二十六日、日本に発出した）ハル・ノートを見ればモナコ公国であろうとルクセンブルク公国であろうと武器を持って立ち上がるであろうと、パル判事は書きました。あのハル・ノートのような内容を突きつけられれば、どのような小国であっても、大国アメリカに刃向かっていく、いわんや日本においてをやということです。

無論、日本の交渉の拙劣さはあります。相対的に米英諸国の交渉の巧みさもあるでしょう。

欧米は、経験を積み、英語という公用語を駆使して、ストレートに物を言うのではなく、間接話法で、表現力豊かな言い方をするわけです。日本にとっては致命的な内容も極めて鄭重に、上手に表現し、日本はだまされていったのが実態です。

それはまた、情報力の差でもあったと思います。あの時代、英語のうまい、視野の広い人が、日本が人材として何人か抱えていたなら、もっと上手に日本の立場を展開できたのではないか。もしかして、「あの戦争」に至る道筋は、もっと違った形になったのではないのか、と思うことがあります。

## われわれも〝相当な〟国だった

**加藤**　われわれは、歴史から何ものかを学ばなければなりません。明治維新から先の大戦の敗戦に至るまでの中で、常にわれわれは、保阪さんが言うように、受け身で物事に対処してきた。しかし、私は歴史分析の視点でも、今後のわが国の進路に関しても、そういう態度から脱却しなければいけないと思います。

櫻井さんの分析は確かに正しいのですけれども、常にアメリカという大変なやり手の国があって、外交戦略がうまくてということですが、そういう意味では、私はイギリスのほうがうまかったのではないかと思います。

保阪さんがいう中国はどうかというと、この国も外交戦略の才能ではかなりすぐれた国だと思います。たしかに十九世紀を見ますと、中国はめちゃくちゃな状態で植民地化されていきますけれども、それから立ち上がるときには、かなりしたたかです。例えば、蔣介石の奥さんは宋美齢、そのお姉さんは孫文の奥さん宋慶齢であり、そして、お二人とも英語が実に巧みで、自分たちの立場を説得するために、アメリカに渡り、かなりのトップエリートのＶＩＰの中に入って、いろんな社交をやりながら日本を非難して歩くということをやった人たちであります。

そういった意味で、諸外国が日本より外交的にうまいのはその通りなのです。しかし、われわれの先輩国民がもし本当に国際情勢を的確に見て、外交を推し進めていたならば、特に日露戦争後の二十年を謙虚に過ごしていたならば、われわれはあんな大きな間違いを犯さなかったのではないかという気がします。

例えば、一九一五年、対華二十一か条の要求をします。これは中国にかなりのものを要求しているわけで、一挙に中国のナショナリズムが強まります。具体的にいえば、各地域の警察は日本軍と一緒に活動しなさいと要求した。警察権力というのは権力そのものですから、それを全部日本が仕切ってしまうというような話です。また、遼東半島の領有権は二十五年とポーツマス条約で決まるのだけれども、二十五年ではすぐ来てしまうから九十九年にしてほしいと要求した。こんなことをやれば、日本はひどい、だから助けてください、というふうに中国がアメリカに駆け込むのは当たり前の話です。

だからわれわれは、常に被害者意識でアメリカにやられた日本とのみ考えるべきではない。われわれがほんとにこの国を守って、そして、世界に伍してしっかりやっていこうと思えば、「ここまではいいね」という限界を考える国であるべきであったと思います。

せめて満州の権益をとったら、「北支工作」はすべきではなかったろうことは、誰の目から見ても明らかだし、その満州の権益でも、そんなにいつまでも、九十九年も持てるものではないということを判断すべきであった。しかし、ヨーロッパ前線では、一九一四年から第一次世界大戦で欧米が大げんかしているものですから、こっちのほうは、対華二十一か条で、ある種の火事場泥棒をやっていたわけです。

こう見ると、日本は弱かったのではなく、判断を間違えたのだと歴史を解釈して、われわれも相当な国なのだから判断を間違えないようにしようと考えるべきです。さらにアメリカと開戦する直前の日本経済の構造を見ると、石油と機械類の三分の二はアメリカから輸入していたわけですから、そんなところにけんかを売るなんてことが、まともな国だったらやるわけがないのだけれども、とにかくアメリカにいじめられているからというようなことで戦争に突入していってしまう。

つまり、ある種の被害者妄想から抜け出る日本でなければならなかったのではないでしょうか。最近の北朝鮮についての日本の感情を見ると、どうしてあんなつまらない国にみなおどおどするのかなと思います。日本のＧＮＰの三百分の一の国だし、日本は五兆円も防衛費を使っ

終戦後、自宅でくつろぐ近衛文麿
（1945年秋撮影）

ているのですが、あの国のGNPそのものが二兆から三兆で、防衛費は二千五百億円ぐらいしか使えていない国なのだから、あの国を、少しこっちが教育するというぐらいの感覚があってもいいと思います。要約すれば、日本というのは相当な国で、状況追従型ではない日本にならなければいけないというのが、大戦から学んだ教訓であるべきだと思います。

## 「力の空白」に対し何ができたか

**原口**　最近、アメリカのホワイトハウスの外交部門では、知日派が随分去って、中国派がふえているといわれています。アメリカと日本の関係は、戦争中も今もあまり変わらないなと思います。

櫻井さんが言われた人種差別の問題。外交をやる人間は、差別のベクトルを自分たちの頭の中に入れておかなければいけない。排日移民法（二四年）について、近衛文麿（当時首相）が三七年の論文に、領土分配の不公平と原料・資源の偏在が戦争を生む、と書きました。近衛は、この問題をなくすためには、通商と移民の自由が生存権として保障されなければならないが、通商、移民の自由が認められない以上、領土の現状維持に疑いを起こすことはやむを得ざる当然の成り行きである、と。この主張が、現状打破論者としての当時の革新勢力のバックボーンになっていくのです。

先ほど、井上準之助（元蔵相）について話しましたが、英米の資本のほうから戦争を見ると、一九二〇〜三〇年代初めには、ラモント＝井上ルートで巨額の英米資本が日本に入っているのです。井上は、米英と同じフィナンシャルランゲージ（金融用語）を話すといわれるほど、アメリカと緊密な関係を持っていました。その同じフィナンシャルランゲージを話す人たちがどうして離反していくのか。やはり中国の存在を抜きには考えられないと思います。

援蔣ルート（蔣介石軍の抗日支援のための物資補給ルート）というのはどうしてできたのか。当時の日本の政権は、国共合作とは逆のことをやろうとしていました。アメリカの政治家でも、当時の日本の立場にいたら、華北で大きな軍事的空白が生まれ、あるいは、朝鮮半島で脆弱《ぜいじゃく》な、ある意味で力の空白が生まれたら、何をするだろうか。そのことについても議論が必要ではないかと思います。

アメリカの特徴は、華北に無関心だったことだと思います。盧溝橋事件だけで戦争に突入したのではないのです。そうではなく、金融資本が集中している上海に飛び火したときに、日本はアメリカの権益と真っ向からぶつかる。

東京裁判の中で、アメリカ側の責任追及の中身を見ると、ワシントン会議の九か国条約

（二二年）への違反、これが一番多い。つまり、彼らが目指したものは通商の自由、わが国が想定したものは、中国が不安定になってきている軍事情勢、あるいは共産化、南下するソ連、そういうものに対する脅威、つまり、脅威の同定ができていない。脅威の同定ができていなければ、共同体制もできない、むしろ逆にいうと、利害が対立するということになってきているのではないか。

私は、ワシントン体制を価値基準的に見ていません。持てるものたちが現状維持を突きつけてきたのがワシントン体制。その中で、時代に対応できなくなってきた。

声高な、おごった日の丸というのは最も危険だと思います。私は靖国神社への小泉首相の参拝には反対です。コミュニケーションギャップは、広がると、どうしようもなくなります。私たちはフィクションの世界で、お互いの国がお互いの国をおそれるようになってしまえば、それこそポイント・オブ・ノー・リターンです。あの戦争では、いったいいつからポイント・オブ・ノー・リターンになったのか、それはなぜなのかを問いかけてみたいと思います。

## 日米戦争は思想史的必然

**牛村**　大きな枠組みで、思想史を学んでいる者としてお話をしたいと思います。櫻井さんが、幕末からぜひ見なさいとおっしゃったので、そのへんから少しお話しすると、鎖国末期に西洋列強が日本にやってきて開国を迫ります。当時の日本の知識人一般の対応は、攘夷《じょうい》の言葉でわかるように、およそ相手の文化を理解しようとしない。つまり、例えば、水戸藩の儒者の表現を使うならば、日本は人間でいえば頭である。西洋はすねであり足であるというような見方で突き放す。開国を決めた後も、福沢諭吉のような若干の知識人を例外とすれば、ほとんどは異文化を嘲笑《ちょうしょう》はすれども、理解しようとはしない。

しかし、西洋列強は頑とした存在で、いつかは植民地にされるおそれがあるというので、西洋列強は仮想敵でもありながら、かつ、師であったと。こうして、日本は近代化の道を進むのです。

それから二十数年後、日清戦争を迎えますが、日清戦争をどう位置づけるか。ひと言で、思想史的なことを申し上げるならば、日清戦争の外交責任者、外務大臣陸奥《むつ》宗光の手記『蹇蹇《けんけん》録《ろく》』をのぞいてみると明瞭《めいりょう》です。

陸奥外相の認識は、日本はもはや西洋文明の国である。その西洋文明の国、日本が東洋文明の遅れた清を相手に戦うのだと。すなわち、異文明間の衝突として位置づけます。それから数年後、日本はここで初めて西洋列強と対等の立場で軍事行動をとる場が与えられます。義和団の乱（一八九九～一九〇一年）という中国の「扶清滅洋」を掲げた排外運動の鎮圧の場に、列強の軍隊とともに軍事行動を起こし、初めて対等な立場で参加し、軍規を守るというので高い評価を得る。そして、その後、日露戦争に勝利をおさめ、一等国になったという言説が日本国内の至るところで聞かれるようになります。

一等国とはいわれたものの、日本は西洋文明の国ではない。すなわち、キリスト教の国でもなければ、白人の国でもないというように、西洋列強からすれば、日本を排斥する理由は次々に出すことができます。しかし、ベルサイユ（一九一九年）では対等な立場で参加し、そして、ワシントン体制へ、と。ここまではよかったものの、ワシントン体制から離脱するということは、その後、師であった西洋から離れていく。思想史的に見て、そう見ていいのだと思うのです。

ですから、日米開戦は追い込まれた戦争という見方もできますし、また、保阪さんのご本を拝見すると出ているように、軍事でも政治でも、すぐれた指導者は皆無に等しかった。読んでいて悲しくなるぐらいの現実が突きつけられるのですけれども、仮にという話を申し上げますけれども、誰が政局の担当者であれ、また、軍人としてすぐれた人がいたにしても、思想史的な必然として、日米の戦いは免れなかったのではないか。

すなわち、西洋の中でも、おもしろいことに、日本はドイツが大好きなのです。第一次世界大戦のとき、日本の人たちはわざわざ中立国のスイスまで行って、戦局を眺める。ドイツが劣勢にあるにもかかわらず、きっとドイツが勝つだろうと思って見に行く。そしてまた、日本の軍人たちもドイツが大好きで、やっぱりドイツの勝利を予想している、ということが起こる。

これは、同じ西洋の中でも、ドイツがやや遅れた国であるということも一因ではあるのですが、ドイツの文化、片や、イギリスやフランスの文明という分け方をし、日本は精神的なものをドイツの文化の中に見いだします。他方、アメリカには機械的な文明、機械文明という言葉に代表されるような精神性を欠いたものを見いだし、精神的なものとしてのよりどころを、同じ西洋の中でもドイツに見て、そして、機械的なものとしての象徴のアメリカ、つまり、アメリカニズムを嫌悪し始める。

それに戦いを挑んだのが、実は日米開戦ではなかったか。その一つの証しとして、開戦翌年の夏、河上徹太郎、あるいは小林秀雄といった一流の文学者たちが京都に集って、暑い中、「近代の超克《ちょうこく》」座談会を開きます。そこで、各人が、言葉こそ違え言ったのは、日米開戦は、自分たちの心の中にあったわだかまりを一気に解消した、と。彼らは別に、軍に対する協力者でも何でもありません。すなわち、研究者、学者、文学者の中でも、日米開戦に必然性があったという意識があった一つの証左ではないかと思うのです。

## アメリカは中国にあこがれた

**櫻井**　なぜ日本が戦争に走っていったのか。それを受け身の立場で、被害者意識からのみ論じてはならないという指摘は確かにそのとおりです。ただ、日本が戦争に至るプロセスと、アメリカ、中国の関係を眺めてみると、日本がもっと積極的な外交を展開したとしても、かなり限界はあったと思わざるを得ません。

例えば、アメリカは、一八九八年の米西戦争を経て、アメリカ大陸からスペインを全部追い出し、そのときからアメリカの外交政策は大きく外向きになっていきます。それまでは、むしろ内向きだったのが、米西戦争を機会に、大きく外向きになり、グアム、プエルト・リコ、フィリピンを手にしていきました。その先に、アジア、つまり、中国に対する権益への興味を強く抱き始めました。当然、米国の日本を見る目は、米国が中国に手をのばすときに、米国の前方に立ちふさがる国というものになります。だからこそ、たびたび指摘したように、米国は日英同盟を切らせる戦略に力を注いだのです。

その後、例えば、アメリカの中国貿易は飛躍的に高まっていきます。一八九五年から一九〇〇年までで、アメリカの中国に対する製品輸出は、五倍になっています。日本もこの時期に綿製品など中国に対する貿易は増えていますが、次にアメリカは門戸開放を言い始めます。門戸開放とは、アメリカが自由な立場で中国に入っていくことの主張でもあるわけです。

アメリカのこの動きは、貿易による経済的な利益と、マーケットへの貪欲な興味によって後押しされます。それは人間の流れにも反映されていきます。アメリカからプロテスタントの牧師が世界中に散らばっていって布教活動をしますが、一九〇〇年から十年間に、外国に行ったアメリカのプロテスタント宣教師、約三千八百人のうち三千百人が中国に行っていたのです。アメリカにとって、当時の中国は魅力的なマーケットであり、そして、ロマンティシズムをかき立てるあこがれの国でもあったということでしょう。

そのようなことがありますから、例えば、第一次世界大戦の終了に伴って、国際連盟を提唱したあのウィルソン大統領は、ホワイトハウスに入ってすぐ、自分の閣僚に中国を援助したいと語っています。当時の駐中国公使、ポール・ラインシュは、公使でありながら中国政府顧問を務め、中国との緊密な関係を保っていました。また、一九一七年の石井・ランシング協定を結んだランシング国務長官の義父はハリソン政権の国務長官のフォスターで、フォスターは国務長官を退いたあと、中国政府の顧問となっています。当然、女婿のランシングにも中国との深いつながりがあるわけです。

このような状況の中で、日本も一生懸命に外交的な駆け引きをするわけです。とくに被害者的発想を強調するつもりはなくとも、経済的、人的、政治的な国際状況を見ると、日本を敵対視し、孤立させていく、あらがいがたい大きな流れが作られていって、日本がそれに直面せざるを得なかった状況は手に取るようにわかります。

この点を、戦後六十年を経た私たちが、もっと客観的に認識して、日米、日中の戦争分析の資料にしなければならないと思います。利己的に日本の立場だけを主張するのは間違っています。その反対も同様に間違っています。実際に、アメリカがどのような外交を展開したのか、経済的、政治的にどのようなことが起きていたのかをはっきり認識した上での分析が必要かと思います。

## 国際政治を知らない日本の甘え

**御厨**　少し補足的な論点を出しておきたいと思います。今、原口さんがおっしゃいましたし、また、櫻井さんの議論とも重なるところでありますが、日本とアメリカの関係、あるいはアメリカとその他の国の関係も、経済的利益が具体的にあるかどうかというところがポイントだろうと思います。

原口さんがおっしゃったように、ラモントと井上のルートというのは、明らかに経済的な利益、金融的な利益の上に成り立っているものであり、日本からも、当時の国際金融家がアメリカに行って議論をし、それから、社交をやっていたという事実も、これは三〇年代に至るまであります。

また、三〇年代に関しても、斎藤博という駐米大使、この方はアメリカで客死するわけですが、彼が三〇年代にアメリカの新聞、アメリカのラジオを駆使し、アメリカのいろいろな都市での講演を幅広く行って、日本の立場を英語で説明するということをやります。

その後、彼は病気で倒れるわけであります。そのときに彼が書いた本が出ておりまして、これを私、読んだことがありますけれども、ほんとうに一生懸命やっているのです。ただ、孤軍奮闘でありました。最終的には、彼の孤軍奮闘がアメリカでどう見られたかというと、あれは要するに、日本のデマゴーグだと。日本から来て、たった一人で日本の立場を主張している。もちろん斎藤の議論は、かなり真っ当であります。そして日本の立場もきちんと主張するけれども、日本が退かなければならない論点にも、もちろん触れています。しかし、いかんせん多勢に無勢と申しますか、一人でやったのではどうにもならない。つまり、知米派、あるいはアメリカをよく知って、アメリカに知られる人物が出てこなければいけないという状況の中で、それは斎藤一人であったことが、やはりこの時期の日本の限界を示しているのだろうということが一つであります。

それから、もう一つ、先ほど、ポイント・オブ・ノー・リターンという議論がございました。これは、パネル討議の後半で少し詳しく議論をしていきたいと思いますけれども、史料的に見てわかりますのは、やはり日本による四一年の南部仏印（現在のカンボジア、ベトナム、ラオスの一部）進駐が、アメリカにいかに大きな影響を与えたかということです。これで完全に日本は、アメリカからの物資輸入を止められます。石油は完全に来なくなる。

ところが、石油が完全に来なくなるという状態のときに、日本側の当時のジャーナリズム、雑誌を見ておりますと、これで戦争ができなくなったとか、あるいは、これでアメリカとはもういっぺん交渉のし直しだという議論は全くありません。たかだか南部仏印に進駐したぐらいで、アメリカがどうして石油を止めるのだ、これはアメリカのほうが不当であるという議論で雑誌は沸騰しております。したがって、いよいよ、こういうアメリカはけしからんというほうに日本の世論は回っていく。

つまり、そこにはある種の甘えがあって、ここまでやったって、やっぱり国家の生存の一番ポイントである石油を切ることはやらないだろうという見通しなのです。ところが、それをやられてしまった。

史料を読んでいまして、今から見るとこっけいな議論なのです。それまでのアメリカの対応というのは尺取り虫的対応だった。日本がちょっと出ると、向こうもちょっと出たと。今度だって、日本はちょっと出たに過ぎないのだから、アメリカも同じに出るぐらいでいいはずではないか。どうして一挙にどっと出てくるのだという反応です。これは国際政治を何も知らないことのあらわれであろうという感じがいたします。

それから、第三点。統帥権の問題が先ほどから少し出ております。この統帥権の問題を含めて、やはり言っておかなければいけないのは、明治憲法体制が、一応、天皇を戴《いただ》きながら、非常に権力分立的体制であって、とうてい独裁権力を制度上つくり得ないものだったということです。そういう状況の中で、しかし、軍を抑えるためには、ある種の、独裁権力を確立しなければ無理だという認識が四〇年代前後の風潮で、近衛新体制というのは、そのためにでき上がります。

そのとき、しかし、近衛が最終的に事態の解決に踏み切れない理由の一つは、近衛新体制を推し進めていきますと、最終的に明治憲法が見えてくる。明治憲法は不磨の大典でありますから、これを改正できない。明治憲法を改正しない限り、総理大臣への権力集中はできないということが明々白々となります。したがって、不磨の大典に手を触れることができないのであれば、近衛新体制は、文字通り大政翼賛会というていたらくになって、一朝にして崩壊していくのです。

制度的な要因も含めて、一つ一つは小さな論点でありますけれども、日本が状況を主体的に変え得ることができなかったという事態があるのでしょう。

今までの議論の中で、補足的な論点を私の立場から申し上げれば、その三点がいえるのではないかということをつけ加えまして、パネル討議の前半を終わります。

パネル討議　「戦争責任」を考える（後半）

## 「あの戦争」とは

**御厨**　前半では、少し大くくりの議論をいたしました。日本の近代というものを眺めながら、とりわけ日本の中での政策決定における問題点をおさらいし、それからアメリカ、中国、そしてソビエトというような国際的要因を確かめ、フロアの皆さんの頭の中にいわば航海図を描いていただいたという感じがいたします。

それを受け、後半は、保阪さんが定義なさった「あの戦争」というものについて、具体的な、細かい議論を積み重ねて、どこまでいけるかやってみたいと思っています。

最初に、保阪さんから補足と問題提起をしていただきます。

## 「国共合作の枠組み」に落ち込んだ日本

**保阪**　ワシントン体制についての補足ですが、ワシントン体制は、一九二〇年代の体制といっていいわけですが、肝心なことがいくつか欠落していたということです。一つは、近衛がいみじくも「英米本位の和平秩序を排す」と言ったように、英米本位の和平秩序であるということは、考えれば誰でもわかるのですが、世界の一つの仕組みだったということです。もう一つは、ワシントン体制にロシアとドイツが入っていなかったということ、第一次世界大戦の戦犯国ドイツはそこから排除され、ロシアもまた、革命後のソ連となって入っていないということです。

そういう意味でいうと、ワシントン体制を世界秩序の和平を模索する協調外交の紐帯《ちゅうたい》として絶対的に捉え、日本がそれを満州事変で最初に破ったというのは、形としてそういう言い方が東京裁判でもされていますが、やや一方的であって、一方で、日本が、改革派の和平秩序の破壊者というか改革者であるというような意味で受けとめられてもいた。国内的にも、国外的にも、そういう見方があったことを補足しておきます。

ついでに、満州事変後のリットン調査団の報告書採択をめぐって、結果的に日本は国際連盟を脱退（三三年）する。この脱退によって、日本の朝野の声は歓迎一色になるのですが、考え

てみれば、これによって世界的な発言力を日本は失ってしまう、国際機関での発言力を失ってしまう。それを機に、中国の意見が国際社会でかなり大きくこだましていくという状況もあったと思います。

後半の冒頭として、中国との問題についてちょっと触れておきたいと思います。

日中戦争ですが、このことを考えるときに、私は先ほど、同時代史と歴史とを区別すると、いろんな見えるものと見えないものがあると言いました。同時代史の中で見れば、盧溝橋事件（三七年）から始まった日本の華北への進出が日中戦争を拡大する要因として指摘されますし、それは当たっているともいえます。しかし、歴史的にどうだろうかと。カメラを俯瞰《ふかん》して見たらどういうことがいえるだろうかという視点も大事ではないかと思います。それによってわかることは、三六年十二月の西安事件。これをよく分析すると、日中戦争が国際社会の中でどのような意味を持つかということがわかってきます。

西安事件は第二次国共合作がなったときです。張学良が西安に蒋介石を呼んで幽閉状態にする。張学良は蒋介石の部下ですが、蒋介石を幽閉し、そこへ周恩来が飛んでくる。交渉が始まり、合作がなります。「滅共第一、抗日第二」から、蒋介石は「抗日第一」に変えていきます。

この西安事件のときの国際社会の動きを見ると、やはり日本でも随分大きく報じられています。日本の新聞も号外が出ています。それほど大きく見ている。それは、蔣介石が部下の張学良に幽閉された、そういう目でとらえています。

が、実はそのことより、そこで国共合作がなり、その密約の中で、中国が国家統一のために、中国人の覚醒《かくせい》のために、何らかの力を得る。歴史的に見ればそういう状況がなり、日本の軍国主義、軍閥がそこへドボンと落ち込んでいく。このような構図が、歴史的に俯瞰すると見えます。

このことを私たちが同時代史の中でいうには、少しおもんぱからなければいけないところがあるとは思います。盧溝橋の周辺にいた日本軍はどうしていたのかという問題があります。こういう問題を含めて「日本が悪い」という言い方もされます。

しかし、歴史の流れとしては、国共合作がなった枠組みの中へ、日本が、軍事的にも外交的にも拙劣だったと思いますが、落ちていくという見方ができると思います。歴史的に見る、というのはそういうことだろうという感じがします。

## アメリカは仏印進駐以前に対日制裁を決めていた

**原口**　今のお話に加えて、その当時の時代がどうだったのかと言いますと、一九三五年、コミンテルの第七回大会があり、その前の年に民族統一戦線方式をスターリンが打ち出していまず。フランスはレオン・ブルム人民戦線内閣、三六年、西安事件と同じ年ですね。これは、横光利一が『旅愁』という小説の中に、いわゆる三色旗と赤旗との戦いというのを書いている。スペインでも人民戦線内閣ができて、それにやはり呼応する動きだと思います。今、保阪先生がおっしゃったように、蔣介石は後で、「共産党の命はあと五分だった」と言っていますが、そこで内戦停止と一致抗日が決められた。これは非常に大きなことだと思います。

それからもう一つ、これも言葉の問題で、私は現職の政治家なので非常に言いにくいことですが、中国といったときに、今の時代の人間の認識で中国といったときに、やはり歴史の認識を誤るだろうと思います。満州や蒙古、これはほんとうに中国なのか、というようなことを政治家が口走るのは大変危険ですが、当時はどうだったのか。それを歴史的史料から見ると、ロシアからも満州民族からも自由な国を、ということを模索している動きがある。それに対して当時の日本の政府がどのように呼応していくのか、です。

仏印進駐の話もありました。私が見た史料からすると、仏印に出たからアメリカの対日制裁が行われた、というのは本当だろうか、その三か月も前にアメリカは制裁を決めていたのではないか。当時、仏印については、フランスがヒトラーに支配をされていますから、ヒトラーに親しいヴィシー政権との間で日本が契約を結ぶ。そのこと自体は、国際法的にはとがめられるものではない。だから、仏印進駐と経済制裁との因果関係も歴史の具体史料に基づいて、そろそろ検証されてもいいと思います。

## 西安事件が満州族と漢民族を合体させた

**加藤**　西安事件というのは非常に大きなインパクトがある事件でした。その際に、今おっしゃった満州、つまり清の国をつくった満州族の人たちと、漢民族の人たちを一緒にしていいのかは一つのポイントです。私も中国に少し長くいて、中国語を話しながら、中国人の間に深く入って生活していたときがあった。その経験からいうと、中国の人々も漢民族と満州族の差を意識しているのに気づくことがたまにありました。彼らもめったに口に出しませんけれど。彼らとよく話していると、ぎりぎりの部分になるとそういうのがあるのです。問題は、西安事件を起こした張学良ですが、彼が蔣介石を監禁して、抗日を迫った。この張学良のお父さんが張作霖であって、そして満州地域を全部仕切る軍閥だったわけです。

日本は、当初、この張作霖を、満州を治めるときの代理人として一生懸命支えていくのだけれども、蔣介石と戦いをするとあまり強くない。まとめるリーダーシップが弱い。というわけで、一九二八年、満州事変の三年前に殺してしまいます。関東軍の河本大作大佐が、張作霖が乗っている列車を爆破した。即死はしなかったけれども、しばらくして死ぬ。これを当時の日本の新聞は、あまり報道できないものですから、「満州某重大事件」と報道して国民の間には伝わるわけです。誰が見たってあれは関東軍がやったなとわかっているわけで、やられた張作霖の息子である張学良が、ある意味では満州族の気持ちを代弁して西安まで行き、満州族、蔣介石、中国共産党の三者を合体させたということなのだろうと思います。

一方、石原莞爾は、三年後、満州事変で、やはり張作霖事件とちょっと似たようなことを考え、線路爆破事故を演出します。だから、また同じことを言うのですけれども、追い込まれてやったというよりも、判断を誤ったのではないかと思います。いつまでも被害者意識的歴史観では、みずから学ぶことが少ないのではないかという気がします。満州族と漢民族を合体させたという側面があるのが西安事件ではないかと思うのですが、いかがでしょうか。

## 国際政治の冷酷

**櫻井** 歴史というものは興味深いもので、張作霖爆殺事件についてはソ連の諜報機関GRUの秘密活動について書いた『GRU帝国』第一巻が二〇〇〇年にモスクワで出版され、そのなかで、同事件はソ連が日本軍の仕業に見せかけて行った犯行だと書かれています。戦後、五十年あるいは六十年を経て流出または公開されるこれら新事実によって、文字どおり、歴史の見直しもあり得ると思います。そして、西安事件については、ああ、歴史とはこういうふうに

展開するのか、避けられない局面というのはあるのだなと思います。あのとき、蔣介石が幽閉されなかったら、歴史の「ｉｆ《もしも》」は、言っても仕方がないのですが、違ったことになっていた、と。
　そして翌年の三七年七月に盧溝橋事件が起きます。日本の近衛文麿内閣も蔣介石国民党総統も、日中の軍事対立を広げるつもりはなかった。それがなぜ、わずかひと月ほどの間に、北京郊外の盧溝橋から千キロも離れた上海にまで戦火が広がったのか。私たち日本人は、それこそ関東軍が悪かったのだと思ってきましたが、実は、関東軍よりも、蔣介石の部下の張治中という南京上海防衛隊の司令官が、周恩来の送り込んだ中国共産党のスパイで、張が蔣介石の指示にそむいて戦火を広げていったとの事実も『ワイルド・スワン』の著者、ユン・チアン氏によって書かれるようになっています（『マオ——誰も知らなかった毛沢東』講談社）。新情報による歴史の見方の変更は、時代が下るにしたがって本当に必要なわけです。
　日中が全面戦争に突入していくにつれて、アメリカは日本に経済的な抑圧策をとり始めていきます。三八年、西安事件、盧溝橋事件を経て、航空機関係の禁輸がまず始まります。三九年には日米通商航海条約の破棄があって、四〇年には一切の軍需資材、生活物資の禁輸が具体的に実現されていく。四一年七月になると、日米間のアメリカ側でのすべての取引を米政府の管理下に置く。同時に、日本人の在米資産の凍結へと進んでいきます。

こうしたことが中国での国民党と共産党合作に重なっていくわけです。この動きは、各地で余波を広げ、日本にとっては神経を一つ一つとられていく感じです。日本の外交がまずいといっても、では、どういう手が打てたのか。手を打ったとして、アメリカがどのように受けとめ、反応したのか。アメリカの外交文書などを読むと、これはかなり難しかったと言わざるを得ません。

もちろん国際政治は冷徹です。どの国も自分の国益をかけて外交を展開しなければならないのは当然です。しかし、三〇年代から四〇年代にかけての国際状況を理解するのに、日本外交の厳しい分析と共に、米中両国の対日敵視にも厳しい分析が必要なのは当然です。が、この三〇年代後半からの動きを分析して、いかに国際政治は冷酷であり得るのか、理不尽であり得るのか。そういうことを、私たちが認識することが次の問題解決、問題回避の道につながるのだろうと思います。

## 満州国は傀儡国家だったのか

**保阪**　先ほどの加藤さんのお話を少し補足しておきます。満州族は五百万人とか六百万人が漢民族を支配したといいますが、満州族が漢民族を支配するという清朝帝政は二百七十〜二百八十年続きました。この清朝帝政に対する革命の反旗は、一つは孫文。孫文の思想が一九一一年に辛亥《しんがい》革命を起こします。そのプロセスで日本人の同志が随分協力する。掲げていたスローガンは「滅清興漢」だった。清を滅ぼし、漢を助ける。この満州族と漢民族の間の亀裂は、これも同時代史ではなかなか今言えないことで、加藤さんはよく言ったなと思いますが、それに便乗して言えば、孫文が一九一五年に日本のいろいろな人に、満州族を売ってもいいというか、満州を借款してもいいというようなことを文書に書いて出している。

日本はそういうことも知っていて、満州事変の後、昭和七年（一九三二年）三月に満州国をつくります。漢民族に対し、清朝最後の皇帝溥儀《ふぎ》をもう一回出して満州族を中心に据えながら国家をつくるわけです。同時代史の中ではこれは傀儡《かいらい》国家であるという認識ですが、長い目で見ると、実は辛亥革命から満州国まで、ずっとある流れがある。そこの中に日本の軍人が、確かに拙劣ではあるけれども、実験したなという印象はあります。こういうことを言っていいのかどうかという問題が今あるのだけれども、改めて注意するというか検証する必要はあるなという感じはします。

## 開戦の責任は?

**御厨**　少し、時代的に後のほうにいきたいと思うのですが、牛村さんが最初に戦争責任という場合に、国内的なもの、国外的なものがあると同時に、開戦、それからその経緯、結果と分けて考えてはどうかとおっしゃったのですが、ここで開戦の責任について、口火を切っていただけますか。

## 東条ひとりに負わせるのは間違い

**牛村**　開戦の責任者というと、おそらく、歴史をある程度知っている人は東条英機であろうと言うと思うのです。しかし、少し歴史を学んでみるとたぶん違う。戦後に行われた東京裁判の場で、東条英機はもちろん被告の一人として裁かれます。そういうこともあって、何やら東条は軍閥のリーダーであって、つい最近も、比較的高名な文芸批評家が「小泉さんの靖国参拝はヒトラーの墓にドイツ人が詣でるようなものだ」ということを書いているのを見て、まだまだ教育がうまくできてないなと思ったものですけれども、その関連で申し上げますと、東条は全然そんな強いリーダーじゃなかったのです。

東京裁判には二十八人の被告がいます。その中で陸軍軍人は十五人いて、陸軍というのは士官学校に入学した年で年功序列的に官位が上がっていく。東条はその十五人の中で何番目かなと思って見てみたら、八番目なのです。上には、例えば荒木貞夫や土肥原賢二、南次郎、そのほか、松井石根《いわね》もそうですけれど、いっぱい先輩たちがいる。だから、全然、東条は光った存在じゃない。たしかに頭は切れて「カミソリ」という異名をとったことは知られています。実際に、第二次、第三次近衛内閣で陸軍大臣だったときも中将であり、組閣の大命を受けて初めて、異例に早い昇進で大将になったという人です。そのへんはまず誤解してはいけないかなと。

それから、東条は実際、東京裁判の場で「自分は責任がある」と言明をしました。これは、批判的な人であろうと東条を評価する人であろうと、誰もがやはり知っておかなければならない事実ではあると思いますが、長い目で見たときに、東条ひとりに開戦責任を負わせるのは間違いでしょう。

では、誰に責任があるのかといわれれば、東条は、ドラマの最後に登場した一人であり、その前に長らく主役を務めていた人のほうにむしろ責任があるだろうし、しかもその人だけに責任を負わせるわけにもいかない。まつり上げられた人は、一種、性格が弱くかつ育ちがいいからということで、日本の顔になった人です。もちろん近衛文麿のことをいっていますけれども、だが、その配下にあった人たちが、近衛に責を負わせるような形でどんどん国策を進めていった。だから、誰がということはできませんが、多数の人に責任がある。しかし、東条はその一人ではあっても、重大なる責任を負うものではないだろうというのが、未定稿ながら現在の考えです。

## 「危機に対処しない」選択肢があったのか

**原口**　私も同じ認識を持っています。四一年九月六日の御前会議で、「帝国国策遂行要領」、つまり十月下旬をめどに和戦なのか開戦なのか、その結論を出す。結論はついに出ず、御前会議の結論を結果的に内閣は実行できないということで近衛内閣が総辞職をして、東条に大命が下りたのがその年の十月十八日ですから、そのときにはハル米国務長官の最終の覚書はまだ出ていない。つまり、最後、東条に何で白羽の矢が立ったのかというと、文書を見てみると二つぐらいあるのかと思われます。陸軍を抑えられるのは東条さんでないとできない、もう一つは、彼は開戦論者ではなかった。つまり、戦争をぎりぎりまで回避しようという試みがここでも行われている。だけれども、なぜ戦争に突入するのか、私が史料に当たったところでは二つぐらいあるなと思います。

一つはやはり二元外交ですね。誰と交渉していいのかわからない。その間いろんな工作があった。もう一つは、対外的な危機感が構造的に穏健派を排除する構造をつくってしまっていた。つまり、さっきから議論のある日中の戦争、あるいは共産党やロシアの危機、さまざまな対外的な危機感が政治化することによって、その危機に対処しない、あるいは危機を穏便に済ますという、そういう選択肢がどんどん排除されてきた。この二つのことが、それこそ戻れないポイントにいく大きな原因になっているのではないかと思います。

帝国国策遂行要領が十一月五日、つまり白紙還元の天皇のご下命を受けて出るわけですけれども、その白紙還元が出た後に、ハル・ノート。最終通告に至るまではほんとうに苦悩の歴史だったと思います。やはり、私はただ正義や建前だけを言っていればそれで済むという話じゃなくて、その間に「マジック」によって暗号は全部読まれていたわけで、つまり、暗号解読されて手の内を見られていた、そこでじゃあ、誰だったらこのときに回避ができたのか、世界史的な検証が必要だと思います。

## 政治家が本気で対抗していたら

**加藤**　戦争が終わった後に、河辺虎四郎という元参謀次長が日記を書いている。ポツダム宣言を受けて降伏の交渉に行った代表団の一人です。なかなかの文章なのですけれども、その中で彼は「政治家の無責任を断ぜざるを得ない」と言っている。「余は」、つまり自分は、「軍閥横暴の事実を認む」、認めるけれども、しかしながら、「横暴なることこれ軍閥の本質なり」と。ちょっとひどい言い方だと思いますが、彼は、もともと軍人というのはそういうものなのだと言いながら、政治家が本気になって対抗したならば避けられたことではないかと言っているのです。

その意味で、私は、関東軍及び参謀本部の参謀たちにかなり責任があるということは、先ほどの満州事変のときの石原莞爾について述べましたけれども、最終的な開戦責任という意味では近衛文麿の責任は大きいと私も思います。極めて日本的な近衛であり、そのプロセスもまた日本的だと思いますが、人を押しのけても決断するものは決断するとか、やらないと決めたらやらないと決定する責任があったのではないか。内閣総理大臣を計二年十か月やった人の責任は大きかったと思います。

## マスコミにあおられた世論

**櫻井**　小泉首相が郵政民営化に反対されて解散するときに、蒼白な顔で「私は殺されてもいい」とおっしゃいました。あの時点では首相はそういう気持ちだったのだろうと思いますが、今どき郵政問題で首相を殺す人はいません。しかし、四〇年、四一年の段階で、殺されてもいいという思いの政治家が一人でもいたら、例えば近衛が、ほんとうにそのような気持ちになっていたら、あるいは事態は変わったかもしれないという趣旨には、私も同意します。

もう一つここで考えなければならないのは、メディア、つまり新聞、ラジオなどの役割です。満州事変以降、新聞は驚異的に部数を伸ばしていく。号外、号外で、戦線がどう日本に有利に展開しているかとか、こんな戦いがあったとか、大変なお金をかけて報じます。当時、現地の写真を急いで日本に持ってきて号外を出すというのは並大抵のことではなかったのですが、号外を連発して、どんどん部数を増やしていく。朝日新聞も、毎日新聞も、そうだったと思います。あえてこのシンポジウムの主催者の名前は申しませんが、そのような感じでマスコミにあおられた世論は、あらがいがたい力を持ったはずです。

一九四五年八月十四日の朝日新聞の社説には、事情を知ってみれば驚くべき恥ずべきことが書いてあります。その十日ぐらい前から、軍の情報局長は、どうも日本はダメだ、降伏しなければならないというような情報を漏らすのです。朝日の首脳陣も敗戦は免れないと察知する。ところが、新聞記者の使命としてその超重要情報を紙面にすぐ反映させなければならないのですが、反映させない。そして社説には、「敵の暴虐に対する報復の機は一にこの国民の胸底に内燃する信念が、黙々としてその職場に於て練り固めつつある火の玉が、一時に炸裂するときにある」などと書かれています。広島、何するものぞ。長崎、何するものぞ。鬼畜米英、一億総火の玉となって攻撃せよということを、降伏が近いと知っていながら、社説に書いたわけです。それが、十五日になるとガラッと変わるわけです。

そのようなメディアの責任を果たさないメディアが、いかに大きな力を持ったかということも、考えなければならない。近衛はもともとお公家さんですから、マスコミや軍人にあらがって、怒濤のような波の前に立ちふさがることができなかった。それを、彼は自分の死をもって償った。責任を近衛首相だけにかぶせることは、日本のメディアにだけは許されないと思わなければならないのです。近衛よりも天皇よりも、むしろ、メディアの責任は大きいかもしれないと思います。

私たち国民が、そしてメディアが、この全体の流れをどういうふうにとらえ、支持してきたかは、理性的に、かつ深く分析しなければならない重大な要素です。それをいうと、「何だ、全体で責任をとるのだったら、誰も責任をとらないことになるではないか」と言われるかもしれませんが、それでも日本が戦争に突き進んでいった重要な要素の一つとして考えなければならないと思います。現在も、似たような形で、一つの流れにドーッと流れていくメディアと世論のあり方は、本質的に変わらないものがあるのではないかということに、最大の危機感を覚えています。

## 戦争傾斜の軍務官僚は石油備蓄資料を出し渋った

**保阪**　四一年十月十八日に東条内閣が成立します。これには天皇の意思も相当働いています。木戸幸一との間で、「虎穴に入らずんば虎児を得ずと云うことだね」という会話をしたというふうに言われています。つまり、東条は九月六日の御前会議の決定である十月中旬をめどに外交交渉がうまくいかなければ戦端を開くというような主張者です。それは軍を代表して言っているわけです。それを言われて近衛が政権を投げ出す。近衛は、東条と十月十四日、十五日に

会談します。東条が、もうここまできたら外交交渉はうまくいかないから、君（近衛）は清水の舞台から一生に一回飛び降りるような気持ちが必要だとか言ったら、軍人がそんなに戦争が好きなら戦争をやればいいではないか、と。論争というか、言い合いになります。結局、近衛は政権を投げ出します。

　そのときの近衛の投げ出す姿勢については、近衛自身も後に『失はれし政治』という著書で、亡くなる前のことでちょっと触れてはいると思いますが、すこし余談を一つ。どうして近衛はあのとき最後まで粘らなかったのか。娘婿の細川護貞という人がいます。最近亡くなりました。近衛の秘書だったのですが、その方に何度も取材し、聞いていたら、これは絶対に言えない恥ずかしい話だけれども、近衛は痔《じ》だったっていうのです。タクシーに乗ったり、車に乗ったり、執務室でも、おしりが痛くて、痛くてしようがない。それで、近衛はまともな判断ができなかったというのです。政治家と病気というのは、それ自体テーマになるのですが、そのことに象徴されるように、痔ごときで、やはりやめるというような弱さを近衛は持っていたと思います。昭和天皇はそれをよく知っていたと思います。

　組閣の十月十八日から開戦の十二月八日までの五十日ぐらいになりますか、その間の東条内閣の動きを子細に分析しますと、東条内閣はたしかに、「白紙還元内閣」として天皇から言われて出発する。項目再検討会議というのを十日間やるわけです。戦争を起こさない方法があるか、もう一回項目を練って会議をします。しかし、その会議の結論は、戦争の可能性に傾く。

そこで、軍務局の連中が項目をピックアップします。石油はいくらあるか、日本がこういう態度に出たらアメリカがどういう態度に出るかという項目を十いくつかピックアップして議論します。その母体になる数字、例えば石油の備蓄量がいくらか、あるいはアメリカがどう出るのかというようなことです。しかし、いくら論争しても結論が出ない。

まず、備蓄量については関係各庁が資料を出さない。海軍省も陸軍省も出さない。それで、企画院総裁の鈴木貞一は、「しようがないから勝手に試算してやったのだよ」という状況です。つまり、もっと官僚組織からのいろいろなデータで検討すれば、東条も選択の余地はあったと思います。項目再検討会議での東条は、天皇があそこまで言うのだからと、確かに非戦を考えています。しかし、それが次々不可能になっていき、十一月一日、戦争のほうに傾くのです。

十一月にも、外交交渉で、野村吉三郎駐米大使に甲案、乙案を送り、妥協しようという動きが確かにある。一方でそれを押さえて進んでいくのが大本営統帥部の若い連中です。これは、『戦争機密日誌』という戦争指導班の史料を見るとよくわかります。「東条は何を言っているのだ、もうやる以外にないではないか」とか、「日露戦争を体験したような変な重臣が来てわけのわからないことを言っている、そんな時代ではないぞ」とか。とにかく「戦争だ、戦争だ」と言っている。

戦争に傾斜していく軍の中堅幕僚とは、河辺虎四郎がいみじくも言ったように、「軍人とはそのようなものだ」ということです。それを、東条は軍人だけれどもやはりコントロールできなかった。政治家では、とてもコントロールできなかったと思います。

そういうふうに、中堅幕僚が増長して国策を壟断《ろうだん》するようになるまでに、どういうプロセスがあったのかは、東京裁判でも論じられていません。それは私たちの問題なのです。どうやって、中堅幕僚がこういう発言をするようになったのか、どうしてこういう傲慢《ごうまん》なことを言うようになったのか。そこに出会うのは、やはり統帥権の問題である。それが私の結論です。東条は確かに責任をとらなければいけない立場でありますが、努力したことは歴史の中で認めておくことが大事だという感じがします。

## 戦争をするには相手がいる

**櫻井** 開戦の責任は誰にあるかというときに、私たちは今、どの日本人にあるかという観点からのみ話をしてきたと思います。しかし、戦争をするには相手がいります。もちろん日本の落ち度も十分にあります。そのことを認めた上で、しかし相手があることであるならば、相手のことも一応は論じなければならないと思います。日本がいかに戦争を回避しようと努力しても、アメリカにその気がなければすべての努力は無に帰すでありましょうし、日本があまり努力をしなくても、アメリカが戦争を回避しようと真剣に考えていたならば結果は違った方向に行ったかもしれないわけです。そういう感じで見てみますと、アメリカ政府の対日政策は、明確にここで戦いを始めさせる、しかも日本側に戦いの火ぶたを切らせることだったと言いたいのです。

十一月二十六日の十項目のハル・ノート。それまでの八か月間の日米交渉の中身を全く無視した、それよりもさらに踏み込んで日本が絶対にのむことができないであろう条件をつきつけたのがハル・ノートです。ハル・ノートが日本に渡されたとき、例えば、当時一生懸命、戦争回避の方向に努力した駐日アメリカ大使ジョセフ・グルーは、「このとき開戦のボタンは押されたのだ」と回顧録に書いています。

アメリカ自身、ハル・ノートを突きつけた翌日、軍の指揮官に戦争態勢に入るよう指令を出しています。日米の太平洋戦争の始まりとなる真珠湾攻撃は、真珠湾に始まったのではなく、このハル・ノートに始まったといえるわけです。

ルーズベルトはヨーロッパ戦線に参戦するために、その口実として日本に対米戦争を仕かけるよう流れを作ったという見方は、すでに広く指摘されています。異論もあるのは事実ですが、ロバート・スティネットの『真珠湾の真実――ルーズベルト欺瞞の日々』（文藝春秋）は、そのことを詳細に書いた本で、日本でも広く紹介されました。

もうひとつ、興味深いのは、日本を追い詰めた決定打のハル・ノートを書いたのは、D・ホワイトという財務次官補であり、彼はコミンテルンの指令を受けた共産党員の「雪」作戦のターゲットだったという事実です。名前がホワイトだから「雪」作戦と名づけられたそうです。日米戦争、そして日中戦争も、日米中の動きだけでなく、ソ連、そしてコミンテルン、中国共産党の動きにも十分目配りしなければ、本当のところは何もわからない。だからこそ、日本の戦争責任をきちんと追及していくことと同時に、日米関係の中でアメリカが果たした役割はなんだったのか、勝ったからアメリカはすべての責任から解放され、日本国のみに責任が押し付けられるのかについて、もっと公平に見なければならないのです。戦争開始の責任に関していえば、日米両国の立場は、これからも明らかになる新事実を積極的に吟味して考えていくことが必要だと思います。

## 終戦工作は上出来

**御厨**　終戦工作に話題を移しましょう。

**牛村**　御厨先生がどこかでお話になっていましたが、私も全く同感で、四か月で仕上げた終戦工作はまあ上出来であろうというのが基本的な考えです。小磯国昭内閣が繆斌《ミュウヒン》工作等で失敗して退陣します。そして、昭和二十年四月に鈴木貫太郎内閣が成立します。天皇の信任厚い老臣が担ぎ出されて何とか心得てやってくれと言われて引き受けます。その鈴木内閣は終戦内閣として終戦工作に成功する。鈴木貫太郎は、今日、史料を何度読んでみても非常につかみに

東京裁判法廷での東郷茂徳

くい。お年寄りゆえのつかみにくさもちろんあるのでしょうが、いったい何が本音かわからないところがありながらも、折に触れて自分の本音を徐々に徐々に出していくという形で、東郷茂徳外務大臣、あるいは阿南陸軍大臣、その他、まさに言葉を交わさない会話をしながら終戦に持ち込むというふうに進んでいったと思うのです。アメリカの歴史研究者たちは、もうはっきり言って、鈴木のやり方はわからないと、日本式の腹芸らしきものはちょっと理解しかねると、お手上げ状態というのが現実だと思うのです。

鈴木内閣はポツダム宣言を黙殺した上に、広島・長崎への原爆投下を許した。そこは看過しがたいという主張が時折起こります。しかし、外交責任者であった東郷茂徳に『時代の一面』という回顧録があります。私の愛読書の一つで、十何回と読んできたのですけれども、それを読むと、いかにしてしくじらないようにしくじらないように、まるで非常に狭い道を大きな車を走らせて、左のドアミラーも右のドアミラーもこすらずに、何とか目的地に走っていこうという、ひしひしとした気持ちが伝わってきます。ですので、四か月でやったのはよくやったであろうと思います。

ともすると人は、終わったときにもっとうまい方法があったのではないかと思いがちです。大学入試で合格してしまえば、もっとほかの学校を受けたら自分は受かったかもしれないという可能性は誰も考えない。しかしそのときに、落ちたかもしれないという可能性は誰も考えない。また結婚にしても、もっとほかにもいい人がいたかもしれないとは思っても、結婚できなかったかもしれないという可能性は考えないのです。

ですからこの場合も、終戦工作に失敗して、あの後、もし本土決戦になっていたなら、という選択肢と比較することも必要であろう。ゆえに私は、経過責任の中で、終戦工作は唯一うまくいったものであろうと思っています。

最後に、一つだけ引用したいことがあります。外交責任者の東郷が東京裁判に出された宣誓口供書をこう結んでいます。「一九四一年に戦争を阻止し得なかったことは予の生涯における大いなる痛恨事であったが、一九四五年、これを終結に導き人類の苦悩を軽減することに寄与し得たことは、もっていささかなぐさめとなす次第である」。この言葉をやはりかみしめる必要があろうかというのが私の考えです。

## 原爆以前の「決断」は難しかった

**加藤**　現実に、私たちも政治家をやっているわけですから、「退《ひ》く」という決断の難しさは強烈なものだと思います。特に、人、国民の命がかかわるような事柄について決断することは、

私はすさまじい苦悩だろうと思います。それまでの間に、おそらく二百万人から三百五十万人ぐらいの人々がすでに死んでいる。それでも本土決戦で一撃して、そして勝つ、というための決断であれば私ならやっただろうし、阿南惟幾陸相もそれを考えたのかもしれない。しかし、これをもって敗戦と決定し、三百万人の人たちの命は何を意味したのだろうということを問われる決断をするというのは、日本の政治の社会、日本の文化伝統の中ではほとんどあり得ない決断だったのではないかと思います。

だから、パールハーバー奇襲攻撃の後、わずか六か月で、ミッドウェーで大敗する。保阪正康さんから、なぜ三年八か月も戦争が続いたのかと、冒頭のプレゼンテーションでありましたけれども、おそらく決断できないから三年八か月続いたのだろうと思います。

その中では、ガダルカナルを始め、ありとあらゆる惨めな結果があり、そしてそのほとんどが、補給ができないための餓死と読売新聞の特集は書いていますけれども、そういうようなことがあっても決断できないというのが、日本だった。皆でものを決めていく日本、みんなで渡れば怖くないという日本の本質です。今日でも、政府の巨大な借金のもとで国債を銀行界で買っていますが、それもみんなで買っているから怖くない、将来、暴落しても、それは仕方がなかったのだ、みんなそうしていたのだからと言い訳できるから大丈夫と考えている。それが、日本だと思います。今回のシンポジウムのテーマは、その三年八か月のあいだに餓死者を出さないようにはできなかったのか、そして、広島・長崎の犠牲がなくても決断できなかったかというテーマなのですけれども、結論は「難しかった」と言わざるを得ない。そして、最後の段階で決心をするのだけれども、それも広島があったから決心したのであって、それでもまだためらっているときに長崎があったから、決断できたのだと思います。

これを言うのは、日本人としてつらいことです。しかし、そういうことは今でも始終、日本社会の至るところで小さなレベルで起きているわけです。地方自治体でも、財政の問題でも、至るところで起きていて、そして問題を先送りしているわけですから、自分自身を眺めるようにつらいことなのですけれども、事実はやはり広島と長崎がなければあの決断はできなかったと思います。そう思って自分たちを見つめ直す。それはすぐに直るものではありません。けれども、それを教訓として日常の小さなことから直していくということしかないと思います。

## マイナス分先送りの政治

**原口**　私も加藤先生と似た分析をしています。冒頭に申し上げましたけれども、この戦争は意思決定システムを欠いたまま突入した戦争である。つまり、出口戦略もありませんから。軍内部の権力掌握そのものは普通は統合機能の確立を意味するわけですけれども、出口戦略という最も難しいものに対しては、逆にかえって政策統合力の喪失状態を生んでいる。

私は専門が心理学なのですが、なぜこんなことが起こるのかというのは心理的にも分析をしなくてはいけない問題だと思います。結果、何が起こっているかというと、体制の遠心化が起こっている。体制の遠心化が起こるということは情報が隠され、そしてそれぞれの情報が統合されないままに伝わったり伝わらなかったりしますから、結果としては大変悲惨なことになっている。

今回の戦争のもう一つの大きな特徴は総動員化です。戦争のルールを全く無視して、そして市民をこれほど多く巻き込んだ戦争というものはない。

政治の世界では、加藤先生のお話に沿っていうと、個別名を出して申しわけないですが、田中角栄さんのＤＮＡのある法律が今百二十七本ある。これが特別会計を支えています。税金の無駄を排除するために、このＤＮＡを抜こうという作業をいま国会で行っているのです。

何でこんな話をするかというと、列島改造論というのは足し算の割り算。高度成長時代に増えていくプラスをいかに分配するかというものです。戦争はむしろ逆だと思います。マイナスの割り算、つまり、リスクをヘッジしながら極小化していく作業。

これは非常に政治にとっては難しくてつらい話ですが、さっきの国債の話もそうです。既に社会の中にマイナスを分けなければいけない。そういう状況であるにもかかわらず、マイナスを分けるというのは不人気ですし、選挙ではそれは落選を意味する話ですから全部先送りする。

何で三年八か月も延びたかという答えが「マイナスの割り算をしなかった」ことに求められるのではないでしょうか。本来は、これこそ政治の本質。ところが政治の本質がどこにも見当たらない。結果として、日本は存亡の危機に瀕し、他国の皆さんには塗炭の苦しみを味わわせた。

私たちはファッショ親和性と常に戦わなければならないと思っています。ファッショというのはどういうときに起こるかというと、強いリーダーシップの下では絶対に起こりません。言論が抑圧されて、個々が気体のように分子化していって、一人一人の絆《きずな》がなくなりますから、ちょうど大きなうちわでバッとあおげば一つの方向に向かう、その危険性を排除しなければなりません。ゲマインシャフトと共同体をしっかりと確認することによって強い社会をつくっておかないと、ファッショに流されてしまいます。私は今まさにその分子化や原子化の危機にあるのではないかと思います。

国会においてもこのファッショ化の危機を感じます。物言えば唇寒しという風潮さえ感じます。国会に九年しか在籍していませんが、今日ほどファッショのおぞましい危機を強く感じるときはありません。

## 「日本を降伏させない」状況がつくられた

**櫻井**　今、皆さん方がおっしゃった、誰も責任をとらずに決断できなかった、と。それはそのとおりなのですが、そして、私ばかりが日本だけの責任ではないと言っている気もするのですが、そのとき日本がどういう状況に置かれていたかということを忘れてはならないと強調したいのです。

四五年二月、米英ソのヤルタ会談で何が話し合われたのか。米ソのルーズベルトとスターリンはここで秘密会談を行い、ソ連は対日参戦の密約をし、代償として望む領土、権益、ほぼ全てを得ます。このときルーズベルトは国務省の意見をほぼ退けて、軍の主張にばかり耳を傾けています。そして、日本の力を過大に評価し、四七年頃まで日本は戦闘を続ける力があると考えていた。だからこそ、ソ連の対日参戦をなんとしてでも約束させたかった。そのための大幅譲歩でした。ヤルタのあと、今度は七月十七日から八月二日まで、ポツダムで会談が開かれます。

日本は鈴木貫太郎内閣ができて、終戦工作をするわけです。けれども、本当に今、当時を振りかえれば信じられないことですが、日本政府はソ連に終戦の仲介の労をとってもらおうといって一生懸命に接近する。佐藤尚武大使がソビエトのモロトフ外相にたびたび話を持っていくけれど、まったく相手にされないで延ばしに延ばされ、七月中旬に打ち切られたわけです。

八月になって、原爆を完成していた米国は、これを広島に一発落とす。ソ連は、日本が降伏する前に早く参戦しないと自分たちの対日参戦の効果がないと見られたら大変だというので九日に参戦する。日本とソビエトの間には四六年四月まで有効な日ソ中立条約がまだあり、八か月の有効期間が残っていたにもかかわらずです。

このような状況の中で、日本が決断できなかったことは、日本の責任ではありますが、日本になかなか降伏をさせない状況をソ連をはじめとする相手側諸国がつくった側面もある。それに日本はおろかにもはまってしまった。

ポツダム会談のとき、スターリンは、日本からこのような和平仲介の依頼を受けているのだと、アメリカとイギリスの指導者にまるで冗談のように語ったといわれます。そして、日本をあやして寝かしつけておくことが大事だということを言っています。これは開戦前に、ルーズベルトが同じようなことを言っています。日本をベイビーのようにあやして時間を稼ごうという趣旨をルーズベルトが開戦の前に言っているわけですが、今度は終戦の直前にスターリンが同じようなことを言ったのです。日本はこの罠《わな》にはまり、決断ができなかった。それが大変な悲劇を生んだ揚句に降伏につながった。

私は日本だけが冷徹な国際政治の被害に遭ったと言う気はありません。たしかにこのような大きな枠組みの中で非常におろかな外交を展開した責任は日本側にある。しかし、そのような外交状況をつくった側の責任も考えていかなければならないことは、繰り返し強調しなければなりませんし、そのような考え方が、実は、アメリカにも出始めています。

二〇〇五年に、ブッシュ大統領はラトビアの首都リガを訪れ、リガ演説をしましたが、このリガ演説で語られたことは衝撃的でした。ブッシュ大統領は、ヤルタ協定は米ロが犯した重大な過ちだったと言ったのです。共産主義の本質を見抜けずにソ連に譲歩したことや、ヤルタ体制から生まれた戦後の世界の枠組みにも疑問を投げかけているわけです。それは当然、日本ひとりを悪者と決めつけた東京裁判史観の見直しにつながっていく性質の発言です。歴史は本当に継続して追っていかなければ全体像は見えてきません。

## 国際「一揆」起こす宿命だった

**保阪** 私は冒頭の話のときに、終戦に行きつくまでの三年八か月が、軍事が終わって、むしろそれはカタルシス、美学のような、あるいは日本の文化が問われるような戦争形態になっていったというふうに言いました。それを補足します。こういう言い方は不謹慎かもしれないけれども、ドイツが降伏した五月以降、日本は一国でほとんど八十何か国、儀礼的に日本と交戦状態にあった国は百何か国といわれていますけれども、世界を相手に戦う。

この構図を見ていると、私たちはそこで何万人、最終的な発表では三百十万といいますが、現実的には戦病死の方もいるでしょうから五百万ぐらいいるでしょうから、戦死者は国民のほぼ八％か、一割近くになると思います。

国民の一割近くを失って世界を相手に戦争をしたということをどういうふうに考えるかと自問するとき、少し変な言い方ですが、私たちの国は国際社会の中で一揆《いっき》を起こしたということではなかったのか。代官が私たちと全く違う価値観を持っていた、あるときには抑圧者であった、あるときには私たちはそれの手の平の上で踊るようなところもあった。そうして、最後に日本独自の美学ふうの殻が壊れていくとき、日本の文化や共同体の、言いかえれば日本の昔からの歴史的な共同体そのものが最後に露出したように思うのです。

「日本は国際社会の中で一揆を起こした」。——そう思うことによって、私たちは一揆を起こすことによって江戸時代のある秩序が変わったように、私たちもまた国際社会の中に何らかの秩序変化をもたらしたのではないか。

これは何も日本が戦ったからどこかの国が独立したとか、そういう牽強《けんきょう》付会な結論ではなくて、私たちの国は必然的にあのような一揆を起こすような宿命を、宿命というかそういうような道を、一度たどらなければいけなかったのではなかろうか。

つらいですけれども、責任は随分日本の中にあるし、外国に問わなきゃならない責任もありますけれども、そう考えることによって私たちは何かを歴史の中で刻んだのだろうということを考える必要があるのではないか。それが何かは私たち自身、私は私なりに思うことはあるけれども、私たちが答えを出していくというのがあの戦争から学ぶことではないかという感じがします。あまりほかの人と違う意見なので論争の対象にならないのですが、どうも私は調べていてそういう感じがしてきます。

## 中国人や韓国人からの「戦争責任」追及にどう対処すれば？

**御厨**　会場からいくつもご質問をいただいていまして、ただ、ここまでの議論の中で、既に自動的にある程度お答えが出ているものがございます。したがって、ここは一点に絞って、パネリストの皆さんにひと言ずつ、伺っておいたほうがいいだろうということを申し上げます。こういうご質問です。

戦後生まれの方からです。「今の日本人は今の中国や韓国の反日感情と、どのようにつき合っていけばよいのでしょうか。私が参加したわけでも、直接かかわったわけでもない戦争責任を問われてどう答えればよいのか。つまり日本人として生まれたというだけで、日本人として謝罪しなければならないということに、どういう意味があるのでしょうか」。

これは非常に簡潔でいて、しかし、いろいろな論点に発展していく可能性のある根本的なご質問です。

## 一次史料に基づく話し合いを

**牛村**　日中韓での歴史の共同研究というものが最近よく話題を呼びます。ですけれども、一部には歴史意識を共有しようという動きもあるものの、よくよく一部の研究者に聞いてみますと、歴史意識の共有なんていうのはおよそあり得ない。ただし本音をぶつけ合うことこそ大事だという声が聞こえてきます。

ですから今のご質問に対する答えとしては、本音をぶつけ合うのがよろしい。謝罪は、例えば「エコノミスト」という雑誌の調査によると、日本では首相レベル以上で戦後十七回、外国に対して謝罪を行ってきたのだそうです。ですが、そういう謝罪も実は外国ではかなり軽んじられていて、どういう言葉が使われているか。つまり「アポロジー」（謝罪）ではなくて「リグレット」（遺憾）だったとか、「リグレット」は謝罪ではないとか、「アポロジー」と言ったのはあの人が最初だとか、聞いていてちょっと癪《しゃく》にさわるようなところもあるのです。ですので、謝るとか謝らないというのではなくして、私たちはこう思っているが、あなたはどう思っていますか、と。仮にそれが熱する議論になろうとも、話し合いこそが大事である。その際は、ぜひ一次史料に基づいて話を進めていただきたいと思います。

## 六十年間の真摯な実績に自信持て

**櫻井**　話し合いはたぶん、日中間にしろ日韓間にしろ、ひと言では済まないと思います。若い方は、学生であっても社会人であっても、本当に長い時間をかけて友人などと話し合っていただきたいと思います。そのときに、ぜひこういうことを考えていただきたい。

あの戦争は、日本を「戦争犯罪国家」というからには、当時は合法であったのだということ。そして、戦争は日本だけが一人で走っていったことではないということ。国際情勢があった。日本もそれを避けようとする努力は多大に行ったが、避け得なかった愚かさは認めながらも、そこに行かざるを得なかった状況もある。

そして日本は負けました。負けて東京裁判で裁かれた。あの東京裁判については縷々《るる》言いたいこともありますけれども、それはさておき、戦後の日本の六十年間の歩みをまず見てほしい。私たちは、国民一人一人を見ると、どのような表現をするかは別にして、あの第二次世界大戦は間違っていたという思いを万人が持っていると思います。だからこそ日本は戦後六十年の歴史の中で一度たりとも軍事力で他国を脅したり、攻め入ったりしたことはない。

むしろ私たちは、日本は悪いことをした加害国であるという意識を強く持ちすぎるがゆえに国際社会に対してほとんど発言してこなかった。国連で、国際外交の場で、日本は実のあることはほとんど発言してこなかったと思います。そのかわりにお金を出しました。せめて、お金で償おうという気持ですね。加害者の罪の意識の反映の一つです。ですから日本人の反省はこれだけ真摯なものなのですということを、外国の友人たちに言っていただきたい。

そしてもう一つ、中国がそれでもなお責めるならば、では六十年間あなたの国は何をしましたかと逆に尋ねて下さい。チベットに攻め入ったのですね。ベトナムに攻め入りましたね。インドとも戦った、ソビエトとも戦った。今、東シナ海に軍事力を展開し、日本の資源を奪おうとしていますね。いまだに国内では多くの少数民族を弾圧していますね。おまけに、台湾併合は軍事力を用いてでもすると言っていますね。私たちはそんなことはしていません。だから日本を責めるのもいいけれども、あなた方は本当に周辺の国々を平和に遇しているのですか、国民を幸せにしているのですか、ということぐらい、六十年間の実績を踏まえて反問してほしいと思います。

日本の平和に基づいた実績は、人によっては意気地ない実績だというかもしれないけれども、その本質において日本人のおだやかな志向を見事に証明していると思います。これからの私たちの責務は、日本人の六十年間の実績を、もっと自信を持って主張することであり、第二次世界大戦までの歴史についても、もっと日本国を愛情を持って見つめ、学んでいくことだと思っています。

## 責任を明確にすべきは為政者

**原口**　A級戦犯史観あるいは東京裁判史観、このことを学者として論じるのであれば、異議があります。ただし、政治的にはそこに立ち返ってわが国がいま何かを主張する、そういう環境にあるのか、それを考えると、むしろ国益にはならない。政治家としてそれを言うべきではないというふうに思っています。

日本人として生まれただけでどうして謝罪をしなければいけないのか。この謝罪というのは誰に突きつけられているものなのか。それは国民全体に突きつけられているものなのか。そのことをまず考察する必要があると思います。

私たちはむしろ為政者のサイドで何を謝罪しなければならないのか、そのことを明確にすることが本当の謝罪であるというふうに思っています。踏まれた人は踏んだ人とどれだけ多くの被害者意識が乖離《かいり》しているか、それは踏まれてみたらわかるわけで、そのことについての真正面からの、しっかりとした謝罪というのは必要だと、強い国家であればあるほどそれはちゃんと総括をするのだと思います。

ただ、近代の中国、韓国、とくに歴史教科書の話をしてみると、これはもう歴史教科書の域を超えています。むしろ思想教科書の趣さえあるのではないかと思っています。

一番必要なのは、民族主義を政治から切り離すことです。愛国主義は本来、本当に愛国であれば排外主義とは無関係のものです。しかし一歩間違えると、この愛国主義というものは排外主義になってしまいます。そのことを私たちは最も注意をすべきだと思っています。

朱鎔基首相は数年前に日本に来られて、あの戦争は国民には責任はなかったということをおっしゃいました。私はそのことは重い言葉だと思います。歴史に対してどれだけ向き合うことができるかといったことが私たちに問われているのだと思います。

ただそれは、私たち自身の文化や、私たち自身が培ってきた和の精神であるとか風土といったことまでを否定することではないと思っています。

## 中国に対しては「悪かった」で

**加藤**　いろいろな、靖国とか謝罪とかの話の仕方があるのですが、私は極めて本質的に簡単にいえば、中国、韓国に頼まれたわけでもないのに日本は鉄砲を持ってそれぞれの国の領土に兵隊を出して、そこで死者が出るようなことをしたわけですから、それはまずかった、それは謝るということを言って、ピリオド。それであとは何も言わない。そうすべきです。その際、欧州だってああやったではないか、英国もあんな植民地政策をやったとかは論じないほうがいい。それは別途議論する。まして日本のお金で韓国の教育もよくなったし、鉄道も敷けたではないかみたいなことを言ったら、それは謝りではない。

謝るのなら、頼まれもしないのに軍隊を出して死者を出して悪かったと反省する。それをビシッと心の中に入れて、あとは仲良くすることで私はいけると思っています。いろいろ言わないことです。

ただ、このパネルに出て、櫻井さんの話を聞いて私はあっと思ったことがあります。私と櫻井さんはいろいろテレビで論戦をやっている間柄なのですが、櫻井さんの議論の中で、アメリカには謝りたくないという部分がありますね。太平洋戦争を仕掛けたのはアメリカではないか、と。

確かに、読売新聞の戦争責任検証シリーズでの世論調査でも、中国に対しては「悪かった」と思うという人が多い。けれども、アメリカに対しては「侵略ではなかった」という世論が多いという結果が出ています。

重要なことは、このアメリカに対する物言いというのが、同時に中国にも謝らないという気持ちと誤解されないようにすることが非常に重要です。靖国神社の遊就館の陳列を見ても、この危うさを感じます。私はまた靖国神社問題というのは、あの戦争をどう見るかという意味では、日中、日韓の対立というより、日米間の摩擦のほうが潜在的に深刻なものを含んでいるように思えます。

## 若い世代に知っておいてほしい

**保阪**　今の若い人の、われわれにとってこれをどう考えるのか、というのは本当に基本的な問題だと思います。私自身もいろいろな講演でそれを聞かれます。実は私、答えは実に簡単に用意しています。

一つは、私たちが、今、加藤さんがおっしゃったように、ある時期にいわゆる侵略という言葉を使うかどうかは別にして、ある種の軍事行動を働いたのは事実ですから、それについてわれわれの側が何らかの気持ちを持つのは当然だと思います。

私は中国の人ともよく交流をしているし、研究も一緒にやることがあるのです。結局、私たちは同時代史から歴史へ移行している、と話します。ところが彼らにとってはあくまで同時代史であり、政治なのです。それで私たちと話をする。ここに食い違いがあります。私は世代的に彼らの言い分を聞こうと思うし、彼らと話もしようと思います。謝れというなら、私は別にやっていないけれども日本がかつてしたある種の行為については、謝るという言葉は変ですが、そういった意思表示はします。

私は、私の世代でけりをつけたいのです。私の世代で全部洗いざらいやっておきます、調べておきます。そして次の世代からは白紙になってほしい。つまりどういうことかというと、次の世代は、われわれの国はたしかにそういうことをやったかもしれない。歴史を調べてこういった事実は知っているが、一応、私はフリーハンドになっていると。私は次の世代には、ここで話されているようなことを、事実は知らなきゃいけないですから知っておいてほしいけれども、謝るとか謝らないという問題からは距離を置いてほしいと思います。若い人には特に思う。しかし知っておいてほしいと思うのです。

なぜそういうかというと、なぜ中国の人は同時代史といい、われわれは歴史というかというと、悲しいことだけれども日本軍が入っていったとき、私たちの国からは兵隊しか行っていません。みんな今、死んだか、もう八十歳代の人です。ところが、入ってこられた中国の人たちは三歳、四歳の子でも親を亡くしたとか、日本兵にどうされたという、いっぱいの現実があるのです。私と同じ年代の人がいっぱいそういうことを言います。つまり、記憶しているわけです。そして記録していくという。

私たちは中国に侵略したという記憶はありませんけれども、彼らは記憶をし、記録しようとしている。だから記憶で受けて立つ世代の役割があって、引き受けるというのは変だけれども、引き受けよう、と。

ただ、次の世代からはどこかでピリオドを打たなければいけない。日本も言うべきことをきちんと言わなければいけない。というのは、やはり次の世代が、向こうが言ったから感情的に腹を立ててというのではなく、冷静に私たちの国だって、一応、きちっとこういうふうにして、こうなっているということを言って、ここからは戦後を見てくれというような形にスライドして行けばいいと思います。

それを引き受けざるを得ない世代というのが、やっぱりあると思うのです。私は私の世代がそうだと思っていますから、それを引き受けます。しかしそれは何も中国の言い分にベッタリということではありません。引き受けますけれども、そうやって世代的にケリをつけていくということが大事です。

若い人はそういった日本のいろいろなものを読んで、知って、理解して、そして自分たちはその中から新しい関係を中国の同世代とつくっていってほしいと思います。それが流れではないか。それで彼らと歴史の中に対話していけるような時代をつくっていくということだと思います。

## 包括的な戦争責任論議を

**御厨**　きょうのシンポジウムでずっと、司会進行の役を務めておりましたが、指摘すべき論点というのはかなりはっきりと出ております。これからそれはいろいろな点で深められていくものであると思います。

戦争責任という課題を考える糧は随分出てきたと思います。開戦に至るまでの経緯にしても、終戦に至るまでの経緯にしても、日本の意思決定のあり方、あるいは日本の意思決定の背景にある文化の問題、もっといえば、日本がそのときアメリカとか中国とか、そういう外国に対してどういう基本的な認識を持ち、またどう行動していたのかについての包括的な議論が必要であろうという気がいたします。

きょうは、歴史家の方もおられましたし、ジャーナリストの方もおられましたけれども、政治家のお二人に来ていただいたことで、この問題はおそらく現代の問題とやはりどこかでつながっていて、そのつながりの中で歴史の問題というものを常に問い返さなくてはいけないということがよくわかりました。

それから保阪さんがずっとやっていらっしゃる、歴史の問題を解き明かしながら次の世代にきちんと伝えてそこでピリオドを打つ、という考え方も非常によくわかりました。

## あとがき

私たちが戦争責任の検証作業をはじめたのは、戦後六十年にあたる二〇〇五年（平成十七年）の夏だった。その春には中国と韓国で、日本の「歴史認識」に対して批判が噴き出していた。八～九月、「郵政解散」に打って出て歴史的な大勝を果たした小泉純一郎首相は十月、秋の例大祭の靖国神社に就任以来五度目の参拝をした。首相の靖国参拝をめぐり、世論は分裂の様相をみせていた。

冒頭にいう「私たち」とは、読売新聞の「戦争責任検証委員会」のことである。渡邉恒雄主筆の提唱により設置されたこのプロジェクトチームは、

一、なぜ、満州事変は日中戦争へと拡大していったのか
二、勝算がないままアメリカとの戦争に踏み切ったのはなぜか
三、玉砕・特攻を生み出したものは何だったのか
四、アメリカによる原爆投下は避けられなかったのか
五、東京裁判で残された問題は何か

——の五つのテーマの検証を通じて、先の大戦の政治・軍事指導者らの責任を明らかにする

仕事を担った。
チームのメンバーは、いずれも戦後生まれの新聞記者で、戦争体験はまったくなかった。取材対象になるはずの戦争体験者の多くは八十歳を超え、まして戦争指導に関わった人物のほとんどは物故していた。このため、私たちは、もっぱら戦争の史料、文献を渉猟し、当時の政治・外交史、戦史に詳しい専門家の諸氏から話を聞いて、戦争の全体像を把握することから始めた。

こうして満州事変から敗戦までの戦争の実態と問題点を「陸軍参謀」「エネルギー」「テロリズム」などの観点から、検証・分析したのが本書である。これらは、企画「検証　戦争責任」の第一部として、二〇〇五年八月から二〇〇六年三月まで読売新聞に随時掲載された。

検証記事は、読者におおきな反響をよんだ。連載中、本社読者センターには、問い合わせや意見が相次いだ。思いの丈をつづった手紙や戦時下の写真や資料も多数寄せられた。批判的な意見もあったが、大半は、「戦争を知らない世代にとってまさに教科書だ」「読み応えがある」「勇気をもって取り組んでほしい」といった声だった。

多くの犠牲者を生んだあの戦争は一体、何だったのか。だれが、いつ、どのようにして判断を誤ったのか――どうしてもそこを知りたい。問題化している靖国参拝も、隣国外交のあり方も、日本人自らがあの戦争を総括することではじめて、その「解」が出てくるのではないか。そうした私たちの思いは、読者の真摯で切実な訴えと重なった。

今回、多くの専門家の方から、さまざまなテーマについてご教示いただいた。また、多数の先生方が、取材やインタビューを快諾され、シンポジウムにも協力してくださった。すべての皆様に謝意を申し述べたい。

原稿は、飯田政之（論説委員会）、伊藤哲朗（調査研究本部）、圓入哲也（政治部）、勝股秀通（解説部）、川戸直志（経済部）、鬼頭誠（調査研究本部）、佐伯聡士（国際部）、笹森春樹（解説部）、天日隆彦（論説委員会）、時田英之（文化部）、永原伸（論説委員会）、浜田真彰（調査研究本部）、福元竜哉（政治部）、布施裕之（編集委員）、前木理一郎（政治部）、森太（社会部）が分担執筆し、浅海伸夫（調査研究本部・編集委員）がとりまとめにあたった。

この「検証　戦争責任」は二〇〇六年三月末から、第二部として、五つのテーマに沿って検証を継続して連載中だ。八月には最終的な報告をとりまとめる予定で、これらも本年秋には単行本化される。

本書の刊行にあたっては、中央公論新社の麻生昭彦氏に大変お世話になった。こころから感謝申しあげる。

二〇〇六年六月

浅海　伸夫

# 参考文献（かっこ内は著・編者）

## 第1章　検証・戦争責任

### ○昭和史

『昭和史』（遠山茂樹ら）　岩波新書　一九五九
『昭和史20の争点　日本人の常識』（秦郁彦編）　文藝春秋　二〇〇三
『昭和史　一九二六―一九四五』（半藤一利）　平凡社　二〇〇四
『昭和史の論点』（坂本多加雄、秦郁彦、半藤一利、保阪正康）　文春新書　二〇〇〇
『現代史の争点』（秦郁彦）　文藝春秋　一九九八
『近衛新体制』（伊藤隆）　中公新書　一九八三
『近衛文麿』（岡義武）　岩波新書　一九九四
『昭和の動乱』上・下（重光葵）　中公文庫　二〇〇一
『重光葵手記』正・続（伊藤隆ら編）　中央公論新社　一九八六・八八
『松岡洋右』（三輪公忠）　中公新書　一九七一
『重臣たちの昭和史』（勝田龍夫）　文春文庫　一九八四
『昭和史をさぐる』（伊藤隆）　朝日文庫　一九九二
『昭和史の決定的瞬間』（坂野潤治）　ちくま新書　二〇〇四
『昭和の軍閥』（高橋正衛）　講談社学術文庫　二〇〇三
昭和の歴史4『十五年戦争の開幕』（江口圭一）　小学館　一九九四
同　5『日中全面戦争』（藤原彰）　一九九四
同　6『昭和の政党』（粟屋憲太郎）　一九九四
『日本人の戦争観』（吉田裕）　岩波現代文庫　二〇〇五

日本の近代6『戦争・占領・講和　1941〜1955』（五百旗頭真）　中央公論新社　二〇〇一
『詳説日本史研究』（五味文彦ら）　山川出版社　一九九八
『明治・大正・昭和政界秘史』（若槻礼次郎）　講談社学術文庫　一九八三
『昭和金融恐慌史』（高橋亀吉ら）　同　一九九三
『昭和恐慌と経済政策』（中村隆英）　同　一九九四

## ○戦　史

『新版　日中戦争』（臼井勝美）　中公新書　二〇〇〇
『関東軍——在満陸軍の独走』（島田俊彦）　講談社学術文庫　二〇〇五
『日本陸軍と中国』（戸部良一）　講談社選書メチエ　一九九九
『ノモンハンの夏』（半藤一利）　文春文庫　二〇〇一
『ソ連が満洲に侵攻した夏』（半藤一利）　同　二〇〇二
『完本・太平洋戦争』1〜4（文藝春秋編）　同　一九九四〜九五
『太平洋戦争』上・下（児島襄）　中公新書　一九六五〜六六
『太平洋戦争のｉｆ』（秦郁彦編）　グラフ社　二〇〇二
『日本海軍の興亡』（半藤一利）　ＰＨＰ文庫　一九九九
『日本海軍の終戦工作』（纐纈厚）　中公新書　一九九六
『幻の終戦工作』（竹内修司）　文春新書　二〇〇五
『あの戦争は何だったのか』（保阪正康）　新潮新書　二〇〇五
『アメリカの鏡・日本』（ヘレン・ミアーズ）　角川書店　二〇〇五
『海軍の選択』（相澤淳）　中公叢書　二〇〇二
『一下級将校の見た帝国陸軍』（山本七平）　文春文庫　一九八七
『海軍と日本』（池田清）　中公新書　一九八一
『軍国日本の興亡』（猪木正道）　同　一九九五
『失敗の本質』（野中郁次郎ら）　中公文庫　一九九一
『戦争の日本近現代史』（加藤陽子）　講談社現代新書　二〇〇二

『日本軍閥暗闘史』（田中隆吉）　中公文庫　二〇〇五
『日本の参謀本部』（大江志乃夫）　中公新書　一九八五
『日本の失敗と成功』（岡崎久彦、佐藤誠三郎）　扶桑社文庫　二〇〇三
『日本の軍隊』（吉田裕）　岩波新書　二〇〇二
『日本はなぜ負ける戦争をしたのか。』（猪瀬直樹ら）　アスキー　二〇〇一
『ハル回顧録』（コーデル・ハル）　中公文庫　二〇〇一
世界の歴史15『ファシズムと第二次大戦』（村瀬興雄責任編集）　同　一九七五

○戦争責任

『言論統制』（佐藤卓己）　中公新書　二〇〇四
『戦争とジャーナリズム』（茶本繁正）　三一書房　一九八四
『雑誌メディアの戦争責任』（高崎隆治）　第三文明社　一九九五
『昭和天皇独白録』（寺崎英成、マリコ・テラサキ・ミラー）　文春文庫　一九九五
『昭和天皇の終戦史』（吉田裕）　岩波新書　一九九三
『戦後和解』（小菅信子）　中公新書　二〇〇五
『〈戦争責任〉とは何か』（木佐芳男）　同　二〇〇一
『対論　昭和天皇』（原武史、保阪正康）　文春新書　二〇〇四
『南京事件──「虐殺」の構造』（秦郁彦）　中公新書　一九八六

○東京裁判関係

『東京裁判』上・下（児島襄）　中公新書　一九七一
『東京裁判──勝者の裁き』（リチャード・H・マイニア）　福村出版　一九九八
『東京裁判　日本の弁明』（小堀桂一郎編）　講談社学術文庫　一九九五
『東京裁判への道』（粟屋憲太郎）　NHK出版　一九九四
『共同研究　パル判決書』（東京裁判研究会編）　講談社学術文庫　一九八四
『BC級戦犯裁判』（林博史）　岩波新書　二〇〇五

『「文明の裁き」をこえて』（牛村圭）　中公叢書　二〇〇一

## 第2章　陸軍参謀

『陸軍参謀』（三根生久大）　文春文庫　一九九二
『日本参謀論』（半藤一利）　図書出版社　一九八九
『参謀の戦争』（土門周平）　ＰＨＰ文庫　一九九九
『参謀本部と陸軍大学校』（黒野耐）　講談社現代新書　二〇〇四
『軍国日本の興亡』（猪木正道）　中公新書　一九九五
『日本の参謀本部』（大江志乃夫）　同　一九八五
『新版　日中戦争』（臼井勝美）　同　二〇〇〇
『満州事変』（同）　同　一九七四
『関東軍』（島田俊彦）　講談社学術文庫　二〇〇五
『ノモンハンの夏』（半藤一利）　文春文庫　二〇〇一
『陸軍省人事局長の回想』（額田坦）　芙蓉書房　一九七七
『日本陸海軍総合事典』（秦郁彦編）　東京大学出版会　一九九一
『日本陸海軍の制度・組織・人事』（日本近代史料研究会編）　同　一九七一
戦史叢書『陸海軍年表』（防衛庁防衛研修所戦史部）　朝雲新聞社　一九八〇
『帝国陸軍編制総覧』１～３（外山操編）　芙蓉書房出版　一九九三
『昭和陸軍秘史』（中村菊男）　番町書房　一九六八
『指揮官と参謀』（半藤一利）　文春文庫　一九九二
『この国のかたち』１～６（司馬遼太郎）　文春文庫　一九九三～二〇〇〇
『陸軍省軍務局と日米開戦』（保阪正康）　中公文庫　一九八九
『事典　昭和戦前期の日本　制度と実態』（百瀬孝）　吉川弘文館　一九九〇

## 第3章　昭和初期の「革新」運動


『昭和初期政治史研究』（伊藤隆）　東京大学出版会　一九六九
『近衛新体制』（伊藤隆）　中公新書　一九八三
日本歴史大系16『第一次世界大戦と政党内閣』（井上光貞、永原慶二、児玉幸多、大久保利謙）
　山川出版社　一九九七
同　　17『革新と戦争の時代』（同）　同　一九九七
『岸信介』（原彬久）　岩波新書　一九九五
近代日本思想史大系4『近代日本政治思想史Ⅱ』（橋川文三ら）　有斐閣　一九七〇
『回顧七十年』（斎藤隆夫）　中公文庫　一九八七
昭和の歴史6『昭和の政党』（粟屋憲太郎）　小学館ライブラリー　一九九四
『失はれし政治――近衛文麿公の手記』（朝日新聞社）　一九四六
『現代日本人のイデオロギー』（蒲島郁夫・竹中佳彦）　東京大学出版会　一九九六
『「保守」の終わり』（御厨貴）　毎日新聞社　二〇〇四
『岸信介の回想』（岸信介）　文藝春秋　一九八一
『昭和史の天皇』全30巻　読売新聞社　一九八〇～八一


## 第4章　12・8　日記の四年間


本文中に記載


## 第5章　日本の対外認識と国際感覚


『日米開戦外交の研究』（須藤眞志）　慶應通信　一九八六
『近衛家の太平洋戦争』（近衛忠大）　ＮＨＫ出版　二〇〇四

『日本の外交』（入江昭）　中公新書　一九六六
『太平洋戦争の起源』（同）　東京大学出版会　一九九一
『重光・東郷とその時代』（岡崎久彦）　ＰＨＰ文庫　二〇〇三
『日独政治外交史研究』（三宅正樹）　河出書房新社　一九九六
『ナチスドイツと軍国日本』（テオ・ゾンマー）　時事通信社　一九六四
『ピース・フィーラー』（戸部良一）　論創社　一九九一
『吉田茂の自問』（小倉和夫）　藤原書店　二〇〇三
『漢奸裁判』（劉傑）　中公新書　二〇〇〇
『周仏海日記』（蔡徳金）　みすず書房　一九九二
『日中戦争と汪兆銘』（小林英夫）　吉川弘文館　二〇〇三
『捕虜』（大谷敬二郎）　図書出版社　一九七八
『日本人捕虜』上・下（秦郁彦）　原書房　一九九八
『「戦場にかける橋」のウソと真実』（永瀬隆）　岩波ブックレット　一九八六
『西園寺公と政局』（原田熊雄）　岩波書店　一九五〇～五六
日本の近代5『政党から軍部へ』（北岡伸一）　中央公論新社　一九九九
『時代の一面』（東郷茂徳）　原書房　二〇〇五
『東郷茂徳――伝記と解説』（萩原延壽）　原書房　二〇〇五

## 第6章　石油エネルギー

日米関係史：開戦に至る10年2『陸海軍と経済官僚』（細谷千博・斎藤真・今井清一・蠟山道雄）
　東京大学出版会　一九七一
近代日本戦争史4『大東亜戦争』（近藤新治編）　同台経済懇話会　一九九五
『太平洋戦争と石油』（三輪宗弘）　日本経済評論社　二〇〇四
太平洋戦争日本の敗因1『日米開戦勝算なし』（ＮＨＫ取材班）　角川文庫　一九九五

『日本海軍失敗の研究』（鳥巣建之助） 文春文庫 一九九三
『参謀の戦争』（土門周平） PHP文庫 一九九九
『キメラ—満州国の肖像』（山室信一） 中公新書 二〇〇四
『「南進」の系譜』（矢野暢） 中公新書 一九七五
『昭和海軍秘史』（中村菊男） 番町書房 一九六九
『太平洋戦争』上・下（児島襄） 中公新書 一九六五〜六六
『吉田茂の自問』（小倉和夫） 藤原書店 二〇〇三
『戦時戦後の日本経済』上・下（J・B・コーヘン） 岩波書店 一九五〇〜五一
『石油を支配する者』（瀬木耿太郎） 岩波新書 一九八八
『歴史から読む現代経済』（日本経済新聞社） 日本経済新聞社 二〇〇五
『太平洋戦争への道6 南方進出』（日本国際政治学会） 朝日新聞社 一九八七
『 同 7 日米開戦』（同） 同 一九八七
『石油の世紀』上・下（ダニエル・ヤーギン） NHK出版 一九九一
『帝国国防資源』（参謀本部編） 一九一七
『幕僚たちの真珠湾』（波多野澄雄） 朝日選書 一九九一
『開戦と終戦』（富岡定俊） 毎日新聞社 一九六八
『機密戦争日誌』上・下（軍事史学会編） 錦正社 一九九八
『大東亜戦争の実相』（瀬島龍三） PHP文庫 二〇〇〇

## 第7章 戦争と経済

『昭和経済史』（中村隆英） 岩波書店 一九八六
『昭和恐慌と経済政策』（同） 講談社学術文庫 一九九四
『昭和史1』（同） 東洋経済新報社 一九九三
『昭和経済史』（有沢広巳監修） 日本経済新聞社 一九八〇

『昭和恐慌――日本ファシズム前夜』（長幸男）　岩波現代文庫　二〇〇一
『昭和恐慌の研究』（岩田規久男編）　東洋経済新報社　二〇〇四
『近代日本政治思想史』（河原宏ら）　有斐閣新書　一九七八
『財界回顧』（池田成彬）　世界の日本社　一九四九
『私の住友昭和史』（津田久編）　東洋経済新報社　一九八八
『三菱とは何か』（奥村宏）　太田出版　二〇〇五
『日本の六大企業集団』（奥村宏）　朝日文庫　一九九四
『明治以降　本邦主要経済統計』（日本銀行統計局）　日本銀行統計局　一九六六
日本の近代5『政党から軍部へ』（北岡伸一）　中央公論新社　一九九九
『昭和経済史への証言』（安藤良雄編著）　全三冊　毎日新聞社　一九六五〜六六
『日本財閥論』日本コンツェルン全書1（高橋亀吉・青山二郎）　春秋社　一九三八
『私の履歴書　経済人8』（高杉晋一）　日本経済新聞社　一九八〇
『国民経済計画年報』（内閣府）　総合社会経済研究所
『日本資本主義の歩み』（安藤良雄）　講談社新書　一九六七
『日本財閥とその解体』（持株会社整理委員会調査部第二課編）　持株会社整理委員会　一九五一
『昭和16年夏の敗戦』（猪瀬直樹）　文春文庫　一九八六
『マクロ経営学から見た太平洋戦争』（森本忠夫）　ＰＨＰ新書　二〇〇五

## 第8章　テロリズム

『軍ファシズム運動史』（秦郁彦）　河出書房新社　一九七二
『国史大辞典』　吉川弘文館　一九七九〜九七
『昭和史発掘』　1〜13（松本清張）　文春文庫　二〇〇五
『二・二六事件』（高橋正衛）　中公新書　一九九四
『昭和の軍閥』（同）　講談社学術文庫　二〇〇三

『日本を震撼させた四日間』（新井勲） 文春文庫 一九八六
『昭和恐慌』（長幸男） 岩波現代文庫 二〇〇一
『昭和精神史』（桶谷秀昭） 文春文庫 一九九六
『重臣たちの昭和史』（勝田龍夫） 文春文庫 一九八四
『山本五十六』（阿川弘之） 新潮文庫 一九七三
近代日本思想史大系4『近代日本政治思想史Ⅱ』（橋川文三ら） 有斐閣 一九七〇
『昭和思想史への証言（改訂新版）』（毎日新聞社編） 毎日新聞社 一九七二
『ある歴史の娘』（犬養道子） 中公文庫 一九九五
『昭和史探訪2』 角川文庫 一九八五
『現代史資料4』「右翼思想犯罪事件の総合的研究（一九三九年）」 みすず書房 一九六六
『昭和天皇独白録』（寺崎英成、マリコ・テラサキ・ミラー） 文春文庫 一九九五
『牧野伸顕日記』 中央公論新社 一九九〇

## 第9章　特攻

近代日本文化論10『戦争と軍隊』（佐藤忠男ら） 岩波書店 一九九九
日本近代思想大系14『軍隊・兵士』（藤原彰ら） 同 一九八九
『特攻』（御田重宝） 講談社文庫 一九九一
『神風特攻の記録』（金子敏夫） 光人社文庫 二〇〇五
『空と海の涯で』（門司親徳） 同 一九九五
『若き特攻隊員と太平洋戦争』（森岡清美） 吉川弘文館 一九九五
『戦後日本のなかの「戦争」』（中久郎） 世界思想社 二〇〇四
『玉砕戦史』（安井久善） 軍事研究社 一九七〇
『特攻』（森本忠夫） 文藝春秋 一九九二
『日本海軍英傑伝』（実松譲） 光人社文庫 一九九四

戦史叢書『大本営海軍部・聯合艦隊6』（防衛庁防衛研修所戦史室編）一九七一
同『海軍捷号作戦2』（同）一九七二
同『海軍軍戦備2』（同）一九七五
同『陸軍航空の軍備と運用』1〜3（同）一九七一〜七六
『特別攻撃隊』財団法人特攻隊戦没者慰霊平和祈念協会　二〇〇三

## 第10章　大日本帝国憲法

『昭和天皇とその時代』（升味準之輔）山川出版社　一九九八
『明治憲法成立史』上・下（稲田正次）有斐閣　一九六〇〜六二
『事典　昭和戦前期の日本』（百瀬孝）吉川弘文館　一九九〇
『昭和ニュース事典』毎日コミュニケーションズ　一九九〇〜九四
『この国のかたち』1〜6（司馬遼太郎）文春文庫　一九九三〜二〇〇〇
『憲法義解』（伊藤博文）岩波文庫　一九四〇
『日本の失敗』（松本健一）東洋経済新報社　一九九八
『昭和天皇独白録』（寺崎英成、マリコ・テラサキ・ミラー）文春文庫　一九九五
『天皇と東大』上・下（立花隆）文藝春秋　二〇〇五
『国史大辞典』吉川弘文館　一九七九〜九七
『昭和天皇と立憲君主制の崩壊』（伊藤之雄）名古屋大学出版会　二〇〇五
『昭和天皇の研究』（山本七平）祥伝社　二〇〇四

## 第11章　メディア

『日本新聞通史』（春原昭彦）新泉社　二〇〇三
『言論昭和史』（三枝重雄）日本評論新社　一九五八

『言論死して国ついに亡ぶ』（前坂俊之）　社会思想社　一九九一
『戦前日本人の対ドイツ意識』（岩村正史）　慶應義塾大学出版会　二〇〇五
『大本営発表の真相史』（富永謙吾）　自由国民社　一九七〇
『新版新聞五十年史』（伊藤正徳）　鱒書房　一九四七
『戦中・戦後』（岡田聡）　図書出版社　一九七六
『五十人の新聞人』（緒方竹虎）　電通　一九五五
日本の近代14『メディアと権力』（佐々木隆）　中央公論新社　一九九九
『メディアコントロール――日本の戦争報道』（前坂俊之）　旬報社　二〇〇五
『言論統制』（佐藤卓己）　中公新書　二〇〇四
『西園寺公と政局』第二巻（原田熊雄）　岩波書店　一九五〇

## 第12章　戦争責任とは

『歴史からの警告』（林健太郎）　中公文庫　一九九九
『人類は戦争を防げるか』（児島襄）　文藝春秋　一九九六
丸山真男集別巻『日本支配層の戦争責任』（丸山真男）　岩波書店　一九九五～九七
『昭和天皇とその時代』（升味準之輔）　山川出版　一九九八
『鎮魂　吉田満とその時代』（粕谷一希）　文春新書　二〇〇五

検証《けんしょう》　戦争責任《せんそうせきにん》　I

2006年7月10日初版発行
2006年7月31日 4版発行

編著者　読売新聞戦争責任検証委員会《よみうりしんぶんせんそうせきにんけんしょういいんかい》
発行者　早川準一
発行所　中央公論新社
〒104-8320　東京都中央区京橋2-8-7
電話　販売部　03-3563-1431
　　　編集部　03-3563-3664
URL　http://www.chuko.co.jp/

編集協力　中央公論事業出版

印刷　三晃印刷（本文）
　　　大熊整美堂（カバー・表紙・扉）
製本　小泉製本


Published by CHUOKORON-SHINSHA, Inc.
Printed in Japan
ISBN4-12-003751-7 C0021